现代数学教学论

叶立军　方均斌　林永伟　著

ZHEJIANG UNIVERSITY PRESS
浙江大学出版社

内 容 简 介

  本书用新的观点阐述数学教学理论，构建了新的数学教育体系，并与正在进行的基础教育改革实验的国家数学课程标准相适应。本书从现代数学教育的特征入手，根据新课程标准的理念，阐述了数学的教学目的、内容，阐述了数学观、数学教育观，介绍了国内外的主要教学理论、学习理论、课程理论。在此基础上，对中国数学教育中的"双基"教学进行了分析和讨论，介绍了数学教育教学方法和教学模式，并探讨了中学数学思维方法，对数学思维品质、思维过程、思维的一般方法以及如何培养良好的数学思维品质，以培养数学创新思维进行了详尽的叙述。本书还讨论了当前数学教育中的热点问题。

  本书体现了时代性、国际性、学术性，努力探求中学数学教育的特色，以体现数学教育理论的中国特色。

  本书适合高等师范院校本科生、研究生作为数学学科教学法的教材或参考书，也可供中小学数学教师、教研员、数学爱好者阅读。

前　　言

　　进入 21 世纪,我国中小学掀起了一场轰轰烈烈的基础教育课程改革浪潮。课程改革是国家改革人才培养模式、培养创新人才、推进素质教育的必由之路,更是保证在国际竞争中立于不败之地的关键。由于数学的应用广泛性,数学教育在基础教育改革中可谓首当其冲,创新精神成为数学教育改革的指针。随着数学课程改革的推进,数学教师的素质是这场改革能否取得成功的关键,已经成为人们的共识。

　　数学教学论是高等师范院校数学与应用数学专业的一门必修课,也是数学师范专业区别于非师范专业的特色课程,它在教师培养和教育中起着十分重要的作用。本课程的目标是:使学生深入了解国内外数学教育的发展历史和改革趋势,树立现代教育理论与教育思想;明确中学数学的教育目的、教学原则,了解国内外的主要教学理论、课程理论,掌握数学学习理论,树立正确的数学观、数学教育观;掌握数学教育教学方法和教学模式,理解中学数学思维方法、思维过程,以及如何培养良好的数学思维品质,以培养数学创新思维。

　　为了实现这些目标,本书在编写过程中努力做到:第一,采用现代数学教育理念、新的教学观点阐述数学教学理论,构建新的数学教育体系,并与正在进行的基础教育改革实验的国家数学课程标准相适应。第二,从现代数学教育的特征入手,根据新课程标准的理念,阐述数学的教学目的、内容,阐述数学观、数学教育观,介绍国内外的主要教学理论、学习理论、课程理论。第三,对中国数学教育中的"双基"教学进行分析和讨论,介绍数学教育教学方法和教学模式,并探讨中学数学思维方法、思维过程,详细阐述如何培养良好的数学思维品质,以培养数学创新思维。第四,详细介绍数学新课程标准,并与数学教学大纲进行对比,同时还介绍当前数学教育中的热点问题。

本书体现了时代性、国际性、学术性,努力探求中学数学教育的特色,以体现现代数学教育理论的特点。

本书由杭州师范学院叶立军策划,第二章、第三章、第八章、第九章由叶立军编撰,第一章、第四章、第六章由林永伟编撰,第五章、第七章由温州师范学院方均斌编撰,全书由叶立军统稿。

本书获得了杭州师范学院学术专项出版基金的资助,在编撰过程中得到了杭州师范学院科研处领导的支持和帮助,在此深表谢意。也感谢浙江大学出版社阮海潮副编审为本书的出版所付出的辛勤劳动。

在编撰过程中,吸收了许多专家学者的著作和研究成果,在此表示衷心的感谢。

由于作者学识有限,时间仓促,书中难免有不当之处,恳请各位专家、广大师生批评指正。

叶立军

2006 年 1 月

目　　录

第1章

现代数学教育学概况

数学教育学是高等师范院校数学教育专业的一门专业必修课。在学习本课程之前,首先应该了解中学数学教育学的研究对象、内容及学习该学科的意义,明确它对中学数学教学的指导性作用。同时,对数学的涵义、数学学科的特征以及中外数学教育发展概况和数学教育现代化运动也应该有一个基本的了解。本章将对这些内容作一个概述,以便大家对本教程的一般观点、学习目的和基本要求有一个整体的把握。

1.1 数学教育学的研究对象

数学教育学是研究中学教育系统中的数学教育现象、揭示数学教育规律的一门学科。数学教育学研究的对象是中学数学教学。因此,它必须研究中学数学教学中的教学过程、学生的学习过程及教材,当然还要涉及其他直接相关的内容。我们可以把数学教育学研究的对象分解成下列几个方面去研究:

教学目的(为什么教?);

教学对象(教谁?);

教学内容(教什么?);

学法(如何学?);

教法(如何教?);

学习效果(学得如何?)。

从中学教育的总目的出发,结合数学科学特点及它在现代科学、技术、生产中的地位和作用,根据中学生个性发展和年龄心理特点的发展,首先必须确定中学数学教学的目的和任务。其次,依据目的和任务,便可确定教材内容,并且可依据教材内容和学生思维活动水平制定出适宜的教法。学生学习效果的优劣,直接影响下一步教师的教学和学生的学习,因此对学生学习质量的测试与评估亦不可忽视。

20 世纪以来,随着科学技术的迅猛发展,社会对数学教育提出了新的、更高的要求,因而世界各国对数学教育,特别是中小学数学教育的改革都进行了程度不同的探讨,而且这种不仅在理论上,同时也付诸实践的数学教育改革还在不断地深化和发展着。

从理论上看,数学教育的研究对象已形成了包括数学教学论、数学课程论、数学学习论、数学方法论、数学思维论、数学教育测量与评价等围绕数学教育这个中心的学科群。数学教育,已成为学科教育研究中最活跃的学科之一。相应地,数学教育类的课程正在不断地改革、不断地充实和完善。从我国的情况看,已经经历了一个由"数学教学法"到"数学教材教法",再逐步过渡到"数学教育学"的发展过程。

新中国成立后,我国高师院校数学教育专业开设了"数学教学法"课程,其研究对象主要是中学数学的讲授方法,基本上是照搬苏联的做法,其表现特点是典型的"教学原理加数学例子"。到了 20 世纪 60 年代,随着经济的发展,社会对人才的培养技能规格有了新的要求,数学教育不再以传授知识和培养技能为主要目的,而是通过传授知识去开发学生的智力、培养能力,使学生得到全面的发展。由于数学教学目标的转变,数学教学法的研究对象和任务也相应地得到了扩展,除了研究中学数学的讲授方法外,还要对教材进行分析,研究学生数学能力的培养等问题。于是,进入 80 年代,"数学教学法"课程就发展为"数学教材教法"。而后,数学教育目标进一步扩展,提倡在数学教学活动中,突出发展学生的思维能力,而且在"大众数学"的意义下,全面提高学生的数学素质,即数学教育不再是以少数学生的升学作为主要目标,而是以提高全民的数学素质为宗旨,这又给数学教育的理论研究提出了新的课题。要使数学教育面向大众,同时又要充分发挥数学教育的功能,就必须研究学生的数学学习心理,研究数学的课程理论。由此,到了 80 年代末期和 90 年代,"数学教育学"便应运而生。

关于"数学教育学"的研究对象,目前尚无统一的定论,比较趋于一致的观点是:数学教育学包括数学课程论、数学学习论和数学教学论三部分。这种观点是由德国学者鲍斯费尔德(H. Bauersfeld)在第三届国际数学教育大会上提出来的,后来美国的汤姆·凯伦(Tom Kieren)在一篇题为《数学教育研究——三角形》的文章中将其发展,把课程、教学、学习比作三角形的三个顶点,构成一个紧密相连、彼此渗透和交织的三角形态。

数学教育学的主要研究内容可概括如下:

1.1.1　数学课程论的内容

(1) 数学教学内容,即教什么内容,为什么要教这些内容等问题,涉及数学教学内容的选择和编排。显然,这就必须研究数学课程与社会的关系、与数学教育价值的关系以及与学生认知水平发展的关系等,研究如何处理好数学课程与社会、知识、学习者之间的协调性,使这几方面都得到和谐、统一的发展。

(2) 数学课程的发展。了解数学课程发展历史,揭示课程演变的某些客观规律,对目前的数学课程进行修正和对未来的数学课程编制作出正确的决策。

(3) 数学课程的评价。进行新课程教学实验,研究课程目标,建立评价体系,检验课程实施结果等,给课程改进和新课程的编制提供依据,同时还可促进教学方法的改革和发展。

1.1.2　数学学习论的内容

(1) 数学学习的心理规律,包括数学概念、命题、问题解决的学习心理过程;技能的获得与应用;数学认知结构与迁移;数学学习中的非智力因素等。

(2) 数学能力与数学思维。研究数学能力的结构与成分;数学能力与一般能力的关系;数学能力的培养途径;数学思维的分类、过程及方式;数学思维能力的培养等。

1.1.3　数学教学论的内容

数学教学论的内容主要有：

（1）数学教学的目的和任务；

（2）数学教学原则；

（3）数学教学过程、教学组织形式以及教学手段等；

（4）数学教学方法；

（5）教学效果的检测与评价。

从上述学习内容可以看出，数学教育学是一门与数学、哲学、教育学、心理学、逻辑学以及其他现代边缘学科如信息论、控制论、社会行为学等相关联的综合性学科，但这种综合性并不是将这些学科的一些内容随意地、简单地加以拼凑与组合，而是从数学与数学教育的特点出发，运用各个相关学科的原理、结论、思想、观点和方法来研究、解决数学教育本身的问题。因此，数学教育学又是一门独立的学科，它有着自己独立的研究对象和特殊的研究方法。本教程将以教学论为主线，加入部分数学学习理论以及数学思维、数学能力组成一个框架，围绕这一主线，在框架内的讨论则力求宽泛而深入。

1.2　数学教育学的基本特点

数学教育虽然只是整个教育领域中的一个分支，但由于数学教育涉及范围广，参与人员众多，社会影响大，它的一些改革举措往往备受关注，可以说，数学教育已经成为一种社会文化现象，所以对数学教育本身特点的分析和把握显得非常有必要。综合多数研究者的看法，一般认为数学教育具有综合性、实践性、科学性和教育性等基本特点。下面对其中几个比较重要的基本特点作简单的介绍。

1.2.1　综合性

从学科结构上看，数学教育学与众多学科相关，是多门学科的交叉学科，因而这些学科的部分理论、思想和方法可以引入到数学教育学中来，作为其基本的理论基础。

同时，数学是数学教育的具体内容，数学学习是一个特殊的认识过程,这是由数学本身的特点决定的,因而,数学教育学要研究中学数学课程的结构、教学原则、教学方法、学生学习以至教学全过程,必须立足于数学专业知识和教育理论。因此,数学教育学是一门理论性、综合性的学科。

1.2.2　实践性

教学是一种实践,这就决定了数学教育学是一门实践性很强的理论学科。

首先,数学教育理论是以广泛的教学实践经验为背景,在实践的基础上产生和发展起来的。数学教学实践是数学教育学的根基,离开了教学实践,数学教育学就成了无源之水。因此,数学教育学要制定教学目标、评价体系等,都必须经过实践,在实践的过程中积累经验,再总结和概括出理论体系,所形成的理论又必须经受实践的检验。此外,数学教育学还需要以试验为基础。课程教材的改革、新教学方法的使用,都必须进行试验,经过验证、修订后,再加以推广。"新数运动"由于受潮流的推动,未经实验就推广,缺乏实验依据,结果必遭挫折。这一历史教训再次表明了数学教育研究必须立足于实践。

其次,数学教育学又要反过去指导实践,服务于实践。由于数学教育学是由若干数学教学经验的积累,再经过实践的检验,去伪存真而逐步形成和发展起来的,所以这些理论就可以在一定意义上去指导新的数学教学实践。

1.2.3　科学性

科学性是任何一门学科最基本的特点。数学教育理论的内容、方法是随着社会的发展,时代对教育提出新的要求以及科学技术、教育科学研究的发展而不断充实和改进的。

数学教育的一般规律是客观存在的,然而揭示这些规律的方式却不是唯一的。就教学论而言,根据教学原理对教学提出的教学原则就有几十种之多,由于人们认识的角度和深度不同,对同一个问题就有可能有多种不同的看法,但目标却是相同的,都是为了以明确的方式去揭示数学教学规律,使教学过程最优化,使数学教育的功能得以充分的发挥。事实上,这也就决定了数学教育必然随着人们认识客观事物的逐步深入而不断发展。

数学教育理论和实践的发展性,还体现在它受到科技发展水平的制约这一方面。例如,人工智能理论的崛起,直接促进了现代认知心理学的理论研究,从而也就扩展了数学学习心理学的研究领域。计算机的出现并被广泛地应用于辅助教学,这就使对数学内容的选择、教学方法的改革和教学形式的更新诸方面都必须作相应的重新认识和深入研究。

1.2.4　教育性

人是教育的对象,这就从根本上决定了数学教育学的教育性。首先,由于人才观的不断更新带来数学教育学课程在人才培养观念上的变化,例如,原来的计算型人才向应用型人才转变,传统的知识型人才向能力型人才转变,伴随着社会的发展,单纯的研究型人才也需要向创新型人才转变。其次,现代教育形态变得愈加多样,教育的性态表现得更加开放,这使得数学教育学课程本身应该接纳来自各位专家和各个不同领域的学者的建议和观点,博采众长,同时也要积极开展广泛的合作与交流,不断地适应社会对数学教育提出的新要求。所以我们对课程安排、教材编写、教学设计、学习指导等各个教学环节都要作认真的研究,以达到教书育人的最佳效果。

1.3　数学教育观

对数学教育的研究,我们不得不关注的两个问题是,数学观和数学教育观,当然两者是密切联系的,首先,数学教育必须反映数学内在的规律性;其次,数学教育毕竟是为数学的发展和数学的应用服务的。完整的数学观对数学教育的引导作用是显而易见的,反过来,先进的数学教育观也为数学的发展和应用指明了正确的(即符合社会进步和发展主流的)方向。

人们对数学的看法其实是各不相同的,可谓仁者见仁,智者见智,但从数学整个发展历史过程中,各个国家、不同地区在各个社会历史发展时期表现出来的对数学的看法,亦有几种较为典型的代表。我们把这些观点加以汇总称为数学观(the view of mathematics),一般有数学的哲学观、数学的科学观、数学的艺术观和数学的文化观等。对它们的分析有助于对数学教育的全面认识。同样,数学教育观也是变化发展的,也存在着时代性和地域性的差别。因此,我们应该从数学观的角度,通过对重要数学教育历史事件的考察,对数学教育观作一个历史意义上的解释。

数学教育的发展史表明,数学教育改革的焦点一直是数学课程的改革。但这只是一个表面现象,在其背后存在着数学教育观的转变这条主线,历史上每一次重大的数学教育改革运动无不由数学教育观念的变革所引发。

为此,在这里我们就通过介绍数学教育历史上三次重大的数学教育改革运动,来展示人们数学教育观的转变和更新,并体会这些改革运动对数学、数学教育、科技发展乃至社会进步带来的深远的影响。

1.3.1 培利-克莱因运动

1901 年,英国皇家理科大学教授、被誉为近代数学教育改革先驱的数学家培利(John Perry,1850—1920)在英国科学促进会于格拉斯哥召开的甲组(数学与物理)与乙组(教育)联盟会议上,发表了题为《论数学教育》(Teaching of Mathematics)的演讲。在演讲中,他主张数学的实践并不是教会学生一些技巧,并不是将抽象的理论如何运用于自然现象和社会现象,恰恰相反,而是从自然现象、社会现象和实践中发现数学的法则,明确提出数学教育的目的是强调应用。1902年,培利发表著作《关于数学教育的讨论》(Discussion on the Teaching of Mathematics),进一步提出了一系列的改革方案,其中心思想是:

(1)强调数学的实用价值问题。

① 数学要从欧几里德《几何原本》的束缚中解放出来;

② 注意数值计算、对数的使用、代数公式的应用、坐标纸的应用,重视实验实测等技术教育。

(2)要实行适应学生个性发展的个性教育。

(3)反对为了通过考试的数学教育。

培利的这些数学教育改革措施以及所包含的数学教育思想逐渐被人们所接受,存续 2000 多年的欧洲数学经典教科书《几何原本》第一次遭遇到空前的挑战,数学教育中欧氏几何一统天下的格局由此被打破,此后出版了许多不同类型的教科书,影响广泛,学生学习数学的兴趣也因此得到极大的提高。完全可以说,这样的改革已经把20世纪的数学教育带入了一个崭新的阶段。

与此同时,慕尼黑工业大学教授,在椭圆函数论、微分方程论、几何学方面都有光辉业绩的德国数学家克莱因(1849—1925)则积极主张数学、物理、工学内容一体化(统一起来)。这位在大学任教期间就一直关心数学教育,并给志愿当教师的学生开特别教育讲座的数学家,于1904年在德国自然科学会议上,发表了《关于中学数学与中学物理的若干问题》,也提出了类似于培利的数学教育改革措施:

（1）顺应学生心理自然的发展,安排教材,选取教材;

（2）融合数学诸分科,并且使数学和其他各门科学紧密联系;

（3）不过于重视数学的形式陶冶,应该把重点放在应用方面,培养学生用数学的方法观察自然现象和社会现象的能力;

（4）为培养这种能力,必须以"函数观念"和"直观的几何"作为数学教材的核心。

这些措施的要点是强调数学的应用性、教育心理研究成果的指导性,以及突出函数的核心性。这些全新的观念无疑给当时沉寂而落后的数学教育注入了新鲜的血液,推动了整个数学教育观的变更。同时,及时地把这些观念付诸实际行动。例如,1908年在德国出版了一套全新的教科书,这套教科书在内容上把平面几何、立体几何、代数、三角、解析几何、微积分等内容融会为一个整体,增加授课时数(每周4～6小时),教学效果非常好。而且克莱因本人还发表著作《从高观点看数学》,在理论上对其观点做出积极的宣扬,促进了数学课程的现代化进程,推动数学教育观的更新和数学教育的发展。

培利、克莱因在20世纪初,极力提倡数学教育要进行改革并提出了自己的主张,成为50年后世界范围内数学教育现代化的先声。随后,法国的波利尔(1871—1956)、美国的慕尔(1862—1931)也纷纷响应他们的号召,提出数学教育改革(现代化)的主张。由于这次数学教育的改革影响广泛,波及包括美国、日本在内的几乎所有的资本主义国家,在数学教育史上是一次重要的数学教育观的转变,因此人们把它称做培利-克莱因运动。

尽管在此后的二三十年间,数学教育现代化并无多大进展,但他们的主张,却播下了 20 世纪 60 年代数学教育现代化的种子,给后来世界范围内的数学教育现代化带来了深远的影响。

1.3.2 "新数"运动

第二次世界大战结束后,一些工业发达国家转入了经济恢复时期。由于生产发展的需要、科学技术发展的需要以及数学科学自身发展的需要,使得中学数学教育再也不能保持着所谓传统的教学内容和方法了。特别是 1957 年 10 月 4 日,苏联发射了第一颗人造地球卫星,使得以"世界霸主"自居的美国朝野震惊,深感教育的落后、科学人才的缺乏。美国认为出现这种"导弹差距"的根本原因,在于数学教育的落后。于是他们便从数学教育的改革入手,提出新数学运动——数学教育现代化。

1958 年春,美国成立了规模宏大的"学校数学研究小组"(School Mathematics Study Group,SMSG),进行数学教育改革的研究工作,并动员了全国的人力和舆论,致力于数学教育现代化工作。

对数学教育现代化运动的兴起有决定意义的是 1959 年 9 月美国"全国科学院"在伍兹霍尔召开的一次会议。会上全面研究了中学数理学科的改革问题,提出了课程改革的四个新思想:

(1)学习任何学科,主要是使学生掌握该学科的基本概念、基本原理和基本方法,这就是所谓结构思想;

(2)任何学科的基础知识都可以用某种方法教给任何年龄的学生,即所谓早期教育思想;

(3)以往教学只培养逻辑思维能力,而今后则应重视发现的能力,或称之为直觉思维的能力;

(4)学生学习的最好动机不是为了应付考试,而是对数学的真正兴趣,因而提出了教材的趣味性和教学方法上的一系列问题。

这次会议还提出了数学教育的实用性要求。

1959 年 11 月在法国莱雅蒙召开了关于数学教育改革的国际会议,会议一致肯定了数学教育改革的重要性,并组织了一批学者编写理科学生用的《中学数学教育现代化大纲》。会上集中讨论了三个问题：

（1）新的数学思想；

（2）新的数学教育手段；

（3）教学手段的改革。

会后，西方各国纷纷组织了研究机构，开始形成了国际性的数学教育现代化运动。

1962 年在瑞典召开了国际数学教育会议，有 21 个国家报告了 1959—1962 年的教学改革情况，引起了国际数学教育界的重视。同年联合国教科文组织在匈牙利的布达佩斯召开了国际数学教育会议，有 17 个国家参加，到会者互通情报，交流经验，对数学教育改革起到推动作用。

数学教育现代化在 20 世纪 60 年代形成高潮，其中影响较大的是美国的"学校数学研究小组"（SMSG），他们集中了人力，在几年之内编出了从幼儿园到大学预科的"新数"教科书、数学教师手册、各种课外阅读读物达百种之多，其中中学数学教科书为《统一的现代数学》。

英国的"学校数学设计组"（School Mathematics Project，SMP）编写了从幼儿园到大学预科的《统一的现代数学》。美、英两国的教材反映了当时现代化的思想。20 世纪 50 年代末至 60 年代这场以学校数学课程现代化为主要内容的数学教育改革运动几乎波及了全球，世界各地相继出现了新的学校数学教学大纲、新的数学教材，"新数学"的洪流在冲击着数学。人们称此运动为"新数"运动。

1958 年及以后的几年，中国处于大跃进时期，也受到国际数学教育改革的一些影响，掀起了教育革命，编出了中学九年制、十年制教材。

1969 年 8 月国际数学教育委员会（ICMI）在法国召开第一次会议，有 37 个国家参加，自此数学教育改革问题提到了重要议程上来了。该组织历次会议的中心问题都是数学教育改革问题，它促进了数学教育现代化的进展。

60 年代世界范围内的数学教育现代化运动曾盛极一时，教师、学生、家长和社会各界人士都希望它取得"神奇的效果"。但是由于各种因素的相互制约，导致了整个运动在某些地区受到挫折，一些地区的中、小学数学教学质量下降。到了 60 年代末 70 年代初，"新数"遭到猛烈批评,许多人提出了"回到基础"(back to the basics)的口号。批评主要有以下几点:① 学校数学应面向全体学生而不是培养数学家;② 抽象概念过早引入,学生接受不了;③ 新数学忽视应用;④ 数学不能割断历史,传统数学是基本的,不能大删;⑤ 二进制之类的东西也不必人人都搞。总之,"新数学"的高潮已经过去,但仍有人坚持试验,相信总有一天会取得成效。

1980 年 8 月 10 日至 16 日在美国伯克利举行第四届"国际数学教育会议"(ICME-4),会议对 20 年来数学现代化的成败得失进行了分析和评价。会议总结报告认为,这次现代化运动的主要特征是在中学引进了现代数学的概念,使整个数学课程结构化。

1. 数学现代化运动的特点

(1)追求现代化。为追求现代化在中学数学教材中引入了大量现代数学内容,如集合、逻辑、群、环、域、矩阵、向量、概率、统计、计算机科学等,还使用了大量的现代符号,如 $\in$、$\cup$、$\cap$、$\subset$、$\Rightarrow$、$\forall$、$\exists$ 等。甚至在小学里也加进数的理论、简单的概率、统计、代数、函数等。

(2)强调结构,追求统一化。不分算术、代数、几何等科,以集合、关系、映射、运算、群、环、域等现代数学观点把中学数学教材统一为浑然一体的逻辑内容。

(3)采用演绎法,追求公理化方法。首先,它强调了集合论,从小学就渗透集合的概念,同时强调数理逻辑的初步知识,把几何中的公理法搬入新教材,至于代数结构更是公理化了。这种做法,对培养学生的抽象思维能力和逻辑思维能力是有益的。

(4)破欧几里德体系,简欧氏几何内容。现代化的主要目标之一是打破欧几里德体系。各国想尽办法力图用其他方法解决几何问题,如有的想用代数法、向量法、变换群的方法,有的想用测度理论,总之,企图改造欧几里德几何学,并删去其繁杂内容。

(5)削减传统计算。认为大量的传统计算无助于加深学生对方法的理解。各国对计算的有关知识均有削减。

2. 数学现代化运动的成果

总结报告还认为,这次数学现代化运动取得了一些有益的成果:

(1)出现了一些对数学和数学教育有远见、有洞察力、有影响的数学教育工作者,在一些国家里建立了合作机构来研究课程的发展。

（2）大多数国家的中学数学课程形成了一个统一的整体,强调结构和原理。

（3）在国际上,数学教育工作者活动的联络网已形成。四年一届的国际数学教育会议使数学家、数学教育家、数学工作者之间的活动日趋活跃。

（4）数学教育的大改革使得教师更加集中注意教育的成果,使教师经常研究教什么、如何教、如何学三者之间的关系和一些问题。

3. 数学现代化运动的缺点

总结报告还认为,这次改革运动的主要缺点是:

（1）增加现代数学内容分量过重,内容十分抽象、庞杂,致使教学时间不足,学生负担过重。

（2）强调理解,忽视基本技能训练;强调抽象理论,忽视实际应用。

（3）只面向优等生,忽视了不同程度学生的需要,特别是学习困难的学生。

（4）对教师的培训工作没有跟上,使得不少教师不能胜任新课程的教学。

上述评价基本上总结了前一阶段现代化运动的经验和教训。不管后人如何贬褒,但这次改革必将以其在社会上的深远影响永远载入数学史册。

"新数"运动又一次表现了数学教育观的变化和更新,反映了数学教育内在的矛盾和冲突,其背后的深层次原因是社会进步、科技发展对数学教育提出的新的要求,只是这种冲突是在较短时间内以集中爆发的形式出现的,这使人们在改革上所做的举措表现出动作过猛、步子过大的倾向。然而这次运动所带来的数学教育观的改变却不时地、反复地被人们所提及,对它的探讨和思考从来就没有间断过。事实上,人们对它的反思与其说是对这次运动本身还不如说是对数学教育的总体。

1.3.3 "数学大众化"运动

20 世纪 80 年代以来,吸取"新数学"运动和"回到基础"运动的教训,数学教育面向大众便成了明智的选择。1983 年在华沙国际数学大会的数学教育委员会上,德国数学家达韦诺夫首先提出这一口号,产生了世界范围的反响,联合国教科文组织由此提出了"为大众的科学(Science for all)"的口号。1986 年国际数学教育委员会(ICMI)在科威特召开了"90 年代的学校数学"专题讨论会,把"大众的数学"(Mathematics for all)列在首位,并出版了由豪森(Howson)等人编辑的总结报告——《90 年代的学校数学》。

"为大众的数学"这一口号已深入人心,其影响将延续到 21 世纪。世界各国都在这一潮流的推动下积极行动。美国全美数学教师协会(NCYM)于 1989 年 3 月出版了一本 258 页的文件《中小学数学课程与评价标准》,旨在促进改革,提高质量,使就学的中小学生适应 21 世纪的生存需要。德国统一以后,巴伐利亚州学校用书出版社出版了一套教材,由德国文化教育部长会议制订数学教学目标与建议总原则,供一些州使用,在全德影响甚大。1982 年英国政府文书部正式出版了《科克罗夫特报告》,这是英国政府组织的"学校数学教育调查委员会"经过 3 年的广泛调查,研究了当代英国中小学数学教育问题,以该委员会主席科克罗夫特(Cockeroft)博士的名字命名,向英国政府提供的一份报告。它不仅是英国公认的 80 年代数学改革的纲领性文件,在国际上也具有很大的影响。90 年代初,苏联全国中小学教育科研委员会数学组就中小学教育改革提出了一份"关于发展中小学数学教育的若干观点"的报告,后因为苏联解体而未及实行。我国则在大力提倡普及九年制义务教育的同时,提出从"应试教育"向"素质教育"转变的观点,"教育面向世界,面向未来,面向现代化"已成为数学教育的改革方向。

"为大众的数学"这一口号就数学教育而言,蕴涵两层意思:其一是数学教育必须顾及所有人的需求,使每个人在数学教育中得益;其二是指不同的人可以达到不同的水平,但数学教育存在一个人人都能达到的水平。随着"为大众的数学"思想的兴起,下列问题是亟待解决的:

(1) 数学是否应以为大众的课程保持其核心地位?

(2) 什么样的数学课程才符合大多数学生的需要?

(3) 如何根据不同的需要有效地区分学生和课程? 何种程度的

区分是需要的、可能的？

（4）如何理解数学教育的"机会均等"与"各取所需"的矛盾？

"为大众的数学"作为国际性的思潮，不仅对数学课程的设计提出了新的要求，而且将对整个数学教育产生深远的影响。"数学大众化"运动反映了数学精英教育向数学大众教育的转变，标志着数学教育观的又一次重大转变，它使我们的数学教育变得更加成熟和更具理性，也更符合现代社会的发展趋向。"为大众的数学"任重而道远，也会遇到种种阻力，也会产生新的问题，遇到新的挑战，但是数学教育观念的不断更新将是一种永恒不变的规律，也许在将来还会有再一次的数学教育领域的改革运动的出现，那也应该是一次数学教育观的转变，是数学教育的又一次进步。

1.4　数学和数学的特征

数学是什么？数学具有什么样的特征？这些看似简单的问题，在数学界至今却没有一个统一的回答，仍存在着很大的争议，这是一个颇具意味的现象。对于产生这一现象的原因，也许是多种多样的，既可能是认识方式上的，也可能是认识角度上的，但值得关注的是，我们是以静态的观点看待数学及其特征的，还是以动态、发展的观点看待它们的，两者的区别是明显的，由此所得出的结论也是迥然不同的。事实上，对这两个基本问题做出一个统一的、完满的和最后的回答已经没有任何意义，而通过分析若能使大家对数学及其特征有一个更为深刻的认识才是一件于数学研究和数学教育研究有益的事。为此我们在这里就这两个问题作一个一般性的分析。

1.4.1　数学是什么

对于数学研究的对象问题，从历史来看，以古希腊为代表的西方数学，其研究的对象可以说是"数"（数的性质）和"量"（几何量）这两大基本对象，这两大对象是因古希腊数学家欧道克斯将数与量人为地分离所产生的，也曾被人们比喻成数学的两条腿，可以说数学是迈着这两条坚实有力的大腿由古到今一路走来的。而以古代中国为代表的东方数学，其研究的对象则是"数学问题"，这些问题既可以是数学内部本身的,但更多的是现实中的实际问题,对于这些问题的研究和解决,使人们更为深入地理解了数学,促进了数学的发展。因此可以说,数学的研究对象,从内部来说是数与量,从外部来说则是问题。

恩格斯在《反杜林论》中曾经给出一个经典的数学定义:数学是一种研究思想事物(虽然它们是现实的摹写)的抽象的科学。纯数学的研究对象是现实世界的空间形式和数量关系。

随着数学的发展,数学的研究对象——空间形式和数量关系已经远远超越了"现实世界"的范围,表现得更加抽象化和非现实化,例如 n 维空间、向量、矩阵、群、环等研究对象很难再回到现实世界中加以复原描绘。因此人们普遍认为恩格斯这一经典的数学定义仅仅描述了 19 世纪以前的数学发展状况,而不能涵盖 20 世纪以来数学研究的新变化。

因此,人们提出了多种对数学的描述,如有人在恩格斯所作定义的基础上,根据数学发展变化的情况认为数学的研究对象是"现实世界包括非现实的、想像的空间形式和数量关系",也有人由布尔巴基学派的结构思想提出"数学是研究结构的科学"。随着对数学模型的广泛研究,有人又提出"数学是模式的科学"等观点。同时,有学者指出"凡是要研究量、量的关系、量的变化、量的关系的变化、量的变化的关系的时候,就少不了数学。……所以数学还研究变化的变化、关系的关系、共性的共性,循环往复,逐步提高,以至无穷。因此,从现代数学来讲,数学是研究量和量变的科学。其中纯数学是研究纯粹的量的科学,它是数学的基础部分"。

1.4.2 数学的特征

因为人们对数学的研究对象看法不一,所以在对数学特征的把握上也得出各不相同的结果。数学到底具有什么样的特征,也是众说纷纭,莫衷一是。但是在数学教育领域中,对这个问题进行探讨显得非常有必要,因为只有正确而完整地把握数学的特征才能更好地发现数学教学的特点,才能掌握数学教学的内在规律,提高教学效果。我们在本书第四章(中学数学教学原则)中涉及的数学教学特点正是基于对数学本身特征的认识,所以在这里首先对数学的特征作一个分析。

如果以数学观的角度来看，我们可以说数学既具有哲学和（自然）科学的一些基本精神，也具备艺术和文化的一般特征，这些都是数学和其他科类所具有的共同特征，属于共性。这类性质是属于第一层次的，我们把这类性质称为数学的普遍性质。

同时，在数学教育界曾经给出数学的三大性质，那就是抽象性、严谨性和应用的广泛性。其中抽象性是指数学理论具有抽象化的特点；严谨性是指数学理论的表达缜密，逻辑性强，严谨而无任何纰漏；而数学应用的广泛性是有目共睹的。但是许多专家学者对这个传统的数学三大性质提出质疑，如提到抽象性，认为"抽象性并非数学所特有，各门学科都有抽象性，哲学则比数学更抽象"。提到严谨性时，认为严谨性不应该作为数学的特性，它实质上应该是各门学科必须都具备的共同性质，试想一门学科如若连理论的严谨性都做不到，那是绝对不可认同的。对于数学的应用广泛性，我们认为，应用性应该是任何一门学科的生命线，也是所有学科的共性，只是数学的应用和其他学科相比更为广泛。

因此，很显然这三个性质并不是数学所独有而其他学科所没有的特性，把它们作为数学的特征似乎不很适宜，但这三大性质毕竟反映了数学的内在本质，所以我们把这三个性质归属于数学性质系统中的第二层次，把它们称作数学的一般性质。

然而数学应该具有明显区别于其他学科的特征。

首先，形式化就是数学的一个重要特征。从数学的发展历史过程看，数学虽然来源于实际，但数学研究的对象却是把附着于具体实物或实际问题上的一些非本质的、或者不是数学研究所关注的特征进行剥离后所留下的材料，那就是形式化的材料。例如，数学所研究的不是一只羊、一头牛或一匹马，而是它们共同具有的形式特性"一"，这是一种抽离了具体内容后而形成的抽象化的形态。正如恩格斯所说的：为要能够研究这些形式及其关系的纯粹情形，那么就应该完全把它们与其内容相分离，把内容暂置不管，当作无所可否的东西。

数学从哲学中脱离出来，形式化是一个重要的标志，形式化、模型化也是促进数学发展的根本基点，没有形式化就没有数学，没有模式化数学也就失去活力。数学教育家辛钦曾提到：一切数学学科的决定性特点总是某种形式化的方法。著名的"七桥问题"就是由数学大师欧拉对其形式化后,抽象为"一笔画"的数学模型而得以解决的。M.克莱因在《古今数学思想》中对牛顿的成就作了如此的描述:"但是,只有依靠数学的描写(即使完全缺乏物理的了解时也依靠它)才使得牛顿的惊人的贡献成为可能,更不用说后来的发展了。"因此,数学形式化特征所产生的力量是惊人的。

其次,策略性是数学的另一个重要特征。数学研究的中心是问题解决,数学的一切理论都是为这个中心服务的。这些问题可以是数学内部的,但更多的是数学外部的、是应用的。但是问题解决的关键是策略的运用,是方法的创造,是想像的发挥。数学的发展历程实质上就是方法的不断创造过程。阿基米德在解决抛物弓形的面积时采用了"穷竭法",刘徽在解决圆的面积时采用的是"割圆术",戴德金在定义实数时使用著名的"戴德金分割"法等等,不一而足。所有这些都是策略的巧妙运用,方法的灵感创造,可见数学是一门讲究策略,善于使用方法,不断创造、发现的科学。

正如哈尔莫斯所说的,"数学是创造性的艺术,因为数学创造了美好的新概念,数学家们像艺术家们一样地生活,一样地工作,一样地思索。"可以说在数学之中创造无处不在,创造力是数学的生命,想像力是数学的灵魂,没有了创造和想像,数学将成为一堆枯燥的、毫无意义的符号。数学的活力在于非凡的创造、艺术的思考。

因此,数学的这种策略性、无穷无尽的创意是数学的一个与生俱来、无法剥离的特征。

第三,符号化是数学的又一个重要特征。数学语言是符号语言,是一种形式简洁、表达精确、广泛通用的语言。正是数学的高度符号化才使数学展现出其独特的魅力,在思维上提供给人们充分自由的想像天地,好比给数学思维插上了翅膀任其翱翔。难怪有人叹道:数学要是不走上符号化的道路,任何的发展都是不可能的。伽利略说,宇宙大自然的奥秘写在一本巨大的书上,而这部书是用数学语言写成的。阿尔芬则说,科学需要一种能够简练地、合乎逻辑地表达的语言,这种语言便是数学。

当然,其他学科语言中也有符号化现象,例如化学中使用化学符号和方程式,逻辑学中使用的逻辑符号语言(实际上也是数学语言),经济学中使用的图表符号语言,但与数学符号语言相比,其符号化程度要低得多。

综观历史,数学的每一次进步都与数学符号语言的发展有关。符号常常比发明它们的数学家更能推理(F. 克莱因语)。公元 3 世纪丢番图发明的一套缩写符号使得初期代数的研究得以延续;16 世纪韦达等人创造的字母符号语言促使代数数学的长足发展;17 世纪费尔马、笛卡儿和莱布尼兹等创立的坐标符号语言为近代数学取得辉煌成就奠定了语言的基础;而后莱布尼兹的微积分符号语言,魏尔斯特拉斯的 $\varepsilon-\delta$ 语言以及康托儿的集合符号语言都为数学的发展做出了重大的贡献。

符号是数学的标志,是数学思想的唯一载体。

我们把上述这三个明显区别于其他学科的特征放在数学性质系统中的第三层次,把它们称作数学的固有性质。

综合前面的分析,我们把数学的性质分成三个层次,组成一个性质系统,分别由数学的普遍性质、数学的一般性质和数学的固有性质构成。

1.5　数学教育学的学习方法

根据数学教育学这门学科的特点,在学习本课程中应注意以下几个方面。

1.5.1　重视理论学习

数学教育学是融合多门学科的理论于一体的复合结构。因而,掌握各学科的基本理论和基础知识是学好本课程的必要条件。

首先,必须具备坚实的数学基础知识。数学教育既然是探讨数学的教育规律,就必然与数学知识水乳交融。如果我们不具备必要的数学知识,那么就不可能去研究数学教学规律,也不可能从事数学教学实践。这些必要的数学知识包括初等数学和高等数学的有关内容,对于初等数学,要求理解基本理论,掌握解题的方法和规律,熟悉中学数学教材体系;对于高等数学,则应理解各种数学理论中的思想和方法,把握高等数学和初等数学的联系,能用较高的观点去处理初等数学问题。只有具备了坚实的数学基础知识,才能够从自己学习数学的过程中体验学习数学的感受,以个体的经验为参照去指导教学实践,这一点是十分重要的。

其次,要比较系统地学习教育学、心理学理论,了解教育史的各种流派、各种教学理论产生的背景、各种学习心理理论等。更重要的是,还必须熟悉教育学、心理学的科学研究方法。数学教育理论的研究不同于数学的研究方法,数学研究是以演绎为主,通过严格的推理去获得正确的结论,而数学教育理论的研究方法则偏重于实践,以调查、观察、比较、实验、经验总结等形式为主,与教育学、心理学的研究方法有更多的共同之处。因此,熟悉教育学、心理学的研究方法对数学教育理论与实践的研究是极其重要的。

此外,系统论、信息论和控制论以及计算机科学等学科的应用已经渗透进了数学教育理论,因而应当对这些学科的基本理论、观点、方法以及它们在数学教学中的应用范围和程度等都有所了解。

综上所述,博览群书、开阔视野、综合贯通是学好本课程的有效途径。

1.5.2　加强实践活动

数学教育学既是一门理论课,又是一门实践课,积极开展教学实践活动,是学习本课程的一项重要内容,也是学好这门课程的关键。

因此,我们将采取专题讨论、教学观摩、微格教学等手段,加强实践性活动,并在活动中自觉地、有计划地运用所学的基本理论、基本观点、基本方法去解决实际问题。在活动中,应加强教学技能的训练,如教学语言、教学形态、板书等,为顺利进行教育实习奠定坚实的基础。

1.5.3　掌握读书方法

本课程兼有文、理科教材的综合特征,读起来不像读文科教程那样流畅,但也没有纯数学课程的艰涩。因此,掌握阅读本课程的正确方法是十分必要的。

1. 精读与泛读相结合

对书中的重要理论、方法要精读,同时泛读一些与数学教育理论相关的学科论著、文献,并作必要的读书笔记,使知识系统化。

2. 勤于思考,勇于提出问题

由于数学教育理论具有发展性,而且对数学教育规律的认识也有多种途径,因此读书时一方面要领会已经形成的诸多教育学、心理学理论,尊重经过无数次实践逐步积累起来的数学教育理论;另一方面又不要受已有结论的束缚,善于从各个侧面、不同方位去思考和探讨同一个问题,勇于提出新的观点、方法。

3. 勤于动笔,培养科学研究意识

学习数学教育科学知识固然重要,但学习的目标不能仅限于此,还必须认识到数学教育科学研究的重要性,提倡研究数学教育科学。因此,在学习中要勤于动笔,写感想和读书体会,养成广泛收集资料、整理资料的习惯,逐步形成对数学教育的科学研究意识,提高自己对研究论文的写作能力。

第2章

中学数学的教学目的和教学内容

2.1　确定中学数学教学目的的依据

中学数学教学的目的是依据党和国家对现阶段培养人才提出的总目标,中学教育的性质、任务、数学自身的特点及其在培养人才中所起的作用,以及中学生的学习基础、年龄特征来确定的。

2.1.1　现阶段中学教育培养人才的总目标和性质任务

在一定历史时期内,一定社会的教育方针集中反映了社会对人才的总要求,同时也规定着教育的性质、目的及实现目的的根本原则。

我国是社会主义国家,正在进行着伟大的社会主义现代化建设事业,需要大量高水平的专门人才,也需要大批高素质的劳动后备力量,教育是培养人才的事业。显然,中学数学教学目的应根据《中共中央关于教育体制改革的决定》中提出的培养人才的总任务、总目标,面向现代化,面向世界,面向未来,为我国经济和社会发展,大规模地准备人才。所有这些人才,都应该有理想、有道德、有文化、守纪律,热爱社会主义祖国和社会主义事业,具有为国家富强和人民富裕而艰苦奋斗的献身精神,都应该不断追求新知,具有实事求是,独立思考,勇于创新的科学精神。这体现了党和国家对培养一代新人在思想政治、科学文化及智力、能力等各方面的要求和需要。

　　我国现阶段实行九年制义务教育。义务教育就是依据法律规定适龄儿童和青少年都必须接受的,国家、社会、家庭都必须予以保证的国民教育。这是为现代生产发展和现代社会生活所必需的教育,是现代文明的一个标志,也是我国适龄国民的一种权利和应尽的义务。

　　《中共中央关于教育体制改革的决定》中规定:"我国广大青少年一般应从中学阶段开始分流:初中毕业生一部分升入普通高中,一部分接受高中阶段的职业技术教育;高中毕业生一部分升入普通大学,一部分接受高等职业技术教育。"这就指明了中学教育的性质和任务。我们在确定中学数学教学目的时,就要同时考虑到学生在毕业后升学与接受职业技术教育所必需的数学基础知识、基本技能和数学能力,同时还要照顾到我国存在着地区、城乡差别,既要有统一性,又要有灵活性。

　　初中实施义务教育是初中教育性质的一大转变。其教育对象是全部的小学毕业生,其教育任务为"提高全民族的素质,为培养有理想、有道德、有文化、有纪律的社会主义公民,培养各级各类的社会主义建设人才奠定初步基础"。因此,在《义务教育全日制小学、初中课程计划》中明确规定初中阶段的培养目标:"具有爱祖国、爱人民、爱劳动、爱科学、爱社会主义的思想情感,初步了解辩证唯物主义、历史唯物主义的基本观点,初步具有为人民服务的集体主义思想。具有自主、合作、惜时、守信、勤奋等良好的品德和个人品质,遵纪守法,养成文明礼貌的行为习惯,具有分辨是非和自我教育的能力。掌握必要的文化科学技术知识和基本技能。具有一定的综合能力、动手操作能力。初步具有科学意识,掌握一些简单的科学方法。初步掌握锻炼身体的基础知识和正确方法。养成讲卫生的习惯,具有健康的体魄。具有初步的审美能力,形成健康的志趣和爱好。学习自理和力所能及的家务劳动,初步掌握一些生产劳动的基础知识和基本技能,了解一些择业常识,具有明确的劳动态度和良好的劳动习惯。"

　　普通高中教育,是与九年义务教育相衔接的高一层次的基础教育。其教育任务为"进一步提高学生的思想道德、文化科学、劳动技能和身体心理素质,发展学生的个性和特长,有侧重地对学生实施升学预备教育和就业预备教育,为高等学校输送合格的新生,为社会各行各业输送素质较高的劳动后备力量,为培养社会主义现代化建设所需要的各类人才奠定基础。"《全日制普通高级中学课程计划(试验)》指出普通高中的具体培养目标为"培养学生热爱祖国,热爱人民,热爱中国共产党,热爱社会主义,具有正确的政治方向,初步树立正确的世界观、人生观和价值观。使学生具有社会责任感和事业心,树立为人民服务的思想,具有为祖国社会主义现代化建设甘于奉献的精神,具有良好的思想品德和文明礼貌行为,具有分辨是非和自立自律的能力。培养学生掌握现代社会需要的普通文化科学基础知识和基本技能,具有自觉的学习态度和自学的能力,掌握基本的学习方法,具有创新的精神和分析问题、解决问题的基本能力。培养学生自觉锻炼身体的习惯,使他们具有健康的体魄和身心保健的能力,具有健康的审美观念和一定的审美能力,具有良好的意志品质和一定的应变能力。培养学生树立正确的劳动观念,具有基本的技术意识和初步的择业能力,具有一定的劳动技能和现代生活技能。"

2.1.2　数学的特点及其作用

数学以现实世界的空间形式和数量关系为其研究对象,它的内容具有高度的抽象性、逻辑的严谨性和应用的广泛性等特点。

数学具有以下几个作用:

(1) 数学具有发展学生观察力、注意力、记忆力和想像力的作用。

(2) 数学是培养学生空间想像能力和运算能力的好材料。

(3) 数学具有广泛的应用价值。一方面表现在日常生活、生产中都要运用数学的知识、思想和方法,同时它也是进一步学习科学技术的基础。另一方面,数学在社会科学中也越来越多地使用着它的语言、思想、方法和符号,发挥了"数学是一切科学的得力助手和工具"的作用。未来高科技的发展离开数学寸步难行。

(4) 数学中充满着辩证关系,它的产生和发展体现唯物辩证思想。所以,数学是培养学生辩证唯物主义观的好材料。

由上面的分析可以看出,数学具有发展智力,培养能力的积极因素,它为学生毕业后适应生活、就业、自学和进一步学习所必需,所以,中学数学是中学生在校学习的一门主要课程。确定中学数学教学目的必须考虑数学的特点及其在培养人才中所起的作用。

2.1.3   中学生的心理特点和年龄特征

学生在中学阶段的学习,必须以小学阶段的学习为基础。同时,中学阶段的学习也要为升入高一级学校的学习打好基础。所以,在确定中学数学教学目的时,需要对小学、中学、大学的教学目的作全面考虑。一般来说,数学知识在大学、中学、小学中的衔接是容易做到的,而在学习方法、学习习惯等方面的衔接比较困难,尚需进一步研究。

中学生的年龄特征,是指青少年各年龄段身心发展的不同特点。据思维发展心理学研究表明:思维发展,初中生主要以经验型为主的抽象逻辑思维;高中生主要以理论型为主的抽象逻辑思维。可见,抽象化程度较高的数学内容,对中学生来说还不能接受。所以,确定中学数学教学目的要依据中学生的年龄特征。

确定中学数学的课程目标,除了上述主要依据外,还要注意处理好以下几种因素之间的关系:数学与其他学科的关系、适应社会需求的继承和发展的关系、教育目标的统一性和多样性的关系、教学内容的理论与实践的关系等。

2.2   中学数学教学目的

中学数学教学目的,是指通过数学教学,在数学的知识和技能、智力和数学能力、个性发展以及思想品德等方面所应达到的目标。它既要反映新时代培养人才提出的要求和精神,又要符合中学生的年龄特征。中学数学教学目的,概括起来有三个主要方面的内容:一是掌握双基和培养创新能力;二是培养数学能力;三是形成正确的思想观点和良好的个性品质。下面就这三个方面作简要讨论。

2.2.1   关于数学"双基"与创新能力

所谓数学"双基",是指数学的基础知识和基本能力。数学教学的目的,一方面是培养学生的基本知识和基本技能,另一方面是促进学生的个性发展和培养创新能力。一般说来,"双基"是一个宽泛的概念,并没有明确的定义。数学基础知识和基本技能,一般是指学习后继课程与就业所需的数学知识和技能。在教学工作中,要具体、恰当地确定基础知识和基本技能的广度和深度,才能使学生切实学好基础知识和基本技能。

对于中学数学基础知识和基本技能的范围,一般是通过制订中学数学教学大纲、数学课程标准或国家统一的考试大纲的形式说明的。至于哪些数学概念、公式、定理、法则、方法、思想,哪些类型的数学问题及其他知识属于基础知识和基本技能,就要看中学数学教材列入的具体内容。因此,在教学实践中,应以中学数学教学大纲、数学课程标准为指导,以中学数学教材为依据来具体确定基础知识和基本技能的深度和广度。

数学基础知识的表现形式为概念、性质、法则、公式、定理等,采用演绎的方式叙述,具有逻辑的严密性。数学思想(如函数的思想、数形结合的思想、集合的思想、结构的思想等)和数学方法(如消元法、降次法、换元法、配方法、待定系数法、综合除法等)以及逻辑方法(如分析法、综合法、同一法、反证法等)也应当属于数学基础知识。

基本技能是指按照一定的程序与步骤进行运算、处理数据(包括使用计算器)、简单的推理、画图以及绘制图表等技能。

应当注意,中学数学基础知识和基本技能,既要受教学自身的体系和学生思维发展等的制约,又要随着生产、科技的发展而发展,计算器或计算机初步知识及其操作技能和一些应用性知识将会被列入中学数学基础知识和基本技能的范围,而一些传统的较繁的数、式运算等将会被精简。

2.2.2　关于数学能力

数学能力是在学习数学知识和技能的活动中形成和发展起来的,并且主要是在学习数学活动和运用数学知识活动中表现出来的一种特殊能力。中学数学新课程标准中提出了培养运算能力、思维能力、空间想像能力,以及运用数学知识来分析和解决问题的能力等几种数学能力。

数学教学中要培养学生的这些能力,完全是由数学所研究的对象和它的特点所决定的。因此,这些数学能力完全可以通过数学知识的学习及其数学思想、方法的训练而形成和发展,反过来数学能力又为学习数学知识、提高效率创造十分有利的条件。可见,数学知识的学习与数学能力的培养是相互促进的,辩证统一的,教学时应有机地结合。

2.2.3　关于思想品德的教育

思想品德的教育是教育工作的灵魂。在各科教学中进行思想政治和道德品质教育是教育事业应当遵循的规律。心理学中的"同时学习原理"和教育学中的"教学的教育性原则"都反映了这条规律。因此,在进行中学数学基础知识教学和培养能力的同时,必须向学生进行思想政治和道德品质教育,使他们不仅在知识、能力上,并且在思想品质上都得到提高和发展。当然,数学教学中的思想品德教育,应该根据数学的特点,与教学内容有机结合进行。

总之,在数学教学过程中要循循善诱,不仅教给学生数学知识,也给予思想上的点拨和启迪,逐步培养学生的科学态度和良好的个性品质,树立良好的思想作风和高尚的道德品质。

2.3　中学数学的教学内容

中学数学指中学课程的数学,它是中学阶段开设的一门课程,其内容选自数学科学,反映着数学科学的特点,它的演变直接受到数学科学发展的影响。中学数学是数学科学与中学教学相结合的产物,是在长期中学教学实践中形成和发展起来的。中学数学的结构和内容,要符合中学生的学习心理、认知水平,并能为他们所接受。

2.3.1　中学数学教学内容的选择依据

中学数学教学内容的选择,要依据教学目的,同样也受到中学教育的性质、任务、数学的特点和中学生的年龄特征等的制约。

中学数学的教学内容选自数学科学,但在具体选择时要全面照顾到基础性、工具性、教育性、社会需要性、可接受性和统一性与灵活性相结合,不能偏废。

1. 基础性

中学数学的教学内容要能成为适应日常生活、进一步学习和掌握现代化生产、科学技术的基础,即具有基础性。

2．工具性

中学数学的教学内容，能为其他学科所必需，即具有工具性。

3．教育性

中学数学的教学内容，既能发展学生的智力和能力，又能培养学生的辩证唯物主义观点，即具有教育性。

4．社会的需要性

选取的教学内容，能为参加社会主义现代化建设和适应现代社会生活所普遍需要，即具有社会的需要性。

5．可接受性

选取的教学内容，都要适合中学生的认识水平，能为他们所接受，即具有可接受性。

6．统一性与灵活性相结合

中学数学教学内容，应该有统一的基本要求，这是所有中学生都要学习掌握的，即统一性。如果没有这个基本要求，提高全民族的素质和培养合格人才的目标就会落空。所以，在选择中学数学教学内容时，要坚持统一性。但是，我国是一个多民族的国家，幅员辽阔，人口众多，各地区的生产、经济发展很不平衡，中学教育的基础情况差距很大。因此，中学数学教学内容的选择要有灵活性。如果只强调统一性而忽视灵活性，把全国所有学生的学习内容都限在一个水平上，必然会出现部分学生"吃不饱"，而另一部分学生"吃不了"的现象，从而影响人才的培养。所以，在选择中学数学教学内容时，要注意把统一性与灵活性较好地结合起来。

根据"统一性与灵活性相结合"的原则，在现行中学数学教学大纲、数学课程标准中，规定了必学的内容，也规定了选学内容，供不同地区、不同学校选用。

2.3.2　初中数学的基本内容

义务教育新课程标准规定，初中阶段数学内容有："数与代数"、"空间与图形"、"统计与概率"、"实践与综合应用"四个学习领域。

（1）"数与代数"涉及的内容主要有：

数与式：数的意义及运算；整式及其运算；分式及其运算；二次根式及其运算；多项式的因式分解。

方程与不等式：一元一次方程及其解法；简单的二元一次方程组及其解法；可化为一元一次方程的分式方程（方程中的分式不超过两个）及其解法；一元一次不等式和一元一次不等式组及其解法。

函数：一次函数及其图像；反比例函数及其图像；二次函数及其图像。

（2）"空间与图形"的内容主要包括：

图形的认识：点、线、面；角；相交线与平行线；三角形；四边形；圆；尺规作图。

图形与变换：图形的轴对称；图形的平移；图形的旋转；图形的相似。

图形与坐标：平面直角坐标系；在平面直角坐标系中感受图形变换后的变化，确定图形的位置。

图形与证明：证明的含义；能利用一些基本事实证明一些命题。

（3）"统计与概率"的内容主要包括：现实生活中的数据和客观世界中的随机现象，数据收集、整理、描述和分析以及对事件发生可能性的刻画，合理的推断和预测。

（4）"实践与综合应用"课题学习：综合运用已有的知识和经验，经过自主探索和合作交流，解决与生活经验密切联系的、具有一定挑战性和综合性的问题。

义务教育阶段的数学课程应体现普及性、基础性和发展性。义务教育阶段数学课程的普及性决定了它的基础应是绝大多数学生能够达到的基础，是适应社会生活必需的基础，是进一步发展的基础。课程标准中所规定的教学内容决定着基础知识的范围。课程标准在内容标准中仅规定了学生在初中学段应该达到的基本水平，不规定数学教学内容的呈现顺序和形式，教材可以有多种编排方式。在具体实施中应根据学生发展的可能性因材施教。促进学生的整体素质发展是数学教育的中心，学生发展应当贯穿于整个数学教学活动过程之中。

2.3.3　初中课程标准与初中数学现行《教学大纲》的比较研究

1. 相似之处

《全日制义务教育数学课程标准（实验稿）》（简称《新课标》）与现行《九年义务教育全日制初级中学数学教学大纲（试用修订版）》（简称《教学大纲》）相比，由于中学数学教学大纲（试用修订版）在原有大纲基础上吸收了国内外初中数学课程改革的一些成果,作了较大幅度的修改后于 2000 年 3 月由国家教育部颁发的,因而两者对学生应掌握的知识与技能基本要求(内容)及数学教学活动建议等有较多相似之处,主要体现在如下几个方面:

(1) 保证必要的基础知识和基本技能,适当控制内容难度。在初中阶段(7—9 年级),学生仍将学习实数、整式和分式、方程和方程组、不等式和不等式组、函数、点、线、面、角、三角形、四边形、圆以及统计的有关知识,发展学生的思维,培养学生的能力。

现行数学教学大纲已在原大纲的基础上删去了那些知识过于陈旧落后、过于繁杂而不利于学生发展的传统内容;削弱了因现代技术的发展而滞后的内容;控制了容易导致人为综合和变相拔高的内容。课程标准则在内容标准中仅规定了学生在相应学段应该达到的基本水平,提高教材编者及各地区、学校特别是教师应根据学生的学习愿望及其发展的可能性实施因材施教。

(2) 重视学生的自主探索,强化探究活动。探究性活动主要是指对某些数学问题的深入探讨,或者从数学角度对某些日常生活中和其他学科中出现的问题进行研究,使学生在自由探索的过程中真正理解一个数学问题是怎样提出来的、一个数学概念是如何形成的、一个结论是怎样探索和猜测到的以及如何应用的。现行中学数学教学大纲提供了三个探究活动的例子(初一年级的"长方体和它的表面",初二年级的"$a = bc$ 型的数学关系",初三年级的"镶嵌")。

数学课程标准提出通过课题学习,探讨一些具有挑战性的研究课题,让学生经历"问题情境——建立模型——求解——解释与应用"的基本过程,发展学生的思维能力,加深理解相关的数学知识。在数学课程标准中也提供了一个案例(用一张正方形的纸制作一个无盖的长方体,怎样制作使得体积较大)。

(3) 激发学生的好奇心和求知欲,培养创新精神和实践能力。在教学中要激发学生学习数学的好奇心和求知欲,使学生通过独立思考,不断追求新知,发现、提出、分析并创造性地解决问题,使数学学习成为再发现、再创造的过程。

数学课程标准在总体目标中提出通过义务教育阶段的数学教学,学生能够具有初步的创新精神和实践能力;在解决问题中提出形成解决问题的一些基本策略,体验解决问题策略的多样性,发展创新精神与实践能力;在情感与态度中提出能积极参与数学学习活动,对数学有好奇心和求知欲。

(4)倡导现代信息技术应用。现行教学大纲在教学建议中提出,为了提高教学质量和教学效率,要提倡广泛使用科学计算器,并按照需要和各地的实际情况,积极创造条件,采用模型、投影、录像和计算机软件、多媒体等现代教育技术手段。

数学课程标准也提出在课堂教学、课外作业、实践活动以及考试中,应当允许学生使用计算器,还应鼓励学生用计算器进行探索规律等活动,在有条件的地区,教学中要尽可能地使用函数计算器、计算机以及有关软件。这种现代教育手段和技术将有效地改变教学方式,提高教学的效益。

2. 不同之处

作为整个基础教育改革重要方面的义务教育数学课程标准,应反映社会各方面的发展,体现学生身心发展特点;它应有利于引导学生利用已有的知识经验,主动探索知识的发生和发展,有利于教师进行创造性的教学。从某种意义上说,数学课程标准带来了一场教育观念的革新,一场人才培养模式的革新,一场课堂教学方式、学生学习质量以及日常教育管理、评价等一系列的革新。这些主要表现在数学课程理念、课程标准结构、课程内容、课程实施等几个方面。

(1)数学课程理念的变化。中学数学课程标准提出义务教育阶段数学课程的基本出发点是,促进学生全面、持续、和谐的发展。因而它的基本理念是:义务教育阶段的数学课程应突出体现基础性、普及性和发展性,使数学教育面向全体学生,实现人人学有价值的数学,人人能获得必需的数学,不同的人在数学上得到不同的发展。要让学生明白数学的重要性;学生的数学学习内容应当是现实的、有意义的、富有挑战性的,这些内容要有利于学生主动地进行观察、猜测、验证、推理与交流等数学活动;数学的教学活动必须建立在学生的认知发展水平和已有的知识经验基础上;评价的主要目的是为了全面了解学生的数学学习历程,激励学生的学习和改进教师的教学,应建立评价目标多元、评价方法多样的评价体系;数学课程的设计与实施应重视运用现代信息技术,特别要充分考虑计算器、计算机对数学学习内容和方式的影响,大力开发并向学生提供更为丰富的学习资源,把现代信息技术作为学生学习数学和解决问题的强有力工具,致力于改变学生的学习方式,使学生乐意并有更多的精力投入到现实的、探索性的数学活动中去。

现行中学数学教学大纲是在 1963 年大纲的基础上形成的。由于受当时社会背景和科技发展的制约,它确立了以学科为中心的数学课程理念,注重知识的系统性,过分强调基础知识和基本技能;教师的教学活动是以教师为中心的单向传授,学生的学习方式是接受式学习、被动式反应;学生学习的内容是基于事实知识的学习,在统一内容、统一要求、统一教材、统一教参的标准下,全国同年级的课堂教学如出一辙,从而忽视了数学教育的育人性,忽视了学生包括态度、情感、人格等的发展,忽视了社会和数学自身的进步,忽视了学生实践探索和交流的主动学习过程和个性的差异。

(2) 课程标准的结构变化。根据数学课程标准的课程理念,整个数学标准课程结构十分清晰,层次分明,分四大部分阐述:

每一部分前言对基本理念、设计思路进行了总体说明,提纲挈领地介绍了数学课程标准的内容和要求;

第二部分介绍了数学课程标准的总体目标、学段目标,在总体目标和学段目标中分别从知识与技能、数学思考、解决问题、情感与态度四个方面进行了详细的说明;

第三部分的内容标准中分别详细阐述了各个学段中"数与代数"、"空间与图形"、"统计与概率"、"实践与综合应用"四个领域的内容标准;

第四部分课程实施建议分学段给出了教学建议、评价建议、教材编写建议,并对有关课程资源的开发和利用提出了一些建议。

建国以来我国的数学教学大纲,有一个基本的结构,可以称为"总论+分论"。总论由"前言+教学目的+教学内容的确定与安排+教学中应注意的几个问题+教学测试和评估(这是 2000 年修订大纲的新增部分)"构成,是大纲的灵魂和中枢,规范和控制着分论部分。分论一般指"教学内容和教学目标",是大纲的躯体,受总论的制约。

从数学课程标准的结构和数学教学大纲的结构的比较中可以看出,数学课程标准不仅考虑数学自身的特点,更遵循了学生学习数学的心理规律,强调从学生已有的生活经验出发,让学生亲身经历将实际问题抽象成数学模型并进行解释与应用的过程,进而使学生获得对数学理解的同时,在思维能力、情感态度与价值观等方面得到进一步的发展;而现行数学教学大纲则更多注重的是知识与技能。

2.3.4　高中数学课程标准解读

这是一次前所未有的高中课程改革,对于这次课改的最直接实施者——一线教师来说,无疑是一个巨大挑战。在此我们力求与教师共同迎接这次挑战,一方面深入学习领会整个课程改革的目标、理念;另一方面从课程内容的比较入手,分析、思考、实践如何将新的理念落实在具体的教学实践中。

1. 高中数学课程基本框架

高中数学课程基本框架如图 2-1 所示。

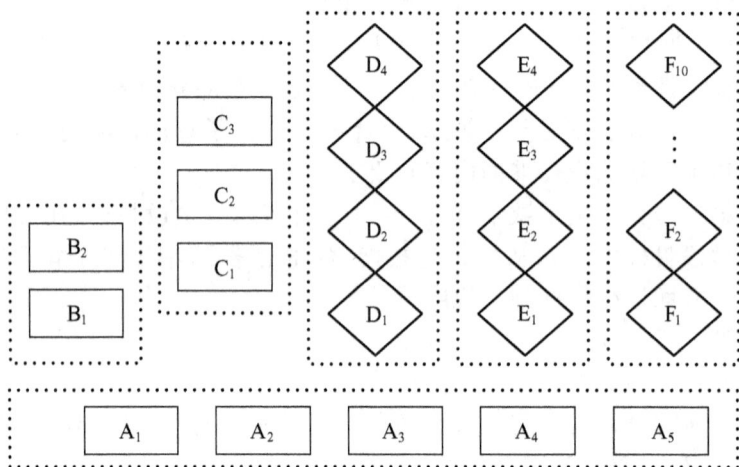

注:图中 □ 代表模块, ◇ 代表专题,其中两个专题组成一个模块

图 2-1　高中数学课程基本框架

高中数学课程由 6 个系列课程构成,分别是 A,B,C,D,E,F 系列。A,B,C 系列由若干个模块组成,每个模块 2 个学分(36 学时);D,E,F 系列由专题组成,每个专题 1 学分(18 学时),每两个专题组成一个模块。

6 个系列的高中数学课程分为必修课程和选修课程两部分。

2. 必修课程

必修课程是每个学生都必须学习的数学内容,包括 A_1 , A_2 , A_3 ,

A_4，A_5 五个模块。

A_1：集合、函数概念与基本初等函数 I（指数函数、对数函数、幂函数）；

A_2：空间几何初步、解析几何初步；

A_3：算法初步、统计、概率；

A_4：基本初等函数 II（三角函数）、解三角形、数列；

A_5：平面向量、三角恒等变换、不等式。

3．选修课程

对于选修课程，学生可以根据自己的兴趣和对未来发展的愿望进行选择。选修课程由 B，C，D，E，F 系列课程组成。

◆B 系列课程：由 B_1，B_2 两个模块组成。

B_1：常用逻辑用语、圆锥曲线与方程、导数及其应用；

B_2：统计案例、推理与证明、数系扩充与复数的引入、框图。

◆C 系列课程：由 C_1，C_2，C_3 三个模块组成。

C_1：常用逻辑用语、圆锥曲线与方程、空间向量与立体几何；

C_2：导数及其应用、数系的扩充与复数的引入；

C_3：计数原理、统计、概率。

◆D 系列课程（文化系列课程）：由 D_1，D_2，D_3，D_4 等四个专题组成。

D_1：数学史选讲；

D_2：现实社会中的数学；

D_3：中学数学思想方法；

D_4：数学问题集锦。

◆E 系列课程（应用系列课程）：由 E_1，E_2，E_3，E_4 等四个专题组成。

E_1：优选法与实验设计；

E_2：统筹法与图论；

E_3：风险与决策；

E_4：数字电路设计与代数运算。

◆F 系列课程（拓展系列课程）：由 F_1，F_2，F_3，F_4，F_5，F_6，F_7，F_8，F_9，F_{10} 等十个专题组成。

F_1：几何证明；　　　　　　F_2：不等式；

F_3：参数方程与极坐标；　　F_4：矩阵与变换；

F_5：数列与差分；　　　F_6：尺规作图与数域扩充；

F_7：欧拉公式与闭曲面分类；　　F_8：初等数论初步；

F_9：对称变换与群；　　　F_{10}：球面几何与非欧几何。

4．关于课程设置的说明

◆课程设置的原则与意图

必修课程内容确定的原则是：满足未来公民的基本数学需求；为学生的进一步学习提供必要的数学准备。

选修课程内容确定的原则是：为学生进一步学习、获得较高数学修养奠定基础；满足学生的兴趣和对未来发展的愿望。

B系列课程是为那些希望在人文、社会科学等方面发展的学生而设置的，C系列课程则是为那些希望在理工、经济等方面发展的学生设置的。B，C系列是选修课中的基础性内容。

D系列课程是数学文化系列课程，是为扩展学生的数学视野，提高学生对数学文化价值的认识，并借此向社会普及数学科学而设计的。E，F系列选修课程是为对数学有兴趣和希望进一步提高数学素养的学生设计的，所涉及的内容都是数学的基础性内容。D，E，F系列课程中的专题今后还将逐步地予以扩充。对于D，E，F系列课程，学生可根据自己的兴趣、志向自由选择。

◆设置了数学建模、数学探究、数学文化等内容

具体要求如下：高中数学课程要求把数学探究、数学建模的思想渗透在各模块内容之中，并在高中阶段至少安排一次数学建模、一次数学探究活动。高中数学课程要求把数学文化内容与各模块的内容有机结合。

◆模块的逻辑顺序

（1）A系列课程是B，C系列课程的基础。D，E，F系列课程不依赖于其他系列的课程，可以与其他系列课程同时开设，这些专题的开设可以不考虑先后顺序。

（2）A系列课程中，A_1 是 A_2，A_3，A_4 和 A_5 的基础，A_2，A_3，A_4 和 A_5 的开设可以不考虑先后顺序。

（3）在 A 系列课程的基础上，可分别学习 B，C 两个系列的课程。B系列课程依 B_1，B_2 顺序开设。C系列课程中，C_1 是 C_2 和 C_3 的基础，C_2 和 C_3 的开设可以不考虑先后顺序。

◆课程资源的建设与开发

学校应首先保证 A,B,C 系列课程的开设和质量。对于 D,E,F 系列课程中的专题,在满足学生基本选择需求的前提下,可以根据学校自身的情况逐步丰富和完善,教师也可以根据自身的条件制订在开设课程方面的个人发展计划。鼓励学校开放办学,开发校外课程资源。

学生的志向与自身条件不同,不同高校、不同专业对学生数学方面的要求也不同,甚至同一专业对学生数学方面的要求也不一定相同。据此,学生可以选择不同的课程组合。课程组合的基本建议如下:

(1) 学生完成 10 学分的必修课,即可达到高中毕业的最低数学要求。他们还可以任意选修其他的数学课程。

(2) 学生完成 10 学分的必修课,在选修课程中任选 1 个模块获得 2 学分,即可达到高职、艺术、体育类的高等院校的数学要求。

(3) 学生完成 10 学分的必修课,在选修课程中选修 B_1,B_2,获得 4 学分,在其他选修课程中选修 1 个模块获得 2 学分,总共取得 16 个学分,即可达到人文社会科学类高等院校的数学要求。

(4) 对数学有兴趣、并希望获得较高数学素养的学生,可在(3)的基础上,在 E,F 系列中选修 2 个模块获得 4 学分,总共取得 20 个学分,经过考试可成为升学或其他需要的依据和参考。

(5) 学生完成 10 学分的必修课,在选修课程中选修 C_1,C_2,C_3,获得 6 学分,在其他选修系列课程中选修 1 个模块(两个专题)获得 2 学分,另外在 E,F 系列中选修 1 个模块(两个专题)获得 2 学分,总共取得 20 个学分,即可达到理工、经济类高等院校的数学要求。

(6) 对数学有兴趣、并希望获得较高数学素养的学生,可在(5)的基础上,再在 E,F 系列中选修 2 个模块(4 个专题)获得 4 学分,总共取得 24 个学分,经过考试可成为升学或其他需要的依据和参考。

课程的组合具有一定的灵活性,不同的组合可以相互转换。学生做出选择之后,可以根据自己的意愿和条件向学校申请调整,经过测试获得相应的学分即可转换。

2. 高中数学课程的基本理念

课程理念是课程的灵魂。高中数学课程的理念应体现"三个面向"和国家教育方针的主旨,体现世界上相关发达国家和发展中国家的数学课程改革及数学课程标准的共同趋势或先进经验；关注我国数学教育发展的历史与现状，关注高中数学课程实施现状及高中生的数学学习心理；反映社会和时代的需求，具有全球意识，与社会发展相适应；以人为本，以学生发展为本，为学生的未来人生作好数学准备，重视国民素质的全面提高和学生个性的健康发展。同时，面向21世纪的数学教育改革，应当具有时代性，体现课程的时代性、基础性、选择性等特征。这次高中数学《新课标》在保持我国数学教育优良传统的同时，力求改变目前数学课程及其实施过程中的某些"繁、难、偏、旧"的状况，并汲取了国际高中数学课程的合理经验，形成了具有中国特色的高中数学课程理念。数学《新课标》的基本理念应当符合以上要求，具体体现在如下 10 个方面。

（1）构建共同基础，提供发展平台。这个理念充分反映了《新课程标准实施方案》所要求的高中课程的基础性原则。另据《新课标》对高中数学课程性质的认定，我们指导高中数学课程是义务教育后普通高中的一门主要课程，它包含了数学中最基本的内容，是培养公民素质的基础课程，因此高中数学课程应该满足未来公民的数学需求，为学生的进一步学习提供必要的数学准备，必修课程的设置应该是"构建共同基础"的具体体现。同时，选修课程进入高中数学课程，它为满足学生的兴趣和对未来发展的需求、为学生进一步学习、获得较高数学素养奠定基础，显然选修课程的实施使得"提供发展的平台"成为现实。

（2）提供多样课程，适应个性选择。这个理念强调了高中数学课程应该具有多样性与选择性，使不同的学生在数学上得到不同的发展。从社会发展的角度看，现代的高中毕业生将不只是各种高层次人才的来源，还将成为各个产业大军的主体，也就是说，他们高中毕业以后将面对多种社会需求和自我发展机遇。因此，高中数学教学所承担的培养目标将是多元的。从个体发展的角度看，高中教育是每个学生"发现自我"和"完善自我"的初始阶段，有的学生表现出擅长人文、社会科学方面的学习与发展，有的学生则爱好理工、经济方面的学习并朝这些方向发展。因此，综合考虑社会需求的多样性与个体发展的多样性，高中数学科学应该为学生提供选择和发展的空间，为学生提供多层次、多种类的选择，以促进学生的个性发展和对未来规划的思考。同时,学校和教师也可以根据自身的条件进行选择,为学生提供选择的内容和发展的空间。选修课程由 5 个系列组成,而每个系列又由若干模块或者若干专题组成,这种课程设置使得"提供多样课程,适应个性选择"从理念走向现实。

(3) 倡导积极主动、勇于探索的学习方式。这个理念挑战了长期以来学生在数学学习活动中形成的"接受、记忆、模仿和练习"的被动学习方式,强调高中数学课程还应倡导自主探索、动手实践、合作交流、阅读自学等学习数学的方式。这些学习方式有助于发挥学生学习的主动性,使学生的学习过程成为在教师引导下的"再创造"过程,能够真切地感受荷兰数学家、数学教育家弗赖登塔尔(Hans Freudenthal)倡导的数学是一种人类活动,这种活动始终是建构性的这一理念。因此,数学学习的过程应该是一个认知发展的过程,而不是一段段知识叠加的过程。高中数学课程设立"数学探究"、"数学建模"等学习活动,将为学生形成积极主动的、多样的学习方式创造有利的条件,让学生体验数学发现和创造的历程,发展他们的创新意识。

(4) 注重提高学生的数学思维能力。《新课标》强调提高学生的数学思维能力是数学教育的基本目标之一。我们知道,前人给我们留下的数学科学成果并非仅仅是指各种具体的数学知识或方法,而且也包括了所谓的"数学思维"和"数学精神"。例如,数学家们总是不满足于某些具体结果或结论的获得,而是希望能获得更为深入的理解,这就导致对于严格的逻辑证明的寻求,同时也促使数学家积极地思考:在那些看上去并无联系的事实背后是否隐藏着某种普遍的理论? 那些事实能否被纳入某个统一的数学结构? 为了能达到更大的简单性和精致性,他们思考是否存在更为简单的证明? 能否对相应的表述方式(包括符号等)做出适当的改进? 等等。这些过程或者问题蕴涵着直观感知、观察发现、归纳类比、空间想像、抽象概括、演绎证明等数学思维过程。高中数学课程应努力帮助学生学会"数学地思维",这将有助于学生对客观事物中蕴涵的数学模式进行思考和作出判断,也有助于学生理性思维的形成。

(5) 发展学生的数学应用意识。20 世纪下半叶以来,数学最大的发展是应用,数学作为一门应用科学已成为数学的本质之一。现代社会,由于数学与计算机技术的结合,使得数学能够在许多方面直接为社会创造价值。例如,2001 年 3 月 22 日,俄罗斯的"和平号"飞船准确地降落在南太平洋。在这场举世瞩目的行动中,有两门数学起着关键的作用:1948 年仙农建立的数学信息论,以及 1946 年维纳开创的数学控制论。……如何保证"和平号"上接收的指令完全正确,这需要用抗干扰的通信理论的数学滤波设计。至于如何指挥飞船上的计算机启动阀门,调整飞船姿态,控制进入大气层的地点和速度,都必须准确地运用控制论技术。显然,发展学生的数学应用意识应该成为我国高中数学课程的重要理念之一。这次新课程强调开展"数学建模"的学习活动,设立体现数学某些重要应用的专题课程等,都具体体现了这一课程理念,力求学生体验数学在解决实际问题中的作用、数学与日常生活及其他学科的联系,促进学生逐步形成和发展数学应用意识,提高实践能力。

(6) 与时俱进地认识"双基"。我国数学"双基"教育普遍受到西方国家的关注并且赞赏。新时代的高中数学课程应该发扬这种传统。同时,为了适应信息时代发展的需要,应与时俱进地认识"双基"的内涵。《新课标》强调,由于数学的广泛应用、计算机技术和现代信息技术的发展,应该形成符合时代要求的新的"双基"。例如,为了适应信息时代发展的需要,高中数学课程增加了算法的内容,把最基本的数据处理、统计知识等作为新的数学基础知识和基本技能;同时,应删减繁琐的计算、人为技巧化的难题和过分强调细枝末节的内容。

(7) 强调本质,注重适度形式化。形式化是数学本身具有的基本特征之一。因此,学习形式化的表达是数学教学中的一项基本要求。但是我们发现,如果在教学中过分沉浸在形式化的表达中,会导致数学离我们越来越远,对它产生莫名的神秘感。《新课标》强调高中数学课程应该返璞归真,努力揭示数学概念、法则、结论的发展过程和本质。这一理念与"注重提高学生数学思维能力",或者"体现数学的文化价值"都是相通的。数学课程要讲逻辑推理,更要讲道理,通过典型例子的分析和学生自主探索活动,体会蕴涵在其中的思想方法,追寻数学发展的历史足迹。

(8) 体现数学的文化价值。数学是人类活动的结果,具有明显的社会性。从科学史家的眼光来看,人类社会的每一次重大进步,都伴随着思想革命,而数学的变革是其中主要的标志之一。高中数学课程应该适当反映数学的这种文化价值,向学生展现数学的历史、应用和发展趋势。例如,在进行数学知识与能力教育的同时,创设机会,让学生能探索隐藏在数学知识背后丰富的发展史,让学生感受数学的整体性。克莱因教授曾深情地描述道:"现在的根深扎在过去,而对于寻求理解'现在之所以成为现在这样子'的人们来说,过去的每一事件都不是无关的。"这次高中课程改革充分认识到数学的文化价值,在内容设置中提出了"数学文化"的学习要求,设立"数学史选讲"等专题,并且建议将数学文化渗透在不同的教学内容中学习。

（9）注重信息技术与数学课程的整合。现代教育技术正在对数学教学产生深刻影响。我们不仅应重视利用信息技术来呈现课程内容,更应重视信息技术与课程内容的有机整合。《新课标》鼓励使用科学型计算器,以及各种数学教育平台,加强数学与信息技术的结合。例如,在内容上,突出算法在整个数学发展中的独特作用,成为理解数学发展的重要线索,力求把算法融入到数学课程的各个相关部分。

（10）建立合理、科学的评价体系。数学课程的重大改变必将引起评价体系的深刻变化,评价的改革应当与数学课程的改革同步进行。《新课标》强调,评价既要关注学生数学学习的结果,也要关注他们数学学习的过程;既要关注学生数学学习的水平,也要关注他们在数学活动中所表现出来的情感态度的变化。评价改革是这次基础教育改革的重要组成部分,《九年制义务教育实施纲要》以及《新课程标准实施方案》都强调必须进一步解放思想,创建适合教育改革需要的新的评价制度。在这大背景下,高中数学课程一定会形成合理、科学的评价体系。

3. 高中数学课程培养目标

关于普通高中课改的具体目标,主要有以下五点:

（1）提供学生终身学习的必备内容。

（2）适应多样化的社会需求和学生全面而有个性发展的需要,形成多样化、有层次、综合性的课程结构。

（3）创设最有利于学生主动学习的课程环境,提高学生自主学习、合作交流以及分析问题和解决问题的能力。

（4）建立发展性评价体系,改革校内评价。

（5）赋予学校合理而充分的课程自主权。

　　关于高中教育的定位与培养目标,新课程方案认为普通高中教育是在九年义务教育基础上进一步提高国民素质,面向大众的基础教育,应该为学生终身发展奠定基础。普通高中教育要全面落实《国务院关于基础教育改革与发展的决定》提出的培养目标,并应特别强调下列要求:初步形成科学的世界观和正确的人生观、价值观;热爱社会主义祖国,热爱中国共产党,自觉维护国家尊严和利益,继承中华民族优良传统,弘扬民族精神,有为民族振兴和社会进步作贡献的强烈愿望;具有民主法制意识,遵守国家法律和社会公德,维护社会正义,自觉行使公民权利,履行公民义务,对自己的行为负责,有社会责任感;具备终身学习能力;具有强健的体魄、顽强的意志、健康的生活方式和审美情趣,初步的独立生活能力、职业意识、创业精神和人生规划能力;正确认识自己,尊重他人,学会交流与合作,具有团队精神;理解文化的多样性,初步具有国际视野和国际交往的能力。

2.3.5　高中数学新课程标准与《教学大纲》的比较研究

　　与《新课标》所提供的选修课程内容结构相比,2000 年版《教学大纲》的选修内容结构显得单一,缺少多元性。《教学大纲》还指出,学校根据教学实际自行安排选修课的开设,因此往往会造成特定的学校只开设一类选修课程(Ⅰ或者Ⅱ),如果这样的话,对学生来说没有任何选择性,由此也失去选修课的意义。

　　这次高中课程改革严格遵守课程多样性与选择性的理念,确保高中阶段为学生提供多样的课程,适应他们的个性选择,使不同的学生在数学上得到不同的发展。多样性与选择性在课程内容结构上体现为选修课程由 5 个系列组成,每个系列又分别由不同的模块或者专题组成,使得学生真正有机会根据自己的兴趣、志向与自身条件组合课程,使得教师也能根据自身的专业特长、学校根据自身的发展特色制定课程发展计划。

　　时代的发展,要求人们具有更高的数学素养。随着新一轮的数学课程改革,《普通高中数学课程标准(实验)》诞生了。数学教学“目的(目标)”是数学教育的出发点和归宿点,值得我们探讨研究,在此将几次课程目标与教学目的的异同进行比较,希望能对课程的实施有所帮助。

现将 1996 年和 2000 年的高中数学教学大纲的教学目的和《新课标》的课程目标列于表 2 - 1 中,供比较时参考。

表 2 - 1

分类／文件名	基础知识		能　力		数学观
	理论经验	思想方法	数　学	解　题	
《全日制普通高级中学数学教学大纲(供试验用)》(1996)	代数和几何中的概念、性质、法则、公式、公理、定理	数学思想和方法	思维能力、运算能力、空间想像能力(目的中有具体说明)	运用数学来分析和解决实际问题的能力是指:会提出、分析和解决有实际意义的或在相关学科、生产和日常生活中的数学问题;会使用数学语言表达问题、进行交流,形成用数学的意识	辩证唯物主义观
《全日制普通高级中学数学教学大纲(修订版)》(2000)	代数和几何中的概念、性质、法则、公式、公理、定理	数学思想和方法	思维能力、运算能力、空间想像能力(目的中有具体说明)	解决实际问题的能力是指:会提出、分析和解决有实际意义的或在相关学科、生产和日常生活中的数学问题;会使用数学语言表达问题、进行交流,形成用数学的意识;创新意识	辩证唯物主义观
《普通高中数学课程标准(实验)》(2003)	基本的数学概念、数学结论的本质,概念、结论产生的背景、应用	数学思想和方法	空间想像、抽象概括、推理论证、运算求解、数据处理	数学地提出、分析和解决问题(包括简单的实际应用问题)的能力,数学表达和交流能力,独立获取数学知识能力,有创新意识和应用意识	数学视野,认识数学的科学价值、应用价值和文化价值,批判性的思维习惯,理性精神,体会数学的美学意义,树立辩证唯物主义世界观

1. 课程目标与数学目的的比较

课程目标分为总目标和具体目标两部分,比以往数学目的内容更丰富,更具体。下面笔者从总目标、基础知识、能力、数学观四方面对数学目的和课程目标进行比较,从而说明课程目标的发展进步。

(1)关于总目标。课程标准中的总目标指出,"使学生在九年义务教育数学课程的基础上,进一步提高作为未来公民所必要的数学素养,满足个人发展与社会进步的需要",其实这是数学教育首要和基本的目的。对于数学教育只有明确了最基本的教学目标,我们才能有的放矢,才能制定出支持它的具体目标。相比之下,以往数学目的没有这种总分式的结构,笔者认为这是课程目标的一个特色。而且笔者认为,总目标中的"满足个人发展"体现了数学教育更注重学生的"个性发展",响应了"大众"教育的口号,这是课程目标的进步之处。

(2)关于基础知识。数学教育要传授数学基础知识,这是有史以来的一个共同目的,也是最根本的目的之一。从表2-1中可以看出,1996年和2000年的教学目的指出基础知识是:高中数学中的概念、性质、法则、公式、公理、定理以及由其内容反映出来的数学思想和方法。作为数学知识精髓的思想方法,具有很强的生命力,这两年教学目的将其列入基础知识的范畴,是个好现象。可是近年数学教育偏重于形式化,教学目的没有强调要揭示数学概念、法则、结论的发展过程和本质,如此"会将生动活泼的数学思想活动淹没在形式化的海洋里"。

课程目标没有规定哪些是"基础知识",但我们通过研读可以发现它们蕴涵于"基本的数学概念,数学结论的本质"、"概念、结论等产生的背景、应用"、"数学思维和方法",以及它们在后继学习中的作用之中,可见课程标准重视基础知识的实用性及数学思想和方法,强调其本质、来源和实际背景,与大纲相比,这又是一大进步。

仅仅知道数学基础知识的内容是不够的,必须进一步恰当地把握各项知识的深度和广度。1996年和2000年的《教学大纲》在第三部分"教学内容和教学目标"中,用"了解"、"理解"、"掌握"等用语来描述基础知识需要掌握的不同层次。而《新课标》除了在"内容和要求"中使用上述用语外,一开始在课程目标中就提出:"理解"基本的数学概念、数学结论的本质;"了解"概念、结论产生的背景、应用;"体会"其中的数学思想和方法等。如此,在课程目标的宏观指导下,"内容标准"才能对各项基础知识作定性的规定,为教师的教和学生的学指明方向。这是教学目的与课程目标的区别之处,笔者认为这是课程标准的一个优点。

数学科学是不断发展前进的,数学基础知识的范围还将会有新的变化。课程目标不仅吸收教学目的的优点——将数学思想和方法作为基础知识,而且更关注基础知识的本质和来源,同时也指出各项基础知识需要掌握的程度。

(3) 关于能力。培养和发展学生的基本能力是现代数学教学的目的之一。1963 年教学大纲首次提出三大能力,能力的出现是一个进步,反映了社会对人才素质提出的要求,体现了教育要培养适应社会需要的人。可是,自 60 年代提出三大数学能力,尤其是 80 年代以来,我国的数学教育把能力的培养放到了首要位置。一些学校受升学应试教育的影响,出现了削弱基础知识教育的趋势,为培养三大能力搞题海战术。随着时代的发展,数学教学对能力培养提出了更高的要求。

从表 2-1 中可以看到,1996 年和 2000 年教学目的中将"逻辑思维能力"中的"逻辑"去掉了,也就是说,思维能力不再只注重逻辑思维了。但目的仍旧将三大能力放在重要地位。相比之下,课程目标没有沿用旧大纲的三大能力的提法,而是提及了多种能力,如"空间想像、抽象概括、推理论证、运算求解、数据处理等基本能力",它们蕴涵着三大能力,同时内容又有所丰富。其中"数据处理能力"的提出是跟上时代步伐的,因为在信息和技术为基础的社会里,数据、符号日益成为一种重要信息,为了更好地认识客观世界,人们必须学会处理各种信息,尤其是数字信息。

对于能力,目的中还提出"分析和解决实际问题的能力",这种提法无疑是进步的。对于这种能力的实质是什么,1996 年和 2000 年的教学目的都作了详细说明(详见表 2-1)。从表 2-1 中"能力"这一栏我们发现,教学目的和课程目标都很重视培养学生的"问题发现、问题提出、问题解决、数学交流"能力。目的中的"形成用数学的意识"和目标中的"发展数学应用意识"都体现了数学教育更加注重培养学生的应用数学的能力,但前者只是处于"形成"阶段,而后者是要"发展"这种能力。此外,2000 年的教学目的和课程目标都提出培养学生的创新意识,实际上是给学生提出了一个崭新的能力要求——创新能力,这贯彻了 21 世纪创新教育的思想,真正做到了与时俱进。上述这些能力都是各国数学教育目的的共同趋势,反映了我国课程改革把握住了时代的脉搏。

进一步我们发现,课程目标提出"逐步地发展独立获取知识的能力",笔者认为,这体现出要逐步培养学生的自学能力。自学能力对人的发展是十分重要的,因为学生在学校不可能学到他们今后一生所需的知识,而且知识是不断更新的,因此自学能力具有终身价值,在学生时期逐步发展自学能力是必要的。这是教学大纲没有提到过的能力要求。

综上比较,笔者认为,1996 年和 2000 年的教学目的在能力目标的设定上对课程目标是有启示的。课程目标在吸取教学目的的精华——培养创新意识和应用意识之外,又提出培养学生独立获取数学知识的能力。

(4) 关于数学观。从表 2-1 中看出,1996 年和 2000 年教学目的都提出了培养辩证唯物主义观的要求,有助于在教学中把辩证唯物主义思想方法提出来,使学生认识到数学中蕴涵着极为丰富的辩证唯物主义因素。这些观点是通过丰富的数学材料的教学,潜移默化、渗透而形成的,数学观也相伴而生。

数学观是世界观的一部分,课程目标提出要使学生"具有一定的数学视野,逐步认识数学的科学价值、应用价值和文化价值,形成批判性的思维习惯,崇尚数学的理性精神,体会数学的美学意义,从而进一步树立辩证唯物主义世界观"。由此可以看出,课程目标对培养学生的数学观所提出的要求是跟上时代的步伐的。因为,科学技术与数学的结合对社会各领域的影响越来越大,数学教学必须使学生了解数学之价值,明确数学之精神,体会数学之美。在课程目标的宏观指导下,课程标准设定了大量选修课程(包括数学史、数学家的事迹贡献),有利于扩展学生的数学视野,培养崇尚数学的理性精神,帮助他们了解数学在人类文明发展中的作用,逐步形成正确的数学观。

通过比较,我们可以这样认为,课程目标对培养数学观提出的要求比《教学大纲》更有指导意义,有利于教学内容的制定。

《新课标》把数学文化作为与必修和选修课并列的一项课程内容,并要求非形式化地贯穿于整个高中课程中。这使数学文化在课程中的应有地位得到确立。这一举措表明《新课标》对数学的德育功能的高度重视,体现了其鲜明的时代特色,表明它善于吸纳数学教育的最新理念,是一个开放的系统。这将使新的高中数学课程具有更全面的育人功能,在促进学生知识和能力发展的同时,情感、意志、价值观也得到健康的发展。

2. 课程内容与要求的变化

(1)新增教学内容(表 2-2)

表 2-2　新增教学内容

课　　程	教 学 内 容	课 时 数
数学 3(必修)	算法初步(含程序框图)	12
选修 1—2	推理与证明	10
选修 1—2	框图(流程图、结构图)	6
选修 2—2	推理与证明	8
选修 3—1	数学史选讲	18
选修 3—2	信息安全与密码	18
选修 3—3	球面上的几何	18
选修 3—4	对称与群	18
选修 3—5	欧拉公式与闭曲面分类	18
选修 3—6	三等分角与数域扩充	18
选修 4—2	矩阵与变换	18
选修 4—3	数列与差分	18
选修 4—6	初等数论初步	18
选修 4—7	优选法与试验设计初步	18
选修 4—8	统筹法与图论初步	18
选修 4—9	风险与决策	18
选修 4—10	开关电路与布尔代数	18

另外,新增数学建模、数学文化是贯穿于整个高中课程的主要内容,这些内容不单独设置,渗透在每个模块或专题中。要求高中阶段至少应安排较为完整的数学建模、数学探究活动各一次。

（2）删减的教学内容（表 2-3）

表 2-3　删减的教学内容

（原大纲的）课程	教　学　内　容	课　时　数
选修Ⅱ	极　限	12

注：ⅰ原大纲的"极限"内容被删减,但该内容中的"数学归纳法与数学归纳法举例"在《新课标》中被安排在选修 2—2"推理与证明"、选修 4—5"不等式选讲"中。

（ⅱ）从上可以看出,《新课标》新增许多教学内容,但这些内容绝大多数都是选修内容。同时,由于《新课标》对立体几何与平面解析几何的一些传统内容进行整合,对已进入高中课程的微积分等内容进行了重新设计,这就使高中新课程内容不致面临课时的紧张,从而整个课程能在新课程计划的框架下顺利实施。

（3）部分教学内容必修与选修的调整（表 2-4）

表 2-4　部分教学内容必修与选修的调整

教学内容在原大纲中的情况	教学内容在新标准中的情况
统计：选修（选修Ⅰ、选修Ⅱ）	统计：必修（数学 3） 统计案例：选修（选修 1—2、选修 2—3）
简易逻辑：必修	常用逻辑用语：选修（选修 1—1、选修 2—1）
教学内容在原大纲中的情况	教学内容在新标准中的情况
圆锥曲线方程：必修	圆锥曲线与方程：选修（选修 1—1、选修 2—1）
排列、组合、二项式定理：必修	计数原理：（选修 2—3）

（4）部分教学内容知识点的调整（表 2-5）

表 2-5　部分教学内容知识点的调整

课　程	教学内容	增加知识点	删减知识点
数学 1	函数概念与基本初等函数Ⅰ	幂函数	
数学 2	立体几何初步		三垂线定理及其逆定理
数学 2	平面解析几何初步	空间直角坐标系	

续表

课　程	教学内容	增加知识点	删减知识点
数学 3	概率	几何模型	
数学 3	统计	茎叶图	
数学 4	基本初等函数 Ⅱ（三角函数）		已知三角函数值求角
数学 4	平面上的向量		线段定比分点、平移公式
数学 5	不等式		分式不等式
数学 1—1 数学 2—1	常用逻辑用语	全称量词与存在量词	
数学 2—2	导数及其应用	定积分与微积分基本定理	
数学 4—4	坐标系与参数方程	柱坐标系、球坐标系	

（5）在部分原有教学内容中某些知识点所在位置的调整（表 2-6）

表 2-6　某些知识点位置的调整

知识点	《教学大纲》中所在教学内容	《新课标》中所在教学内容
函数的奇偶性	（必修）三角函数	（数学 1）函数概念与基本初等函数 Ⅰ
两点间的距离公式	（必修）平面向量	（数学 2）平面解析几何初步
简单线性规划问题	（必修）直线和圆的方程	（数学 5）不等式
反证法	（必修）9(A)直线、平面、简单几何体	（选修 1—2）推理与证明（选修 2—2）推理与证明
数学归纳法	（必修）研究性学习参考课题（选修 Ⅱ）极限	（选修 2—2）推理与证明（选修 4—5）不等式选讲

（6）在部分原有教学内容中某些知识点教学要求的调整（表 2-7）

表 2-7　某些知识点教学要求的调整

课　程	教学内容	提高要求	降低要求
数学 1	函数概念与基本初等函数 I	分段函数要求能简单应用	反函数的处理,只要求以具体函数为例进行解释和直观理解,不要求一般地讨论形式化的反函数定义,也不要求已知函数的反函数
数学 2	立体几何初步		仅要求认识在柱、锥、台球及其简单组合体的结构特征;对棱柱、正棱锥、球的性质由掌握降为不作要求
数学 3	统计	知道最小二乘法的思想	
选修 1—1 选修 2—1	常用逻辑用语		不要求使用真值表
选修 1—1	圆锥曲线与方程		对抛物线、双曲线的定义和标准方程的要求由掌握降为了解
选修 2—1	圆锥曲线与方程		对双曲线的定义、几何图形和标准方程的要求由掌握降为了解,对其性质由掌握降为知道
选修 1—1 选修 2—2	导数及其应用	要求通过使利润最大、用料最省、效率最高等优化问题,体会导数在解决实际问题中的作用	
选修 2—3	计数原理		对组合数的两个性质不作要求
选修 4—4	坐标系与参数方程	对原大纲未作要求的直线、双曲线、抛物线提出了同样的写出参数方程的要求	原大纲理解圆与椭圆的参数方程降为选择适当的参数写出它们的参数方程

3. 同一教学内容课时的变化(表2-8)

表 2-8 同一教学内容课时的变化

教 学 大 纲		新 课 标		
教学内容与性质	课时	教学内容与性质	课时	必修、选修课时增减(＋、－)
集合、简易逻辑(必修)	14	集合(必修) 常用逻辑用语(选修1—1、2—1)	4 8	(必修)—10 (选修)+8
函数(必修)	30	函数概念与基本初等函数Ⅰ(必修)	32	(必修)+2
三角函数(必修)	46	基本初等函数Ⅱ(三角函数)(必修) 三角恒等变换(必修) 解三角形(必修)	16 8 8	(必修)—14
直线和圆的方程(必修)	22	平面解析几何初步(必修)	18	(必修)—4
圆锥曲线方程(必修)	18	圆锥曲线与方程 (选修1—1) 圆锥曲线与方程 (选修2—1)	12 16	(必修)—18 (选修)+12 (选修)+16
直线、平面、简单几何体9(A)(必修) 直线、平面、简单几何体9(B)(必修)	36 36	立体几何初步(必修) 空间向量与立体几何 (选修2—1)	18 12	(必修)—18 (选修)+12
不等式(必修)	22	不等式(必修) 不等式选讲(选修4—5)	16 18	(必修)—6 (选修)+18
排列、组合、二项式定理(必修)	18	计数原理(选修2—3)	14	(必修)—18 (选修)+14
统计(选修Ⅰ)	9	统计(必修) 统计案例(选修1—2)	16 14	(必修)+16 (选修)+5
概率(必修)	12	概率(必修)	8	(必修)—4
统计与概率(选修Ⅱ)	14	统计与概率(选修2—3)	22	(选修)+8

现代数学教学论

续表

教 学 大 纲		新 课 标		
教学内容与性质	课时	教学内容与性质	课时	必修、选修课时增减（＋、－）
研究性学习课题（必修） 研究性学习课题（选修Ⅰ） 研究性学习课题（选修Ⅱ）	12 3 6	数学探究（是与必修课程和选修课程并列的课程内容，参见目录）		内容不单独设置，渗透在每个模块或专题中，高中阶段至少安排一次较为完整的数学探究活动
导数（选修Ⅰ）	15	导数及其应用 （选修1—1）	16	（选修）＋1
导数（选修Ⅱ）	18	导数及其应用 （选修2—2）	24	（选修）＋8

除了以上内容，还有许多承载现代课程理念的变化有待我们进一步学习与研究。比如，在课程评价方面，《新课标》将课程目标的领域拓展为三个的同时，还分别确定了"过程和方法"、"情感、态度与价值观"两个领域各自的两种水平，并且进一步给出了相应于各种水平的行为动词。这就使课程评价具有很强的可操作性。可以相信，由于《新课标》这些与时俱进的深刻变化，随着它的执行和新课程的实施，将开创我国高中数学教育的新纪元。

第 3 章

数学学习理论

　　学习问题历来是心理学家和教育学家共同关注的重要问题,而学生学习数学要经历一个复杂的心理过程。影响数学学习的心理因素是多方面的,大体上分为主观因素和客观因素两个方面。本章根据数学学习的一般理论,讨论几种国外的学习理论,分析数学概念、命题学习、数学问题解决的心理过程,为数学教师的教学提供理论依据。作为一名教师,不仅要有足够的知识基础和教学的能力,还必须了解学生的心理活动规律和心理特点,并能应用这些规律和特点去确定教学目的,组织教材,选择教学方法,进行学习指导,这样才能切实地完成教学任务,提高教学质量。

3.1　数学学习概述

　　在新的教育理念下,数学教师已不再是单一数学知识的传授者,而是逐步转向数学学习的组织者、引导者和合作者,教师教给学生的不只是"学会",更重要的是"会学"。一方面,随着学习化社会的到来,学生的终身学习已成为一种必然趋势,学生在数学学习过程中的主体地位也将表现得越来越明显;另一方面,随着数学的应用日益广泛,科学数学化已成为必然趋势。数学方法作为一种认识事物和研究问题的有力工具,正愈来愈深入地向着自然科学和社会科学等各个领域渗透,许多重大的科学发现,都是科学理论与数学方法结合的结果,因此,数学学习将显得越来越重要。所以,数学教师就更应该深入探索、掌握学习与数学学习的全部意义,以引导学生更好地进行数学学习。

对于学习,国外许多心理学家和学者给出过各种各样的解释,出发点不同、立场不同、材料不同、方法不同,对学习的理解就不同,从而所形成的理论也不同。桑代克的联结说认为,"学习就是刺激和反应之间形成的联结";布鲁纳的认知说则认为,"学习是学习者认知结构的组织与重新组织"。联结主义学习理论与认知学习理论是较有影响的两大学派。

在中国古代的教育史中,"学"和"习"是分开的。《说文》中讲到:"习,数飞也",意思是鸟反复地练习飞。孔子的"学而时习之,不亦说乎?"就是把"学"与"习"看成是获取知识、技能的两种不同方式,"学"是知识、技能的获得,"习"是对已学的知识、技能的练习与巩固,强调"学习"是一个反复实践并获得真知的过程。这一点从"学"与"习"的象形文字上就可以看出(图 3-1)。

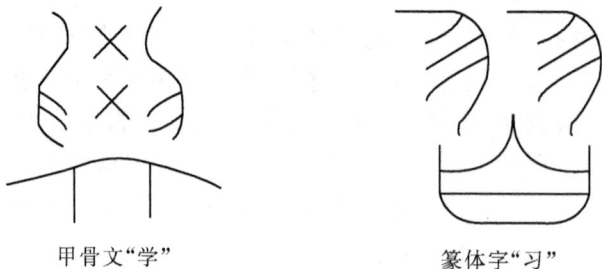

甲骨文"学"　　　　　　　　　　篆体字"习"

图 3-1　"学"与"习"的象形文字

"学"的上半部分为两个手把着的算筹(或占卜用的蓍草茎),下半部分为一个专门的场所,引申为:从书本上,从教师口头上获取间接知识。

"习"的上半部分为"羽",代表雏鹰,雏鹰离开巢臼试着飞行称为羽。比喻为:从经验中,从个体实践中获得知识。

我们一般所说的学习是从心理学的角度来阐述的,也就是说,学习是指动物和人类所共有的一种心理活动。对人类来说,学习是"知识经验的获得及行为变化的过程"。这里需要说明的是:

(1) 并非所有的行为变化都是学习,积累知识经验基础上的行为变化,才是学习。

（2）学习的结果产生行为变化,但有的行为变化是外显的,有的行为变化是内隐的。例如,技能学习,所导致的行为变化就是外显的,就称为"外显学习",思想意识的学习大多是内隐的,叫做"内隐学习"。

（3）学习是一个渐进的过程。

（4）行为的变化有时表现为行为的矫正或调整。

（5）学习后的行为变化不仅包括体现在实际操作上的行为变化,而且还包括体现在态度、情绪、智力上的行为变化。

1. 学生学习的特点

学生的学习是在教育情境中进行的,是凭借知识经验产生的、按照教育目标有计划、有组织地进行的、比较持久的行为变化。学生的学习特点主要表现在以下几方面:

（1）学生的学习是在人类发现基础上的再发现;

（2）学生的学习是在教师的指导下有目的地进行的;

（3）学生的学习是依据一定的课程和教材进行的;

（4）学生学习的主要目的是为终生学习奠定基础。

中学阶段是基础教育阶段,学生的学习目的主要不在于创造社会价值,而在于为终身学习和将来参加社会劳动奠定基础。所以,除了让学生学会一定的基础知识和基本技能外,还应该让学生学会学习。

2. 新课程理念下学生数学学习的特点

（1）数学知识的特点。作为学生学习的数学知识,不应当是独立于学生生活的"外来物",不应当是封闭的"知识体系",更不应当只是由抽象的符号所构成的一系列客观数学事实（概念、公式、法则等）。它大体上有这样四个特点:

1）数学知识尽管表现为形式化的符号,但它可视为具体生活经验和常识的系统化,它可以在学生的生活背景中找到实体模型。现实的背景常常为数学知识的发生提供情景和源泉,这使得同一个知识对象可以由多样化的载体予以呈现。另一方面,数学知识的形成过程有时可以在教师的引导下,通过学生的自主活动来体验和把握。

2）数学知识具有一定的结构,这种结构形成了数学知识所特有的逻辑顺序,而这种结构特征又不只是体现为形式化的处理,它还可以表现为多样化的问题以及问题与问题之间的自然联结和转换,这样,数学知识系统就成为一个互相关联的、动态的活动系统。

3）多数知识都具有两种属性,即它们既表现为一种算法、操作过程,又表现为一种对象、结构。

4）知识的抽象程度、概括程度表现出层次性,低抽象度的元素是高抽象元素的具体模型。

（2）学生数学学习的情感因素。有效的数学学习来自学生对数学活动的参与,而参与的程度却与学生学习时产生的情感因素密切相关,如学习数学的动机与数学学习价值的认可,对学习对象的喜好,成功的学习经历体验,适度的学习焦虑,成就感、自信心与意志等。

（3）学生在数学学习中认知、情感发展阶段的特点。虽然不同的个体,其认知发展、情感和意志要素不完全相同,但相同年龄段的学生却有着整体上的一致性,而不同年龄段的学生在整体上有比较明显的差异。具体说来,小学低年级至中年级的学生更多关注"有趣、好玩、新奇"的事物。因此,学习素材的选取与呈现以及学习活动的安排都应当充分考虑到学生的实际生活背景和趣味性（玩具、故事等）,使他们感觉到学习数学是一件有意思的事情,从而愿意接近数学。

小学中年级至高年级的学生开始对"有用"的数学更感兴趣。此时,学习素材的选取与呈现以及学习活动的安排更应当关注数学在学生的学习（其他学科）和生活中的应用（现实的、具体的问题解决）,使他们感觉到数学就在自己身边,而且学数学是有用的、有必要的（长知识、长本领）,从而愿意并且想学数学。

小学高年级至初中的学生开始有比较强烈的自我和自我发展的意识,因此对于与自己的直观经验相冲突的现象,对"有挑战性"的任务很感兴趣。这使得我们在学习素材的选取与呈现以及学习活动的安排上除了关注数学的用处以外,也应当设法给学生经历"做数学"的机会（探究性问题、开放性问题）,使他们能够在这些活动中表现自我、发展自我,从而感觉到数学学习是很重要的活动,并且初步形成

"我能够而且应当学会数学的思考"。

可见,处于不同发展阶段的儿童,其思维水平、思维方式与思维特征有着显著的差异,而处于同一发展阶段的儿童则具有较为明显的一致性,这种匹配是客观存在的,而且其发展又主要通过学习活动来实现。与此相适应,学生有效的数学学习也应当经历不同的阶段。处于每一发展阶段的学生应当有适合他们自己思维水平和思维方式的学习素材,应当经历对他们来说有意义的学习活动。例如,同底数幂的除法:$a^m \div a^n = a^{m-n}$,$m > n > 0$,m,n 均为正整数。

方法一:因为 $a^5 \div a^3 = a^2$,$a^8 \div a^5 = a^3$,$\cdots$,所以

$$a^m \div a^n = a^{m-n} (m > n);$$

方法二:因为 $a^m = \underbrace{a \cdot a \cdots a}_{m个}$,$a^n = \underbrace{a \cdot a \cdots a}_{n个}$,所以

$$a^m \div a^n = \frac{\underbrace{a \cdot a \cdots a}_{m个}}{\underbrace{a \cdot a \cdots a}_{n个}} = \underbrace{a \cdot a \cdots a}_{m-n个} = a^{m-n} (m > n);$$

方法三:由幂乘法法则得 $a^n \times a^{m-n} = a^{n+(m-n)} = a^m (m > n)$,再根据除法是乘法的逆运算,可得 $a^m \times a^{-n} = a^{m-n}$,以下再去证明商的唯一性。

上述三种方法显然在思维水平上体现了完全不同的要求。

3.2 几种学习理论

学习是动物和人类所共有的一种心理活动。对人来说,学习是指知识经验的获得及行为变化过程。广义的学习是指动物和人在生活过程中获得个体行为经验的过程;狭义的学习是指人的知识、技能的获得和形成,学习心理学所研究的就是这种学习。学习问题,历来为教育学家、心理学家所重视。在西方,学习理论的各种学说中,较有影响的有两大学派,即行为主义学派和认知学派。行为主义学派将学习看成是一种行为的形成或改变,它是通过刺激—反应来实现的。认知学派认为学习是对环境中的刺激依其关系形成一种新的认知结构的过程。

3. 2. 1 行为主义的学习理论

行为主义学习理论的代表人物是桑代克和斯金纳。

1. 桑代克的尝试与错误学习说

桑代克是行为主义的重要代表人物,他经过一系列的动物实验提出来的学习理论,它认为学习是刺激和反应的联结,"联结"即学习者对学习情境所引起的反应。他认为这种反应是学习者在情境中经过不断尝试、不断舍弃错误和改正错误的结果。

桑代克做过许多动物实验,其中最成功的是猫开门的实验,他把饿得发慌的猫关在笼子里,笼外放着食物,笼门用活动的闩关着,被放进笼子里的猫在笼子里躁动不安,试图从任何空隙中钻出来,它东碰碰,西撞撞,用爪抓一切可以抓到的东西,经过一阵乱碰乱抓,偶然碰到那个活动的门闩,门被打开了。在若干次尝试的过程中,猫的随机的、紊乱的行为出现得少了,直到最后,只要把猫一放进笼子里,它就立即以一定的方式去抓门闩打开笼门。桑代克还曾用白鼠、狗、猴子等作实验对象,其结果也和猫的学习情形相同,在桑代克的实验情境中,有这样的一些过程:① 开始时动物对实验情境中的一切事物,作天赋的或以前已获得的反映——即构成尝试与错误的活动;② 逐渐取消各种错误活动——即将旧有的足以阻碍进行尝试与错误的反应逐渐消失;③ 逐渐取得满意的反应,因为这些反应能逃避禁锢,且可获得满意的结果;④ 结合各种满意的反应,成为一个新的反应。桑代克认为,猫学习开笼的过程,就是经过多次尝试,不断减少无效劳动,不断舍弃错误动作而学会的。所以桑代克认为,学习的过程,就是尝试与改正错误的过程。

桑代克把动物的实验结果推及到人的学习上。但是,由于人和动物是有区别的,所以他的理论比较机械,它主要抹杀了人的主观能动性,抹杀了人类学习的特点。尽管如此,桑代克在教育心理学的发展中仍占有重要地位,他的学习理论是第一个系统的教育心理学理论,它在数学学习中有一定的指导作用和实践意义。例如,学生要解决一个新的问题,不知道用什么方法,就试着用某种方法去解,失败了,找出失败的原因,试着用另一种方法去解,直到最后解出来为止。用这样的方法学习解决数学问题,能使学生学到很多解决问题的经验,而不仅仅是某个问题的解答。

2. 斯金纳的操作性条件反射学习说

斯金纳是新行为主义学派的代表人物,他继承和发展了桑代克的联结主义学习理论,提出了刺激—反应—强化的学习模式。斯金纳在 20 世纪 30 年代发明了一种所谓斯金纳的学习装置,在箱内装有一操纵杆,操纵杆另一端与提供食丸的装置连接。他把饥饿的白鼠放在箱内后,白鼠在箱内到处乱爬,一个偶然的机会,它爬上了横杆,将杠杆朝下一压,供丸装置就自动落下一粒食丸,白鼠吃了食丸之后,爬来爬去,又爬上了横杆,再将杠杆下压时,又得到一粒食丸,多次"得手"之后,白鼠就逐步减少多余的错误动作而直接压杠杆取食。这样,白鼠就学会了按压杠杆以取食物的反应。斯金纳还用鸽子做过同样的实验。斯金纳将他"教会"白鼠或鸽子等所进行的"学习",叫做操作性(或工具性)学习。斯金纳在实验中发现白鼠连续压杆数十次之多,说明强化很重要。他指出,在操作性活动的场合,强化刺激和反应的形成是关联的。如果在操作性活动发生之后,随即呈现强化刺激物,反应就会增强;如果在操作性活动发生之后,没有强化刺激物出现,反应就会减弱。

斯金纳把它的刺激—反应—强化的学习模式也用于人类的学习。但他的理论也是将动物实验推及于人类,因而对人的复杂的学习行为也难以作出令人满意的解释。当然,我们也可以根据斯金纳的操作性条件反射理论得到一些启示,学生要获得有效的数学学习效果,就必须通过适当的"强化",就数学学习而言,最好的办法是让学生知道自己的学习效果。正确的学习行为能得到肯定,错误的学习行为能得到纠正。为此,在数学学习中,对学生的学习效果要及时作出评价,而且要以正面评价为主,通过及时评价,不但能调整学生的学习行为,而且在情感上也能产生积极的效果。

行为主义者基本上是从外部来研究人的心理和行为,对人的内部思维过程不进行探讨,但是即使个体的外在行为表现相同,但他们内部的思想态度差异却很大,而内部的思想态度才是学习的实质所在,学习的本质应是行为潜能的变化。

3.2.2　认知学派的学习理论

认知学派的学习理论是由德国的格式塔学派发展而来的。它的模式为"输入—加工—输出",重点探讨信息的获取、加工、存储、使用的过程,研究输入与输出之间的各种可变因素。认知学派认为,学习不只是靠简单地观察行为变化,要能恰当说明学习,就必须对学习者头脑中的心理过程和内部机制加以推测和分析。

1. 格式塔学派的顿悟说(完形主义)

格式塔心理学也称为完形心理学,是由于格式塔(Gestalt)是一个德国名词,接近于英语的"完形"(Contt Guration)、"模式"(Pattern)。这个学派的创始人是魏特墨(M. Wertheimer)、考夫卡(K. Koffka)和苛勒(W. Köhler)等。他们通过对黑猩猩的学习实验来研究学习心理,开始先让黑猩猩用一根竹竿(或用箱子垫着)去取食物,接着要求黑猩猩用两根竹竿套接起来或用两个箱子叠起来作垫以取得食物。在实验中,黑猩猩在用竹竿、木箱等捞取食物时,开始做了许多多余的动作,如用手捞或脚勾而取不到食物;用一根竹竿,短了,捞不到食物;搬一只箱,低了,够不着食物……后来,它不再做这些动作了。蹲下来,仔细观察,忽然之间,它用两根竹竿一套(或用两只箱子一叠)就取得了食物。这就是黑猩猩在对环境整体的关系作了仔细了解之后,看出了几根竹竿接起来与高处的食物的关系,"学会"了用竹竿套起来(或用两只箱子叠起来)来取食物,苛勒把这种突然"学会"叫做"顿悟"。

完形派认为,学习过程中问题的解决,都是由于对情境中事物关系的理解而构成一种完形而实现的。他们反对联想心理学和条件反射学说把学习解释为联系,认为学习不是依靠"尝试",而是由于突然领悟的,所以他们的学习理论,又称为顿悟说。

完形学派强调有机体与环境的相互作用,强调有机体的能动作用以及人的智慧中的理解作用,是具有积极意义的,但他们把学习完全归之于机体的一种"组织活动"是"原始智慧的成就",没有注意到"尝试与错误"在人的学习中的作用,这是片面的。从完形学派的学习理论中,我们可以得到一些启示:了解学习情境中的整体性,注意思维过程中的顿悟作用,这对数学学习有一定的帮助。

2. 现代认知学习理论

现代认知学习理论的代表人物是布鲁纳和奥苏贝尔。他们都强调学习者的原有认知结构的作用和学习材料本身的结构的作用,都重视内在的学习动机与学习活动本身带来的内在强化作用。但对于如何获得新的知识过程,他们强调的重点却有所不同,布鲁纳强调发现,而奥苏贝尔则强调接受。

(1) 布鲁纳的发现说继承了完形说的观点,他认为学习是通过认识形成认知结构的过程。认知结构是个体认识事物或学习知识时,在人们头脑中所采取的认识模式所形成的认识模式系统。认知学派把学习看成有机体对环境的适应,所以认知结构也就是适应结构。

(2) 布鲁纳非常重视人的主动性,把学习看成是主动的过程,同时,也十分重视已有经验的作用和学习的内在动机,以及发展学生的思维。

布鲁纳提倡发现学习。他认为发现法就是让学生独立思考,改组材料,自行发现知识,掌握原理原则的方法。发现学习的作用有四点:① 发挥智慧的潜力;② 使外来动因向内在动机转移;③ 学会发现的试探法;④ 有助于所学材料的保持记忆。因为学习者在一定情境中,对学习材料的亲身经验和发现的过程才是学习者最有价值的东西,所以他强调教师应当指定和设计各种方法,创设有利于学生发现、探究的学习情境,使学习成为一个积极主动的"索取"过程,即"要我学"变为"我要学",充分发挥学生主体自我探究、猜测、发现的自然倾向。布鲁纳的学习理论已为当今教育界普遍接受。有位教师教"有理数加减"时,他要求学生阅读例题:

$$-1\frac{1}{2}+\frac{1}{3}+\frac{5}{6}-1\frac{1}{4}=-1-\frac{1}{2}+\frac{1}{3}+\frac{5}{6}-1-\frac{1}{4}$$

$$=-1-1+\frac{-6+4+10-3}{12}$$

$$=-2+\frac{5}{12}=-1\frac{7}{12}$$

并且思考:解题的思路和关键;每一步的依据;有无其他解法(特别是更简捷的解法)。如果要求初中一年级解这种代数计算题,学生在老师指导下发现解题思路、每一步的依据,寻找新的解题方法(正、负分别相加),这样,更能使学生对概念法则加深理解,并为以后学习几何奠定基础。所以,我们可以肯定,发现法在数学学习中起着重要的作用。

(3)奥苏贝尔的学习理论。美国心理学家奥苏贝尔提出的有意义学习理论,不像布鲁纳那样强调有意义的接受学习。他认为,学习过程是在原有认知结构基础上,形成新的认知结构的过程;原有的认知结构对于新的学习始终是一个最关键的因素;新的学习都是在过去学习的基础上进行的,新的概念、命题等总是通过与学生原来的有关知识相互联系、相互作用条件下转化为主体的知识结构。学生在学校里的学习,主要是通过言语形成理解知识的意义,接受系统的知识。因此,他提出了一个"有意义学习"的新概念。意义学习是和行为主义的机械学习相对立而提出来的,意义学习是掌握事物的意义,把握事物内部实质性联系的学习。意义学习过程的实质乃是以符号为代表的新概念与学生认知结构中原有适当观念建立实质性和非人为的联系。有意义学习,既包括有意义的发现学习,也包括有意义的接受学习,但不能把接受学习和机械学习等同起来。只要注意加强学习者有意义的理解,接受学习就不一定是被动的、机械的,而完全可以是主动的、有意义的。例如,对于"极限"概念的教学,一般分为三个步骤:

第一步:举例。从直观意义上可理解为:当 n 充分大时,a_n 无限接近于 a。

第二步:图像表示。

第三步:定义。$\forall \varepsilon > 0, \exists N$,当 $n > N$ 时,$|a_n - a| < \in$。其意义在于用任意小的正数 $\in$ 描述了 a_n 与 a 的接近程度。存在的 N 刻画了 n 充分大时,a_n 无限接近 a 的关系。

在学生原有的认识基础上,给学生加强这些有意义的理解,学生就会不觉得极限难以理解。

现实生活中存在着各种各样的学习,目前还没有一种理论能满意地解释这复杂而多样的学习。至于联结主义和认知学派,在它们形成的过程中曾有过争论和互相指责,但到 20 世纪中叶前期,争执已经逐渐消失,出现了各取所长、相互吸收的趋向。实际上,这两派是从不同的角度来探讨学习,联结主义从刺激—反应来探讨行为的变化;认知学派侧重研究通过理解与认识来获得意义和意象。这样,它们各自谈到一个方面,我们就不能简单地去说某一派全对或全错。下面,我们来谈一谈认知心理学关于学习的分类。

由于学习现象的复杂性,心理学家一般主张对学习进行分类。分类可以为分析不同类型学习的条件提供依据,是认识不同类型学习的特殊性的基础。从逻辑学的角度看,分类就是以对象的本质属性或显著特征为标准,将整体区分为若干部分。分类应做到不重不漏。由于按逻辑学要求进行学习分类有一定困难,再加上学习分类的观点不尽相同,目前教育心理学著作中对学习的分类很不一致。

(1)加涅将学习分为:联想学习(包括信号学习、刺激—反应学习、连锁学习、言语联想)、辨别学习、概念学习(具体概念的学习、定义性概念的学习)、规则的学习、高级规则的学习(解决问题)等五类。学习的结果是:言语信息、智慧技能、认知策略、动作技能、态度。

显然,加涅是以学习的复杂程度为标准,按从简单到复杂的顺序对学习进行分类的。加涅认为,高级规则的学习以简单规则的学习为前提,简单规则的学习又以概念学习为前提,概念学习又以辨别学习为前提,辨别学习以联想学习为前提。这就是加涅提出的学习层次理论。加涅对学习分类的研究在心理学家中具有代表性。

(2)索里和斯尔福特将学习分为:经典性条件作用和简单的联想学习、工具性条件作用和尝试错误的学习、模仿性学习、顿悟性学习、含有推理的学习等五类。

索里和斯尔福特认为,他们对学习的分类是依据产生学习的情景以及学习本身的复杂程度不同而提出的,并认为可以包括加涅的学习类型。例如,联想学习、辨别学习含有经典性和工具性条件作用的元素,同时还可能包含着模仿和顿悟;概念学习、规则学习和高级规则学习可以不同程度地包含着模仿、顿悟和推理学习的成分。

(3)奥苏贝尔将学习分为:① 从个体所获得的经验来源角度,分为发现学习和接受学习。发现学习是指个体所获得的经验,来源于学习活动中主体对经验的直接发现或创造,而不是来自于他人的传授;接受学习是指个体所获得的经验,来源于学习活动中主体对他人经验的接受,把别人发现的经验经过其理解、吸收而转化成自己的经验。② 从新学习的内容与主体已有认知结构的联系方式角度,将学习分为意义学习和机械学习。新学习的内容与主体已有认知结构的联系是非人为的和实质性的,则为意义学习,如果是人为的和表面的联系,则为机械学习。奥苏贝尔认为,当学生把学习内容与自己的认知结构联系起来的时候,意义学习就发生了。意义学习是一套有层次组织的学习,包括表征学习、概念学习、命题学习和问题解决。他认为,任何一种意义学习类型,都涉及心理内部复杂的同化过程,而且,有效的学习往往从学习最一般的概念开始,然后逐渐分化出较具体的概念。另外,学生在学校里的学习往往处于意义学习与机械学习这两端之间的某一点上,即学生的学习往往是既有意义学习的成分,又有机械学习的成分。

(4)苏联心理学家对学习的分类。他们首先将学习分为反射的学习与认知的学习两大类,其中,认知学习是人类所特有的。在认知的学习方面,又分为感性学习和理性学习两类。在理性学习方面又分为概念的学习、思维的学习与技能的学习三类。

(5)布卢姆以教育目标和教育任务为出发点,将教育目标分为认知、情感和动作技能三大领域,认知领域的学习分为六类:知识(对知识的简单回忆)、理解(能解释所学的知识)、应用(在特殊情况下使用概念和规则)、分析(区别和了解事物的内部联系)、综合(把思想重新组织为一种新的完整思想,产生新的结构)、评价(根据内部的证据或外部的标准作出判断)。

3.3　数学学习的一般理论

本节主要阐述数学学习的特点和分类、数学学习的一般过程理论、数学学习与数学思维发展的关系等方面;同时给出了一些新课程理念下学生学习数学的特点及数学学习过程。

1. 数学学习的概念

数学学习是学生学习的一个十分重要的组成部分,它是指**学生依据数学教学大纲,按照一定的目的、内容、要求,系统地掌握数学知识与技能的过程**。并在这一过程中,逐步地发展各种能力,尤其是**数学能力,养成良好的数学心理品质**。

数学知识与技能的学习一般都以外显形式反映行为变化,而数学情感学习所导致的行为变化则往往呈内隐形式。

2. 数学学习的特点

数学学习除了具有学生学习的一般特点外,还有以下三个显著特点:

(1) 数学学习是一种科学的公共语言学习。由数学符号以及它们的各种有机组合所构成的数学,可以反映存在于现实世界中的一些关系和形式,因此它也是一种语言。

(2) 学生学习数学必须具备较强的抽象概括能力。数学的研究对象是现实世界的空间形式和数量关系,因此,它完全脱离了具体的事实。同时数学的抽象性与概括性还表现在它使用了高度形式化的数学语言,以及逐次抽象概括的过程。例如,小学阶段学习了生活中的数字,抽象到纯粹的数字——数字的四则运算,到了初中就开始广泛地使用字母,学习多项式的运算,再进一步抽象到函数、集合之间的运算。(由抽象的符号化数字,到更抽象的字母,由抽象的数、式、函数的概念,到更抽象的集合的概念,都是一个逐次抽象概括的过程。)

(3) 数学学习最有利于学生演绎推理能力的发展。数学是一门建立在公理体系基础上,一切结论都需要加以严格证明的科学。数学证明所采用的逻辑形式最基本、最主要的就是三段论。学生在整个中学阶段的数学学习中,反复学习使用三段论来解答各种数学问题,并且还要求他们能够达到熟练掌握的程度,这对于他们演绎推理能力的发展是有利的。

3. 新课程标准中对数学学习的要求

《新课标》在基本理念部分就明确提出:"学生的数学学习内容应当是现实的、有意义的、富有挑战性的,这些内容要有利于学生主动地进行观察、实验、猜测、验证、推理与交流等数学活动。内容的呈现应采用不同的表达方式,以满足多样化的学习需求。有效的数学学习活动不能单纯地依赖模仿与记忆,**动手实践、自主探索与合作交流是学生学习数学的重要方式**。由于学生所处的文化环境、家庭背景和自身思维方式的不同,学生的数学学习活动应当是一个**生动活泼的、主动的和富有个性的过程**。"

从这个基本理念可知:义务教育阶段的数学课程,其基本出发点是促进学生全面、持续、和谐的发展。它不仅要考虑数学自身的特点,更应遵循学生学习数学的心理规律,强调从学生已有的生活经验出发,让学生亲身经历将实际问题抽象成数学模型并进行解释与应用的过程,进而使学生获得对数学认识和了解的同时,在思维能力、情感态度与价值观等多方面得到进步和发展。

3.3.1　数学学习的分类

1. 数学学习的等级分类

著名教育心理学家和学习实验心理学家加涅提出的八类型学习分类,是从简单到复杂、从具体到抽象、从低级到高级的学习等级分类。数学学习也可据此分为:

(1) 信号学习。信号学习是由单个事例或一个刺激的若干次重复所引起的一种无意识的行为变化,它属于情绪的反映。

(2) 刺激-反应学习。刺激-反应学习也是一种对信号作出反应的学习,但它有别于信号学习的是:信号学习是自发的、情绪的行为变化,而刺激-反应学习是自觉的、肌体的行为变化。

(3) 连锁学习。连锁学习是指两个或两个以上非词语刺激-反应学习的一个有序结合。在数学学习中,某些技能的学习带有一定的操作性,它们也是一种连锁学习。例如,利用直尺、圆规、量角器等工具进行画图或作图,制作几何模型,都是连锁学习。

(4) 词语联想学习。与连锁学习一样,词语联想学习也是一种刺激-反应学习链,只是这条链上的链环是词语刺激-反应,而不是运动刺激-反应。例如数学学习中的记忆三角公式。

(5) 辨别学习。辨别学习就是学会对不同的刺激,包括对那些貌似相同但实质不同的刺激作出不同的识别反应。辨别学习的困难主要在于以下两种情形:一是形式相同而实质不同的两个对象。例如,直角坐标系中方程 $x=3$ 的曲线和极坐标系中方程 $p=3$ 的曲线,形式同但所表示的曲线却完全不同,前者是一条直线,而后者是半径为3的圆。

(6) 概念学习。能够识别一类刺激的共性,并对词作出相同的反应,这一过程称为概念学习。概念学习的特点是抽取一类对象的共同特性,而辨别学习的特点则是识别一类对象的不同特性,这是两者的区别,在概念学习中,共性的抽取总需要有一定的区分能力。因此,辨别学习又是概念学习的前提。

（7）法则学习。法则学习是一系列概念学习的有序连锁，表现为能以一类行动对一类条件作出反应，它是一种推理能力的学习。由于数学是一个演绎结构系统，它的所有结果几乎都是以命题的形式给出，而命题实际上是某种法则。因此，法则学习是数学学习的一种主要类型。

（8）问题解决学习。解决问题学习是加涅的学习分类体系中层次最高的一类学习，它含有发明、创造的意思。所谓解决问题，就是以独特的方式去选择多组法则，综合运用它们，最终建立起一个或一组新的、更高级的、学习者先前未曾遇到过的法则。数学家所进行的研究工作一般来说都属于解决问题学习之列。

在数学学习中，解答一般的常规性习题只能归入法则运用的范畴。只有当学生事先不知道，是自己独立地利用先前所掌握的规律，推导得出，才算是解决问题的学习。

2. 数学学习的二维分类

（1）机械学习和有意义学习。**机械学习即死记硬背式的学习。**它是指学生仅能记住某些数学符号或语言文字符号的组合以及某些词句，而不理解它们所表示的内涵。例如对绝对值、相反数这些概念的理解，如果只是停留在表面上，仅记住公式 $|a| = \begin{cases} a, & a > 0 \\ 0, & a = 0 \\ -a, & a < 0 \end{cases}$

而没有理解此公式的含义，当 $a < 0$ 时，如不理解结果为 $-a$ 的原因，在解 $\sqrt{x^2 - 2x + 1}\,(x < 1)$ 时，仍会出现 $x - 1$ 这个错误答案；在化简 $a\sqrt{-\dfrac{1}{a}}\,(a < 0)$ 时很可能出现 $\sqrt{-a}$ 这个错误答案。

有意义学习是指学生不仅能够记住所学数学知识的结论，而且能够理解它们的内在含义，掌握它们与有关旧知识之间的实质性联系。例如，反证法的有意义学习，具体表现为：不仅会利用反证法证明一个数学命题，知道用反证法证命题，实际上是证明原命题的逆否命题，而且能够将反证法与先前已经学过的直接证法进行比较，指出它们之间的异同点。有意义学习结果的外显形式表现为学生能够融会贯通地运用数学知识，它的内隐形式则是学生数学能力的提高和智力的发展。

（2）接受学习和发现学习。接受学习和发现学习是两种进行方式截然不同的学习。前者是指学生以最后结论的形式直接接受所学的数学知识，其间不涉及学生自己的任何独立发现。后者恰恰相反，学习的主要内容要由学生自己去独立发现，而不是由教师以定论的形式提供给学生。

数学中有大量的内容既可以采用接受学习形式，也可以采用发现学习形式。例如，学习三角形内角和定理、外角的性质，如果由教师直接给出定理，然后给出证明，那么对于学生来说，这一学习过程就是接受学习。如果利用画、剪、拼、凑、量的方法，让学生去发现关于三角和、外角的性质，再给予几何证明的过程就是发现学习。

从数学教育心理学角度来看，对数学学习进行分类是非常必要的，这是因为不同类别的数学学习，在学习的条件、学习的过程、评价的标准等方面都会是不同的，对数学学习的尽量客观准确的分类有助于教师根据相应类别的数学学习特点，对学生的数学学习作出指导。

数学学习也可以依据不同的标准进行分类。

（1）从学习内容的角度对数学学习进行分类。

数学学习内容可以区分为：数学公理、定义、概念、符号；数学定理、性质、公式、法则；数学技能（包括运算、处理数据、推理、画图、绘制图表等）；数学思想、数学方法等。

相应地，数学学习可分为：

① 数学概念的学习。从逻辑学角度看，数学概念的学习就是要认清概念的内涵和外延；从心理学角度看，就是学会对一类刺激作出同样的反应。例如，对"整数"概念的学习，就是要知道整数包括正整数、0、负整数，其外延是：$\cdots, -2, -1, 0, 1, 2, \cdots$。当遇到具体的数时，会作出正确判断，如 21、0、-4 都是整数，$\frac{1}{2}$ 不是整数。

由于数学概念具有严密的系统性，后续概念一定是在先前概念的基础上定义的，因此数学概念的学习必须是循序渐进的。另外，对同一数学概念的学习也可以有不同层次，这是一个从粗糙到精确严谨、从表面认识到本质理解的过程。

② 数学原理的学习。这是一种在数学概念学习的基础上，对概

念与概念之间关系的学习。例如，"等腰三角形两底角相等"是一个数学定理，它的学习应当在掌握"等腰三角形"、"底角"（与等腰三角形的"顶角"相区别）等概念的基础上进行，而学习的重点则放在对"相等"关系的认识上（寻找为什么相等的理由）。再如，"均值不等式"的学习，应当在掌握"算术平均数"、"几何平均数"等概念的基础上进行，而学习的重点应在对两者关系的认识上，即什么时候是严格的不等、什么时候相等。数学原理学习的结果是使学生能够用某种适当类别的行为样例对某类刺激情景的任何样例做出反应。例如，学生以一类行为 $\left(\dfrac{2+7}{2}, \dfrac{4+12}{2}, \dfrac{8+1}{2} \text{ 等}\right)$ 对一类刺激情景（$\sqrt{2\times7}$, $\sqrt{4\times12}$, $\sqrt{8\times1}$）等作出反应，其行为必然会因为"大于"这样一种关系而与刺激相联系。而支配这一行为的规则就是"算术平均数大于几何平均数"。

③ 数学思维过程的学习。数学思维过程的学习是以数学思想方法为载体，以数学思维技能、技巧和数学思维策略为手段而实现的学习。这里，数学思维策略是"动脑"的方法，是学生将已掌握的数学知识技能应用于问题情景的一些方法，而这些问题可能是学生以前没有遇到过的。

数学思维过程的学习主要包括以下内容：在阅读数学材料时如何使用"执行控制过程"引导自己的注意，有选择地知觉自己阅读的材料；如何发现和组织相关信息，如怎样使用观察、试验等去发现数学问题的特征和规律，怎样运用比较、类比、联想等发现不同数学对象之间的内在联系；如何整理、组织和记忆数学知识，在数学问题解决中，怎样寻找问题的关键信息；如何解释、转换问题的各种信息（如采用文字、符号、图表、图像等手段），怎样将已经尝试过的方法保存在头脑中，怎样权衡其假设的可能性，如何将目标进行分解，如何将部分综合成整体，在遇到困难时如何及时转换思路；如何通过具体问题的解决而归纳概括出具有一般意义的思想方法，等等。

值得指出，数学思维过程的学习一定是在数学基础知识和基本技能的学习过程中体现出来的。使学生形成良好的数学头脑，养成"数学地思维"的习惯是数学教学的主要目的之一，但是学生必须具备构成他们数学思维内容的数学基础知识和基本技能的坚实基础，学生无法在无知的状态下进行思考。因此,数学学习中应当将主要的时间和精力用在基础知识和基本技能的学习上,这并不一定意味着就是忽视数学思维过程的学习。

④ 数学技能的学习。数学技能是一种通过学习而获得的自动性动作方式或操作系统。数学技能主要是一种智力技能,以运算、推理和作图等方式表现出来,它的学习是通过反复练习来完成的。

这里要特别强调的是数学学习的自我控制和调节技能。

⑤ 数学态度的学习。数学态度,作为数学学习的一种心理和神经中枢的准备状态,是长期数学活动经验的结晶,对个体的数学活动产生直接的或动力的影响,其中包括兴趣、动机、性格等。数学态度的学习是一个长期的、潜移默化的过程,是一种内隐学习,主要通过在数学知识学习过程中渗透数学的精神、思想和方法来实现。因此,数学态度的学习主要依靠数学教学中数学精神的渗透力和感召力。

(2) 从数学知识的来源对数学学习分类。

① 发现学习,是指学生所获得的数学知识来自于他自己的直接发现或创造,而不是由别人传授的。数学学习中的发现学习在性质和水平上是有区别的。

数学学习中的发现学习是客观存在的。例如,当学生通过对若干具体三角形各内角的度量(这在计算机上利用几何画板软件是非常容易做到的),发现"三角形内角和为 180°"的规律,然后通过严格的几何推理论证,证实了这个规律的普遍性,这就是一个发现学习的过程。

② 接受学习,是指学生所获得的数学知识来自于他人经验的传授,学生把人类社会已经获得的数学知识经过自己的占有和吸收,内化到自己的数学认知结构中去。

数学学习中,接受学习与发现学习的区分,主要依据了数学知识的来源。如上述关于"三角形内角和为 180°"的学习,如果是事先给出了这一命题,学习的任务是以若干具体三角形的例证来检验其正确性或者通过几何推理证明命题的正确性,那么这一学习就是接受学习;如果学生事先没有被告知命题的内容,命题及其正确性都是通过学生自己的探索而发现和论证的,那么这一学习就是发现学习。总的来说,学生的学习过程是一个新旧知识相互作用的过程,同化和顺应是学习的内在机制。因此,发现学习与接受学习同时存在于数学学习过程中。

3.3.2　数学学习的一般过程

数学学习的过程,从本质上说是一种认识过程,其间包含一系列复杂的心理活动。这些心理活动中,一类是有关学习积极性的,如动机、兴趣、态度与意志;另一类是有关学习的认识过程本身的,如感觉、知觉、思维和记忆。数学学习正是借助于上述两类心理活动完成的。

数学学习的一般过程可分为三个阶段,即输入阶段、相互作用阶段和操作运用阶段。

1. 输入阶段

输入阶段就是给学生提供新的数学信息和新的学习内容,并创设数学学习的情境。在输入阶段,一方面要激发学生的学习动机和学习兴趣,另一方面要通过诸如必要的复习等手段强化与新知识的联系,使学生具备必要的认知准备。

2. 相互作用阶段

学生原有的数学认知结构与新学习的内容相互作用有同化和顺应两种基本方式。

同化:主体将外界客体纳入到自身已经形成或正在形成的认知结构中去;

顺应:当主体的认知结构不能有效地同化客体时,主动调节和改变原有认识结构以适应外界客体的过程。

3. 操作运用阶段

这一阶段是在第二阶段产生新的数学认知结构的基础上,通过练习等活动,使新学习的知识得到巩固,通过进一步解决数学问题,使新的数学认知结构日趋完善,并达到预期目标。通过这一阶段的学习,学生不仅掌握了一定技能,而且学生的能力也得到了进一步的发展。

上述数学学习的一般过程可表示成图 3-2。

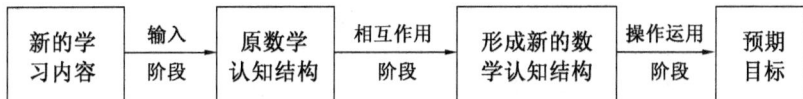

图 3-2　数学学习的一般过程

3.3.3　数学学习的特殊过程

数学学习的特殊过程指的是数学知识、数学技能和数学问题解决的学习过程。

数学知识是人们对客观事物空间形式和数量关系的认识,是人们对客观世界的侧面的经验概括,它包括数学概念、数学命题、数学思想和方法以及数学史知识等。

数学技能是通过训练而形成的一种动作或心智的活动方式,中学数学的基本技能是指按照一定的步骤与程序进行运算、简单推理,以及画图、绘制图表、处理数据等。

数学问题解决是在具备了一定数学知识、形成了一定数学技能的基础上,综合地应用数学能力解决问题的活动。

3.4　数学概念的学习

数学概念是数学知识的重要组成部分,是数学学习的主要内容。

3.4.1　数学概念的定义

能够识别一类刺激的共性,并对此作出相同的反应,这一过程称为概念学习。概念学习的特点是抽取一类对象的共同特征,而辨别学习的特点则是识别一类对象的不同特征,这是两者的区别。但是,在概念学习中,共性的抽象总需要有一定的区分能力,因此,辨别学习又是概念学习的前提。

数学研究的对象是现实世界的空间形式和数量关系。数学概念是反映这些数学对象的本质属性和特征的思维形式。例如,平行四边形的概念在人的思维中反映出:呈四边形形状,而且两组对边分别平行。这就是四边形的本质属性。又如,人们从现实的圆形物体的形象得到了圆的感性认识。在实践活动中,为了创造圆形工具或器皿需要画圆,从而逐步认识圆的本质属性:"圆是平面内到一个定点的距离等于定长的点集(或封闭曲线)。"这样就形成了圆的概念。

数学概念的语词表达的一般形式是"(概念的本质属性)……叫做……(概念的名词)"。

3.4.2 数学概念的特征

1. 数学概念具有抽象和具体的双重性

数学概念是反映一类事物数量关系和空间形式的本质属性的思维形式,它排除了对象具体的物质内容,抽象出内在的、本质的属性。这种抽象可以脱离具体的物质内容,在已有的数学概念基础上进行多级的抽象,形成一种具有层次性的体系。譬如,函数→连续函数→可微函数。这就是一个函数概念体系的抽象体系。显然。随着概念的多级抽象,所得到的概念的抽象程度就会越来越高。

2. 数学概念具有逻辑连续性

在一个特定的数学体系中,数学概念之间往往存在着某种关系,如相容关系、不相容关系等,而这些关系实质是逻辑关系。在一个体系中,孤立的数学概念是不存在的,因为这种概念没有太大的意义和研究价值。反过来,数学概念的逻辑化又使得数学概念系统化,公理化系统就是数学概念系统化的最高表现形式。

3.4.3 数学概念学习的形式

数学概念的学习过程,包括概念的理解与概念的应用两个阶段,其中,概念的理解又分为感知、分化、概括和巩固四个阶段。

数学概念的学习有两种基本方式:一是概念形成;二是概念同化——以定义的形式给出。

1. 概念形成

概念的形成是通过对概念所反映的事物的不同例子中,让学生积极主动地去发现其本质属性,从而形成新概念的方式。概念形成的心理过程为:

(1) 辨别同类事物的不同例子,根据事物的外部特征,在直观水平上进行辨认;

(2) 提出它们的共同本质属性的各种假设并加以检验,从而抽象出各例子的共同属性;

(3) 把概括出来的本质属性与认知结构中的适当观念联系起来,扩大或改组原有的数学认知结构;

(4) 将本质属性推广到同类事物中去,明确新概念的外延。

例如,对于初中阶段"函数"内容的学习,如果教学方案按如下过程设计,就是一种典型的概念形成方式。

第一,让学生分别指出下面各题中的变量及变量之间的关系。

① 以每小时 50 千米的速度匀速行驶的汽车,所驶过的路程和时间。

② 用表格所给出的某水库的存水量与水深。

③ 由某一天气温变化的曲线所揭示的气温和时间。

④ 任何整数的平方运算中,底数与它的二次幂。

第二,找出上述各题中两个变量之间关系的一些共同属性。

第三,进一步考察各题,确认本质属性。在④中,底数取 -2 和 2,其二次幂都是 4,没有发生变化,可见一个量变化,另一个量跟着变化不是它们的本质属性;而一个变量每取一个确定的值,相应地另一个量也唯一地确定一个值,这才是它们的本质属性。同时,前一个变量的取值有一定的范围或限制也是其本质属性。

第四,让学生辨别若干正、反例,强化概念。

第五,在以上基础上,抽象和概括出函数定义。

在学习函数的概念之前,由于学生主要学习的是式的恒等变形,方程的同解变形等,形成的是一种着眼于"运算"的认知结构,与函数是着眼于"关系"的知识结构之间存在不相适应的状况,因此,应通过概念形成的过程去对学生原有的认知结构进行调节和改组,建立新的数学认知结构。

在学生通过概念形成去学习数学概念的过程中,教师必须按照学生的心理发展规律组织教学活动,在教学活动中应注意以下几点:

第一,所呈现给学生的观察材料应该是正例,否则会造成负干扰,使学生难以观察和分析出事物的共同属性,而且呈现的例子应是学生能够分辨和理解的。

第二,在比较和分化的基础上,找出共同属性进而确认本质属性,这一阶段可运用反例或变式去突出其本质属性。

第三,新概念的形成必须对原认知结构进行扩充和改组,使新旧概念得到精确分化,形成新的认知结构,这样才能使新概念得以巩固。

2. 概念同化

概念的同化是由学生主动地与自己认知结构中原有的有关概念

相互联系、相互作用以领会它的意义，从而获得新概念的方式。从本质上说，概念同化是利用已经掌握的概念去学习新概念，或者修改、改造使之适应新的学习需要的过程。

概念同化学习必须具备两个前提条件：第一，新学的概念本身必须具备逻辑意义；第二，学生原有的认知结构中要具备同化新概念所需要的知识经验。

概念同化的心理过程包括以下几个方面：

一是辨认。辨认定义中的新观念，哪些是已有概念？新旧观念之间存在着什么关系？这一过程包含了回忆与知识的重显。例如，学习矩形的概念，在给出矩形定义之后，学生必须对"四边形"、"平行四边形"、"相邻两边的夹角"等已有概念进行回忆和辨认。

二是同化。建立新概念与原有概念之间的联系，把新概念纳入到原认知结构中，赋予新概念一定的意义。例如，上述关于矩形概念的学习，学生将矩形与平行四边形比较，发现新概念是已有的旧概念的组合，于是通过建立新旧概念的联系去获得矩形概念。同时，获得新概念后又扩大和改组了原有的数学认知结构。

三是强化。通过将新概念与某些反例相联系，使新概念与原有概念进一步精确分化。

概念同化的本质是利用已经掌握的概念去获取新概念，因此概念同化的学习方式必须具备一定的条件。从客观上说，学习的材料必须具有逻辑意义，所学的新概念应与学生已有的有关概念建立"非人为"联系和"实质性"的联系。这里的"非人为"联系，指知识与知识之间继承和发展的关系，是知识间内在的联系，而不是人为强加上去的。如果学生把新知识与原认知结构中已有的不适当、不相关的知识生拉硬扯地强行联系起来，那么就会使新旧知识之间建立"人为的"联系。

例如，有的学生会出现类似 $\lg(x+y)=\lg x+\lg y$，$\sin(x+y)=\sin x+\sin y$ 等的错误，就是把 $\lg(x+y)$、$\sin(x+y)$ 与原认知结构中已有的"多项式乘法对加法的分配律"知识强行联系起来，使知识间产生了"人为的"联系。

从主观上讲，学生原有的认知结构中要具备同化新概念所需要的知识经验，还要有积极学习的心向，让个人的认知活动积极参与，才能使新概念与他们认知结构中有关的旧知识发生相互作用，或者改造旧知识形成新概念，或者使新概念与原有认知结构中的有关知识进一步分化和融会贯通，实现概念同化。

3. 概念理解的两种形式的比较

概念形成是以学生的直接经验为基础，用归纳的方式抽取出一类事物的共同属性，从而达到对概念的理解。因此，在教学方法上表现为布鲁纳倡导的"发现法"比较吻合，**适合于低年级的学生学习数学概念，也适合于"原始概念"的学习**，因为原始概念多是建立在对具体事物的性质的概括上，依靠的是学生的直接认识与直接经验。

概念同化则以学生的间接经验为基础，以数学语言为工具，依靠新、旧概念的相互作用去理解概念，因而在教学方法上多是直接呈现定义，与奥苏贝尔的"有意义地接受学习"方式基本一致。由于数学概念具有多级抽象的特征，学生学习新概念在很大程度上依赖于旧概念以及原有的认知结构，所以概念同化的学习方式**在数学概念学习中是经常和普遍使用的，特别是对高年级的学生学习数学概念更加适合**。

最后还要指出两点，一是概念形成与概念同化不是相互独立和互不相关的。事实上，从上述分析两种学习形式的心理过程可知，概念形成也包含着同化的因素，是用具体的、直接的感性材料去同化新概念。二是无论低年级还是高年级学生，在数学概念教学中都不宜单纯地运用某一种方式。概念形成的教学方式比较耗费时间，但有利于培养学生观察、发现的能力；概念同化的教学形式可以节约教学时间，利于培养学生抽象及逻辑思维能力。因此在数学概念教学中，应当把两种形式结合起来综合使用，使之扬长避短、互为补充。

3.4.4　影响掌握概念的因素

(1) 经验与抽象概括的能力。概念的获得依赖于学生有关的感性材料、经验和抽象概括能力。如抽象概括能力差，就不能抓住事物的本质属性，不能明确概念的内涵和外延。例如，出现以下的错误：$|a|=a$，直角三角形的直角边上没有高等。

(2) 概念的本质属性和非本质属性。概念的本质属性越明显，学习时就越容易掌握。

（3）学生已有的数学认知结构。在数学概念的学习中,学生原有的认知结构状况极其重要。这一方面是由于各种方式的概念学习都是在原有认知结构的基础上进行的,而且概念学习得以顺利展开的根本动力也是学生原有的认知结构与新概念之间的矛盾。当学生原有的认知结构与新的数学概念不相适应而产生矛盾时,就会引起解决这种矛盾的心向,思维活动的积极性和主动性也随之产生。

（4）感性材料和知识经验。概念形成主要依赖于对感性材料的抽象概括,而概念同化主要依赖的是知识经验的概括。因此,感性材料和知识经验是影响概念学习的重要因素。

（5）变式。要理解一类事物的共同本质属性,往往可以通过列举具有该本质属性的事物（概念的肯定例证）或不具有该本质属性的事物（概念的否定例证）来获得。如对曲线的切线这一概念,可以通过"抛物线的对称轴与这个抛物线只有一个焦点,但它不是切线",来说明"只有一个公共点"不是曲线切线的本质属性。

3.4.5　概念的应用

概念的获取,还不能离开概念的应用,只有达到对概念的应用水平,才能认为是掌握了概念。心理学将概念的应用分为两个层次,即**知觉水平上的应用和思维水平上的应用**。

所谓知觉水平上的应用,指学生获得同类事物的概念以后,当遇到这类事物的特例时,就能立即把它看做是这类事物中的具体例子,将其归入一定的知觉类型。例如,在学习了用代入法和加减法解二元一次方程组的内容后,当学生要去解一道具体的二元一次方程组,如果他能将其归入所学过的两种方法之一去解决,那么他就达到了知觉水平上的应用。

概念在思维水平上的应用,指学生学习的新概念被类属于包摄水平较高的原有概念中,因而新概念的应用必须对原有概念进行重新组织和加工,以满足解当前问题的需要。例如,在讲授对数函数的性质时,要证明 $y = \log_a x$ 当 $a > 1$ 时是增函数,就必须用到一般函数 $y = f(x)$ 的增减性的概念,利用一般函数增减性的判定方法去解决当前问题,即对 $\forall x_1\ x_2 \in D_f$,若当 $x_1 > x_2$ 时,$f(x_1) > f(x_2)$,则 $f(x)$ 在 D_f 上是增函数。用于当前问题时需要重新组织,即须证当 $a > 1$ 时,

$\log_a x_1 > \log_a x_2$。这种概念的应用过程就是一种思维水平上的应用。

概念的知觉水平上的应用与思维水平上的应用是概念应用的两个阶段,在教学中应精心设计例题和习题,根据具体情况采用不同的方式,达到使学生能将概念在两种不同水平上的应用。

3.5　数学命题的学习

数学命题是数学知识的重要组成部分,是数学学习的主要内容。

所谓命题,是表示两个或多个概念之间的关系的语句。因此,命题学习实际上是学习若干概念之间的关系,也就是学习由几个概念联合所构成的复合意义。它包括发现命题;理解其语句所表达的复合观念的意义;论证命题。就其复杂程度来说,它一般高于概念学习,是意义学习的一种最高级形式。

数学中的命题学习,主要是指数学定理、公式和法则的学习。

一般来说,新学习的命题与学生原有认知结构中的有关知识的关系有下位关系、上位关系、组合关系等三种类型,相应这三种关系,数学命题就有三种学习形式,即**下位学习、上位学习**和**组合学习**。

1. **下位学习（主要为分化）**

学生头脑中原有的已知结构在包摄程度或概括程度高于新学习的内容,这种学习称为下位学习。例如:

先讲函数,再讲正比例函数、一次函数、反比例函数。

先讲四边形,再讲平行四边形、矩形、菱形、正方形。

下位关系有两种形式:

(1) 一种是**派生的下位**,即新的学习内容仅仅是学生已有的、包摄面较广的命题的一个例证。如菱形为平行四边形的特例。再如,学习了函数单调性的概念和判定后,再学习指数函数的单调性定理,就属于派生的下位学习。

(2) 另一种是**相关的下位**,当新内容扩展、修正或限定学生已有的命题,并使其精确化时,表现出来的就是相关的下位。例如,在学习了"三角形内角和等于 180°","三角形中大边对大角"等一般三角形的知识后,再来学习等腰三角形和直角三角形的有关性质定理,"等腰三角形两底角相等"、"勾股定理"等,就属于相关的下位学习。

下位学习的效率与原有的认知结构有关。

2. 上位学习（主要为概括）

在认知结构中已经形成的几个概念，在这些知识之上，学习一个概括程度更高的数学命题的形式称为上位学习。（上位学习、下位学习是相对原有知识而言的。）

例如，学习一般的二次曲线时，学习者要对几种特殊二次曲线（圆、椭圆、双曲线、抛物线等）进行概括，改组原来具有的特殊二次曲线的认识结构，成为一般二次曲线的认知结构。

再如，学过全等三角形后，再学习相似三角形。（在概括程度上，相似更高，全等是相似的特例，相似比 $k = 1$ 。）

3. 并列学习（或组合学习）

新的数学命题与原有知识结构有一定联系，但既不是上位关系，也不是下位关系，这种学习方式称为并列学习或组合学习。

组合学习的关键在于寻找新定理与原有认知结构中的有关定理的联系（共同特征），使得它们能在一定意义下进行类比。如椭圆到双曲线的学习，$\dfrac{x^2}{a^2} + \dfrac{y^2}{b^2} = 1$ 到 $\dfrac{x^2}{a^2} - \dfrac{y^2}{b^2} = 1$。

平行四边形、菱形、矩形这三种知识之间的学习方式如图 3 - 3 所示。

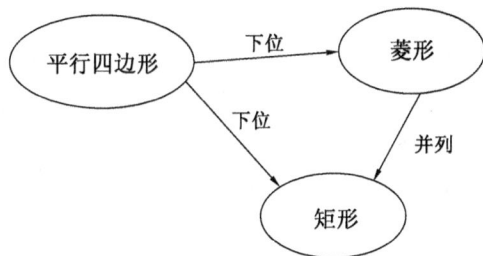

图 3 - 3　平行四边形、菱形、矩形这三种知识之间的学习方式

以上三种命题的学习方式并不矛盾，常同存在于同一命题中，知识所占比重不同。

3.6　数学技能的学习

3.6.1　数学技能的学习

1. 技能的定义

技能是指顺利完成某种任务的自动化的外部操作活动方式或心智活动方式。学习数学不能仅限于理解数学基础知识,而且还应当在理解的基础上形成数学基本技能。

2. 数学技能的类别

数学技能可以分为动作技能和心智技能。

(1)动作技能。动作技能即外部实际操作活动的方式。例如用圆规、直尺等工具画图、查表、使用计算工具等都是动作技能。动作技能形成可分为三个阶段:一是掌握局部动作阶段;二是初步掌握完整动作阶段,在这个阶段中,许多局部的动作联合成一个完整的动作系统,动作之间的干扰现象以及多余的动作逐渐减少以至消失;三是动作协调和完善阶段,此时动作速度加快,准确性、灵活性加强,基本动作接近自动化,动作紧张性消失。

(2)心智技能。心智技能即按一定的合理的、完善的方式进行的心理活动方式。例如,运算、推理论证技能都是心智技能。心智技能的形成有如下几个阶段:首先是掌握心智活动各环节的活动方式;其次是心智活动各环节逐渐联成一个整体,且内部语言趋于概括化和简约化,运算或推理逐渐简缩;最后是心智活动熟练化、自动化。心智活动的进行逐渐减少需要主体的意志努力。

数学技能的形成是学生练习的直接结果,其途径有两条:一是伴随着数学理论的获得而形成数学技能;二是在综合应用数学理论过程中形成数学技能。

3.6.2　数学技能训练的途径

1. 重视教师的指导示范作用

2. 突出练习环节

练习是学生在教师指导下,有组织有目的的学习活动,是知识转化为技能的基本途径。在教学中,教师必须为学生提供有效的联系时机与条件。

(1) 明确练习的目的和要求;

(2) 练习必须有计划、有步骤地进行;

(3) 处理好练习的数量与质量的关系,做到保质保量,以期达到事半功倍的效果;

(4) 练习的方式要多样化;

(5) 要使学生知道每次练习的结果。

3. 注意总结经验教训,及时反馈

3.7　数学问题解决的学习

"问题解决"是数学教育的又一个热门话题。它是对"新数运动"以及"现代数学教育改革"的反思和调整之后,于 1980 年由美国全国教师联合会公布的《关于行动的议程》的文件中首先提出的。文件指出"必须把问题解决作为 80 年代中学数学的核心"。1983 年,美国又进一步提出应向学生提供运用算术和数学解决各领域中的实际问题的机会,诸如可以通过数学来分析自然科学问题、社会科学问题、消费购买问题和日常生活中可以遇到的各种其他问题。并认为应改变目前学生学习的只是如何成为技术人员,而不是解决问题人员的现状。在英国,认为教育的核心是培养解决问题的能力,强调数学只有在能应用的情况下,才是有用的。所以英国的《Cockcroft 报告》提出应将问题解决作为课程论的重要组成部分。在日本,数学教育界认为教育的重点应放在培养数学思考能力上,并提出"问题解决"的教育与适应性的教育应成为日本数学教育的两个研究焦点。问题解决从提出至今已经过去了 20 多年,但它仍然影响着当今的数学教育。我们深信它仍然是 21 世纪初的重要研究课题。

3.7.1　问题的含义及特征

1. 问题的含义

问题解决离不开问题,在直觉的水平上,大家都知道什么是问题。但究竟什么是问题?问题有多种多样,内容和形式都千差万别。

1988 年,在第六届国际数学教育大会(ICME)上,"问题解决、模型化和应用"课题组提出的报告中指出:"数学问题是一个对人具有智力挑战特征的、没有现成的直接方法、程序或算法的未解决问题的情境"。

按现代认知心理学的观点,"问题是指那些对于解答者来说还没有具备直接的解决方法,对于解答者构成认知上的挑战这样一种场面"。例如:$1+2+\cdots+100=?$ 对于儿童来说就是问题,而对于学过数列知识的学生来讲,就不成其问题了,只不过是一道习题。

但是大多心理学家都认为所有的问题都含有 3 个基本成分:

(1) 给定:问题的起始状态;

(2) 目标:问题要求的答案或目标状态;

(3) 障碍:给定与目标之间的隔阂物,通过思维可以寻求解决的方法。

2. 数学问题的特征

"问题是数学的心脏。"就一个数学问题本身来讲,它应有以下的某些特征:

(1) 在问题和解答中包含着数学知识和数学技能;

(2) 在学生已有的知识和能力范围内有多种解决方法;

(3) 能用学生已有的知识和方法进行推广,或推导出相类似的问题;

(4) 包含的数据能组合、分类、制表和分析;

(5) 能借助于模型或图像解决;

(6) 能激发学生兴趣并具有智力挑战。

【例 3-1】 在一个长 4m、宽 3m 的矩形荒地上,开辟一个花坛,使花坛的面积是原荒地面积的一半,问如何设计?

这个问题具有上述的某些特征:一是紧扣教材,运用一元二次方程的知识和技能可以解答;二是答案并不唯一,学生可以充分发挥想像力进行多种设计(图 3-4);三是变换题目的条件,可以编制出解法类似的新问题。

例如,将问题中的要件改为:使花坛的面积是原荒地面积的 $\frac{2}{3}$。

这就编制出了与问题 1 解法类似的另一个新问题。

就问题认识的主体——学生而言,问题又必须具有以下三个特征:

(1) 接受性。学生对问题感到兴趣乐意思考,并具有思考它的知

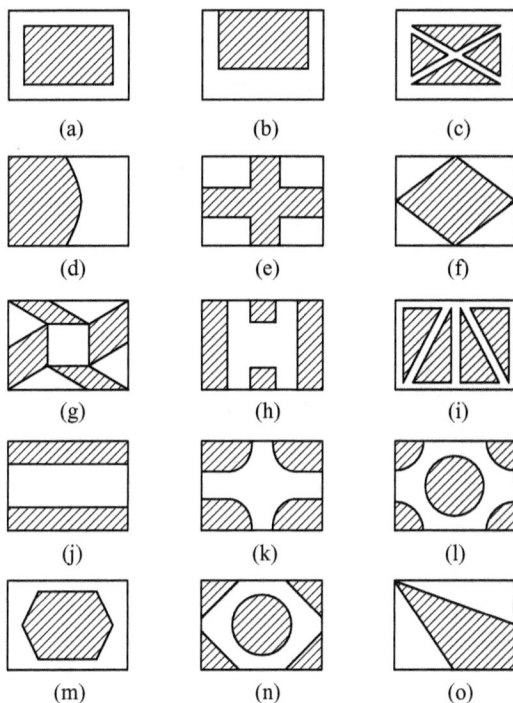

图 3 - 4

识和能力。

(2) 障碍性。学生不能一下子获得解决问题的策略或一眼看出答案,必须经过反复思考,甚至进行多次尝试才能达到目的。

(3) 探究性。学生不能按现成的方法、程序或算法去解决,而需要进行探索研究。

3. 数学问题的类型

数学问题究竟如何分类? 看法也不尽相同。Butts 将数学问题分为五类,即识别练习、算法练习、应用问题、开拓—探究问题和问题情境等。

严格地讲,前三类问题,按照问题解决中问题的含义,不是我们所说的问题,而是练习题或习题。我国的学者主张将数学问题分成四种类型:综合题、数学模型、开拓研究问题、开放型问题。

(1) 综合题。这是我国教科书中常见的问题。涉及的知识包含数学中多个单元或几何、三角、代数等各个学科。在解题的策略方面,常常需要某些独特的思想方法。

(2) 数学模型。这是以自然和社会为背景的实际问题。在中学数学教科书中常见的数学模型,大多与相关学科知识有关。例如:

路程公式:　　　　　　　$s = vt$;

自由落体公式:　　　　　$s = \frac{1}{2}gt^2$。

【例 3 - 2】 我国现有人口 13 亿,试按下列要求,给出 n 年后,我国人口数 p。

1) 人口保持不变,则 $p = 13 \times 10^8$;

2) 平均每年增加 2 万人,则 $p = 13 \times 10^8 + 2n \times 10^4$;

3) 平均每年增加 1‰,则 $p = 13 \times 10^8 (1 + 1\text{‰})n$。

(3) 开拓探究问题。这类问题,一是将原问题的某些具体条件用更一般化的条件替代,或是转化为逆问题,使问题能够推广或扩充到各种情形;二是这类问题的解决策略,通常不包含在问题的陈述之中,需要学生去思考、探索,寻求解决的方法。

【例 3 - 3】 在图 3-5 中,a 处有 $\frac{5}{8}$ 的河水流入 b 处,而 b 处有 $\frac{3}{5}$ 的河水流入 d 处,试问有多少 a 处的河水流入 f 处?

这个题目只给出了问题中的具体情形,解题的策略没有在问题中陈述,同时问题中的隐含条件在解题时要善于挖掘,从中探索出解决问题的方法。

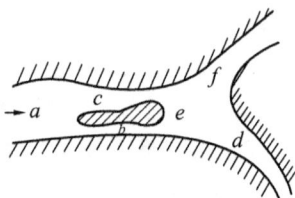

图 3 - 5

(4) 开放型问题。开放型问题是相对于数学课本中有明确条件和明确结论的封闭型问题而言的。这类问题不必有解,答案也不一定唯一,所给的条件也可能有多余的。但是开放型问题并不等于随意性的问题,结论仍然要求确定、精确。如前面所述的设计花坛问题,尽管设计的方案可以多种多样,但其计算一要定量化,而且每种设计经计算出的结果要确定、精确。

4. 问题与习题的区别

无论按照哪种方法将"问题"分类,按我们所论述的"问题"的含义、特征来看,我们所说的"问题解决"中的问题,主要是指非常规问题,它与传统的数学练习题和习题有着本质的区别。

问题适合于学习探究的技巧,适合于数学事实的原始发现。因此,其内容是非常规的,即不是教材内容的简单模仿,有范例可参考;表述形式多半是给出一种情景,一种实际需求;其模式的形式多样,答案不唯一,条件可有多余的。从教育的功能来看,它主要用来培养创造性能力,树立数学观念。

数学练习题或习题,许多国家或地区又称它为常规问题。它适合于学生学习数学事实,训练数学技能和技巧。其内容通常是一些常规算法或方法的运用,或简单的组合。在题型的模式上,比较规范化、纯数学化,多半形如"已知"、"求证"的固有模式。在教育功能上,它主要用于巩固所学的数学知识和训练技能、技巧。

3.7.2　问题解决的含义及教学

1. 问题解决的含义

什么是问题解决(Problem Solving)? 有种种说法。据目前的文献资料介绍,概括起来有五种:

(1) 问题解决是过程。美国全国数学管理大会(NCSM)于 1988 年发表的《21 世纪的数学基础》文件中指出:"问题解决是把前面学到的知识运用到新的和不熟悉的情境中的过程。"第六届国际数学教育大会上,"问题解决、模型化和应用"课题组主席 M. Niss 把问题解决定义为"从尝试到解决问题的全过程"。从数学教育哲学的角度来看,所谓问题解决就是学生学习数学的活动过程,是以学生已有的知识和能力为基础的主动建构过程,是通过数学思维不断数学化的过程,是一个探索、再发现、再创造的过程。

(2) 问题解决是教学目的。NCSM 在 1988 年的《21 世纪的数学基础》文件中提到:"学习数学的主要目的在于问题解决。"这正如 E. A. Silver 所说:"世界上几乎所有的国家都把提高学生的问题解决的能力作为数学教学的主要目的之一。"

(3) 问题解决是能力。如(2)所述,数学教育的主要目的是培养学生的数学能力,而问题解决的能力正是数学能力的核心,它是其他基本能力的组合和发展。因此,1982 年英国的《Cockcroft 报告》就把问题解决看成是"数学用于各种情况的能力"。

（4）问题解决是心理活动，也是数学活动。华东师范大学邵瑞珍教授认为，问题解决是"人们在日常生活和社会实践中面临新情景、新课题，发现它与主客观需要的矛盾而自己却没有现成对策时，所引起的寻求处理问题办法的一种心理活动"。这种心理活动对学生来讲就是学习活动，依据数学教学是数学活动教学的观点，学数学的最好方法是做数学。因此，问题解决的学习就是一类最重要的数学活动，它包含一种或几种基本的数学活动，如运算、推理及建立模型等活动。

（5）问题解决是教学形式。在英国的《Cockcroft 报告》里给教师提出的五条建议中，第一条就是"应在教学形式中增加讨论、研究、问题解决和探索等形式"，它是"课程论的重要组成部分"。因为问题解决提倡教师与学生，学生与学生之间讨论和交流，并且与其他教学方法有机结合，贯穿于整个教学过程之中，所以它是合理课程不可缺少的有机组成部分。

尽管"问题解决"在各国的文献中有不同的解释，但强调学生创造性地解决未解决的问题，培养学生的思维能力，树立数学观念，却是共同的认识。

我们说过，数学教学是数学活动的教学，这就必须给学生创造一个"观察、试探、猜想"的情景。依据这些观点，我们认为"问题解决"是能实施这种教学的一种很好的教学形式；或者说是数学教学模式中一种"现代的、先进的、而且是有效的教学模式"。

2. 怎样进行问题解决的教学

怎样结合我国的国情、文化背景，进行问题解决的教学，我国许多专家和数学教育工作者，进行了很多有益的尝试。有的专家还提出了构建"中国式的问题解决的教学模式"的主张，提出了施行这种教学模式的一些特点：

（1）要紧扣教材的教学内容，按照教学大纲的要求，进行精心选择和编制问题。

【例 3 - 4】　学完多边形面积的计算之后，可以解决下面的问题：

在边长为 4m 的正方形花坛种植花草。种植面积为原正方形面积的 $\frac{1}{2}$。问花坛中的花草如何栽种可使花坛美观。

这是一个好问题,在于答案不唯一,而且解决问题方法多样。还有利于学生巩固、理解已学过的知识,有利于培养创造性思维。

图 3-6 提供了五种美丽的图案,其中图(b)的解法就涉及图形的对称性、菱形的面积计算等方面的知识和技能。

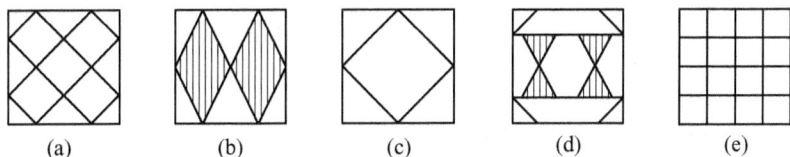

| (a) | (b) | (c) | (d) | (e) |

图 3-6

(2)在问题解决教学中,注意归纳提炼问题解决的思维策略,注意培养创造性思维能力。

数学不是解题,但学数学必须学会解题,学会做数学,仅仅会解题,不注意归纳提炼,掌握数学思想和方法,那只能把学生训练成"解题机器"。因此,在问题解决教学中,注意归纳提炼问题解决的思维策略,注重培养创造性思维能力,才是问题解决教学模式的实质。

问题解决的思维策略,概括起来主要有:

(1)目标策略。这种策略,要求根据题设的条件或提供的问题情景,有目标地进行思维活动,在思维活动中,要善于抓住问题的关键及难点,有目的地予以突破,使未知问题转化为已经解决或易解决的问题来解决。例如,解线性方程组,总是设法逐步消元,最后化成一元一次方程求解。

(2)模式识别策略。使用这种策略的关键,在于会辨别题目的类型,使得与已有的知识、技能发生联系。善于识别、辨认问题的情景,选择有用的信息加以应用,则是采用这种策略的前提。

【例 3-5】 试求图 3-7 中街心岛 I 的面积。

图中,三条马路的宽度都是 30m,其中有两个数据是多余的,从中筛选有用信息加以使用是解答本题的关键。若按图 3-8 和图 3-9 添设辅助线,问题便得到解决。

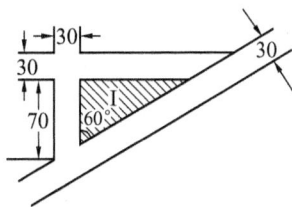

图 3-7

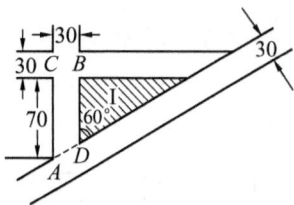

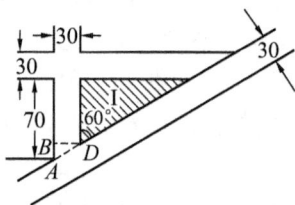

图 3 - 8　　　　　　　　　　　图 3 - 9

（3）特殊化策略。这种策略主要遵循从特殊到一般，从简单到复杂，从具体到抽象，从部分到整体的思维规律。

【例 3 - 6】　如图 3 - 10 所示，工作流程上放置 n 个机器人 P_1，$P_2,\cdots,P_n$，一只工具箱应该放在何处才能使工具箱与机器人间的距离之和最短？

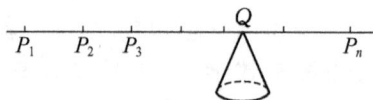

图 3 - 10

这是一个"重视情景"问题的范例。这个问题解决的思路：首先思考简单、特殊情况，即先考虑两个机器人，三个机器人，四个机器人，……，然后进行合情推理，推广到一般 n 个机器人（偶数或奇数）的情况。

（4）转化策略。所谓转化策略，就是当我们碰到难以下手的问题时，通过某种转化过程，将其归结为另一个比较熟悉，较易解决的问题，或转向问题的反面，以达到解决原问题的目的。在数学中，这种转化过程经常使用的方法有映射方法、数学模型方法、换元法、RMI 原理等等。

【例 3 - 7】　下面介绍两个不同情景的实际问题，但都可转化为同一个数学模型来解决。

问题 1　在图 3 - 11 中，发电厂主控室的仪表屏幕高 $m\ \text{m}$，屏幕底边距地面 $n\ \text{m}$，问值班人员坐在什么位置，屏幕上的仪表数字看得最清楚（设值班人员坐在椅子上时，眼睛距离地面 1.2m）？

问题 2　在足球比赛中，甲方边锋从乙方所守的球门附近带球过人沿直线向前推进。试问边锋射门的最佳位置在何处（最佳位置是指命中的最大射角 φ）。

例 3-7 的两个问题虽然情景不同，但经过提炼，我们可以转化为同一个数学模型来解决，即建立如图 3-12 所示的直角坐标系，在 y 轴的正半轴上给定两点 B、C。这样，上述问题就转化为在 x 轴的正半轴上求点 A，使锐角 φ 取得最大值。

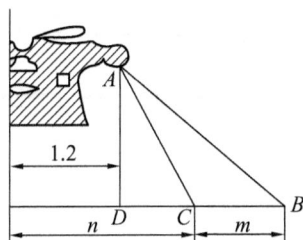

图 3-11

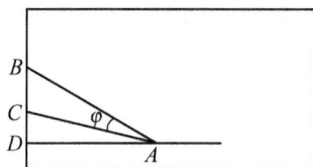

图 3-12

问题解决教学从某种意义上讲，就是我们通常所说的解题教学。我国解题教学的研究与实践的历史源远流长，形成了独特的优良传统。在引进国外的"问题解决"教学形式时，我们既要发扬在解题教学中，重视概念、命题的教学和必要的技能训练的优良传统，又要注重培养学生解决未解决过的问题以及非常规问题的能力，以达到树立数学观念，培养学生创造性思维能力的目的。

第 4 章

中学数学教学原则

4.1　教学原则的一般含义

4.1.1　教学原则的含义

对于教学原则的含义,不同的教育学学派有着各自的界定,说法也不尽相同,但是我国教育界基本上认同如下的提法,即教学原则是根据教育目的和教学目的,遵循教学规律而制定的,用来指导教学活动的一般原理,它是有效地进行教学必须遵循的基本要求。

根据对教学原则含义的理解,有几方面的特点是需要我们注意的。

首先,教学原则来源于教学实践。特别是在早期的教育实践和研究阶段,这一特点表现得尤为明显。如古代中国的《学记》就记述了许多在教学实践活动中获取的宝贵的经验总结,其中也对教学原则作了精辟的阐述,如"教学相长"、"启发诱导"、"藏息相辅"、"长善救失"等都是对某些教学规律的揭示。尽管这种揭示是一种个别经验的获得,未能被予以科学的论证,但经过长期的反复验证,应该说也正确地反映了教育的内在规律性。因此,以实践的角度来看待和认识教学原则,是我们对待教学原则的一个基本观点。因为任何的理论形成都离不开人类的实践活动,作为教育理论的教学原则也不例外。

其次,教学原则带有明显的教育观点的倾向性。由于各国文化背景的发展过程不同,而且在不同时期的观点、思潮也不一样,因而在教育研究历史上形成了许许多多不同的教育学流派,他们各自的学说都有自己的教育观,所以反映在教学原则上,也产生了风格迥异的教学原则体系。如赞可夫在其"最近发展区"理论下形成"双高"等教学原则,布鲁纳在其认知学派的教育心理观下则提出了"动机"、"结构"等原则,而巴班斯基则通过其教学过程最优化理论给出了相应的教学原则体系。因此,尽管同样是对教育的客观规律的揭示,教学原则也不一定完全以相同划一的教条式的形式出现,而应是在众多的教育思想、教育理论观点下尽量呈现内容丰富、形式多样的教学原则,这样反而有利于人们针对不同时期、不同文化背景和不同教育特征,通过理解、认识这些多样化的教学原则来把握具体教育情境中的教育本质。

最后,教学原则是发展变化和完善的。教育不仅具有地域、文化上的差别,而且也具有明显的历史发展性。在其发展过程中,虽然保持了延续和继承的特点,但更重要的是要看到它的变化、发展的要求,因为教育的内在规律总是不断地被认识、发现和揭示的,随着社会的变革、科技的发展,为整个社会服务的教育理论,在其观念上也需不断地调整和完善,所以其所反映的相应的教育原则,也是发展变化和不断完善的。因此,我们不应抱守教学原则一成不变,生搬硬套,而要以一种辩证的、变化的态度对待教学原则,更为合理、有效地利用教学原则来指导具体的教学活动,提高教学质量。

4.1.2 教学原则与教学规律

教学规律是不依人们的意志为转移的客观存在,是教学过程中固有存在的、本质的、必然的联系。对于客观规律,人们只能发现、掌握和利用,而不能取消、改造和制造。

教学原则不同于教学规律,它是由人们制定的,是属于主观意识形态的东西。人们可以从不同角度,多个侧面反映教育规律,由此而形成各具风格的教学原则。因此,与教学规律相比,教学原则带有明显的个别性和特殊性。

但是,两者又具有密切的联系,教学原则的形成必须以教学规律为基点,也就是说,教学规律是制定教学原则的客观依据和基础;而科学的教学原则,则应是教学规律的正确体现和恰当反映,否则应予以坚决的摒弃。

4.1.3　教学原则与教学原理、教学方法

教学原理属于一个大的教育概念范畴,它是指对教学的目标、内容、过程、方法以及组织形式等等,展开研究而形成的一般性结论。教学原理是一个宽泛的概念,所涉范围很广,因此教学原则应属于教学原理的概念范畴,主要是对教学过程的本质联系加以分析研究而形成的一般原理,显然只是教学原理的一部分,所以与教学原理相比教学原则要具体得多,它既是教学实践的经验总结,也是教育实验研究的结果,同时可反过来运用于新的教学实践,指导教学实践。

另外,教学原理是对教学规律的说明和阐述,其内容相对稳定、正确和统一。与教学原理不同,教学原则因带有明显的实践性和特殊性,所以离开特定时期、特定教育情境,抽象地、绝对地谈论教学原则是错误的。例如,对于杜威的实用主义教学论提倡的"在做中学"的教学原则,我们就应客观、辩证地,而不是片面、绝对地理解其主张的观点,取其积极的教育思想实施于具体的教学活动之中。

教学方法是教学实践中形成和发展起来的能够促使教学目的达成的具体办法,按现在的一般说法是,所谓教学方法就是教师引导学生掌握知识技能、获得身心发展而共同活动的方法,它既包括教的方法也包括学的方法。

显然,教学方法也属于教学原理的概念范畴,但与教学原则不同,教学方法强调具体方法的操作,其中虽然无不包含教学思想、教学原理和教学原则的内容,但它是这些基本原理贯彻于教学过程末端的具体表现形式,是教育理论在教学活动中的集中体现。例如,认知学派布鲁纳在"动机"、"结构"等原则的指导下,提出"发现式"教学方法。因此,教学方法既有别于教学原则,但也与之存在某种深刻的联系,因为许多教学原则是通过具体的教学方法来实现它的要求的,离开教学方法来谈论、贯彻和实施教学原则,是不切实际的,是教学空洞化的典型表现。

4.2 中学数学教学原则相关案例分析

中学数学教学原则的形成受制于如下三个要素:一是教育学意义上的一般教学原则,二是数学学科本身的特点,三是数学教学的实践活动。

在这一节中,我们试图通过数学教学的实际案例分析数学教学原则。当然,正如我们在前节述及的,教学原则具有自身的特点,对于在具体的数学课程教学活动中形成的数学教学原则同样具有实践性、倾向性和发展性等特点,因此在这里我们所关注的有关数学教学原则也反映了本教材的主张和特色,希望大家也能以实事求是的、辩证的和发展的眼光来看待数学教学原则,在数学教学活动中灵活地、恰当地运用。

课题一

一、课题名称:经过三定点的圆(注:"师"代表教师,"生"代表学生)

(提出问题)

师:有一破损的圆形铁轮,现要重新浇铸一个,需先画出圆形铁轮的轮廓线,怎么画出这个圆呢?

师:确定一个圆的基本条件是什么?

生:圆心和半径(半径定圆的大小,圆心则定下了圆的方位)。

(分析各种情况)

师:经过一个已知点 A,可以画多少个圆?这些圆的圆心可在哪里?

生:经过一个已知点 A 可以画无数个圆。平面上的任意点(除点 A 以外)都可为圆心。

师:经过两个已知点 A、B 可以画多少个圆?这些圆的圆心又可在哪里?

生:经过两个已知点 A、B 也可以画无数个圆。这时,只有线段 AB 中垂线上的点才可以作为圆心。

师:那么,经过三个已知点 A、B、C 可以画多少个圆?如果能画,怎样画出这样的圆呢?

（启发诱导）

师：数学上经常会碰到这样较复杂的情形，通常是这样处理的：先退一步，暂不考虑 C 点，只先考虑经过 A、B 两点（的圆），这时，圆心应在什么地方呢？

生：AB 的中垂线上。

师：然后，你选其上一点为圆心画圆，看它能否经过 C 点。这样一点点地试，请动手吧！

师：这样试，手续繁了一点。有直接一点的办法吗？调换一个角度来看呢？

生：噢！换一个角度，先考虑只经过 B、C 两点，这时，圆心应在 BC 的中垂线上。这样，经过 A、B、C 三点的圆的圆心，既在 AB 的中垂线上，又在 BC 的中垂线上，应是这两条线段的中垂线的交点。

（进一步探讨）

师：这样两条线段的中垂线一定相交吗？也就是说，有不相交的时候吗？

生：什么时候平行呢，噢！当 A、B、C 三点成一直线时，经过这三点的圆就不存在。

生：当 A、O、C 三点不在同一直线上时，两条线段 AB、OC 的中垂线一定相交，且交点只有一个，即经过这样的三点可以画一个圆。

（分析处理有关资料，发现规律性）

师：我们把这一段共同探索中获得的资料加以分析整理。通过以上讨论，你能得出哪些有意义的结论？你能将你的发现写成一个确切的命题吗？

生：经过不在同一条直线上的 3 个点可以画一个圆。

生：不在同一条直线上的 3 个点确定一个圆。

师：这是圆的基本性质之一，在生活、生产与进一步学习中有广泛的应用。定理中为什么要加上"不在同一条直线上"这个条件？"确定"两字的含义又是什么？

（总结）

师：我们来回顾总结一下，问题解决过程中有一般意义的东西！我们的核心问题，可以抽象为：

已知：不在同一直线上的三点 A、B、C，求作：一个点 O，使 $OA = OB = OC$。

通过上面的讨论，我也可以把它转化成如下问题：

已知：不在同一直线上的三点 A、B、C，

求作：一个点 O，使 $\begin{cases} OA = OB, \\ OB = OC。 \end{cases}$

这样的变形看起来好像没有什么变化，但由前面的探索，可以看出它实际上给我们提供了一种解决这一问题的思考方法，即：

先不顾 $OB = OC$ 的要求，满足 $OA = OB$ 的点，即到 A、B 两点等距离的点，既不能完全确定，也不是完全自由的，它被限制在 AB 的中垂线上；同样，暂时不顾 $OA = OB$ 的要求，而考虑满足 $OB = OC$ 的点的位置，这样我们就发现某个点既在一条轨迹上又在另一条轨迹上，从而这个点就在它们的交点位置，在几何中，我们把这种解题模式叫做"双轨迹模式"。

二、供思考的问题

1. 上述数学教学的实际课例反映了什么样的数学教学特点？

2. 这样的教学设计包含着什么样的一般教学原则？为什么？

3. 通过上述案例的分析，你认为提出一个什么样的数学教学原则较为合适？

三、对上述问题的初步分析

1. 上述数学教学的实际课例反映了什么样的数学教学特点？

数学的研究对象可以说是形式模型，也就是我们所说的数学模型，这是数学区别于其他学科的一个主要特征。例如，一元二次方程的一般形式 $ax^2 + bx + c = 0$ 及其解的求法就是一个数学模型，又如椭圆的标准方程 $\dfrac{x^2}{a^2} + \dfrac{y^2}{b^2} = 1$ 也是一个数学模型，其实，我们可以把数学公式、定理等都看成数学模型。

但是，任何数学模型都有一个形成过程，它必定来源于某个现实背景。因此，数学教学必须挖掘与数学模型相关的现实原形，关注这个由现实背景到数学模型的形成过程，让学生充分体会到数学形式化过程的特点和规律，这对学生的数学意识的形成，数学思维的发展是至关重要的。所以，数学教学的一个非常重要的特点就是如何促成数学现实背景和数学形式模型相结合。

在上述的教学案例中,"不共线三点决定一个圆"作为一个数学模型,对初中学生依然具有形式抽象的特点,因此如何让学生理解这一相对抽象的数学事实,通过相应的现实背景来切入问题,以及展示这一数学模型的形成过程等,都是必须予以重视的环节,而在此教学设计中这些环节都有较为明显的体现。

2. 这样的教学设计包含着什么样的一般教学原则? 为什么?

上述教学设计通过实际问题的导入,对问题的各种情形加以分析和讨论,体现了教育学理论上的一般教学原则——教学的直观性原则和教学的可接受性原则的贯彻和实施。所谓教学的直观性原则,是指在教学中要通过学生观察所学事物或教师语言的形象描述,引导学生形成所学事物、过程的清晰表象,丰富他们的感性知识,从而使他们能够正确理解书本知识和发展认识能力。直观性原则反映了人的认识的基本规律。夸美纽斯的一席话也许将会给我们一些启示:"凡是需要知道的事物,都要通过事物本身来进行教学;也就是说,应该尽可能地把事物本身或替代它的图像放在面前,让学生看看、摸摸、听听、闻闻等等。"乌申斯基也曾说道:"一般说来,儿童是依靠形式、颜色、声音和感觉来进行思维的。"因此在数学教学中,教学的直观性原则的实施具有重要意义。

所谓教学的可接受性原则,是指教学的内容、方法、分量和进度要适合学生的身心发展,是他们能够接受的,但又要有一定的难度,需要他们经过努力才能掌握,以促进学生的身心发展。其含义包含两方面的要求,一是在教学中注意适应学生发展的具体状况,如墨子所说的,"夫智者必量其力所能至而从事焉";二是在教学中注意学生发展的可能与趋势,如赞科夫的"最近发展区"理论提倡的高难度、高速度的"双高"原则。

3. 通过上述案例的分析,你认为提出一个什么样的数学教学原则较为合适?

针对上述讨论,注意到数学发展的特点和规律,在分析了数学教学的特点之后,我们主张的第一条数学教学原则便是,数学理论现实化的教学原则。这一教学原则的基本要点有:

(1) 充分注意到数学理论的高度抽象性和形式化的特点,这一特点是数学区别于其他学科的重要特征,关注这一特征的目的是为了

防止产生"为数学而数学,从抽象到抽象"的习惯倾向;

（2）通过创建现实背景、展示抽象化的过程来化解数学理论高度抽象所带来的在理解上的困难;

（3）现实背景既要与数学抽象模型密切相关,更要符合学生的思维规律和生活习惯。

课题二

一、课题名称:抛物线的定义（注:"师"代表教师,"生"代表学生）

（现实背景的切入）

师:1766 年,天文学家提丢斯根据已知的太阳系六颗行星与太阳的平均距离制得下表:

行　星	水　星	金　星	地　球	火　星	？	木　星	土　星
距　离	4＝4＋0	7＝4＋3	10＝4＋6	16＝4＋12	28＝4＋24	52＝4＋48	100＝4＋96

按照上述所测数据,天文学家产生一个疑问,那就是,根据数据的排列规律,火星的数据 16 和木星的数据 52,有一个断点,其数据应该是 28,由此天文学家们断言:在火星和木星之间,对应于 4＋24 这一数值轨道上一定存在着尚未发现的行星。于是,数学家高斯推算出相应的轨道方程,而天文学家则进行艰苦的天文搜索,终于在轨道上发现了一大批小行星。原来,这里确曾有过一个行星,只是早在"若干年"前爆炸成了现在的这个小行星带。

这就是说,人们往往透过某些具体的现象来推测、发现,从而进一步证实隐藏在这些现象背后的规律性的东西。对于数学上的某些规律也可能是由同样的方法探测而得的。

（问题的提出）

师:当 α 从 $0°$ 到 $180°$ 变化时（即 $0°<\alpha<180°$）,曲线 $x^2+y^2\cos\alpha=1$ 怎样变化?

生:当 $0°<\alpha<90°$ 时,曲线 $x^2+y^2\cos\alpha=1$ 表示椭圆;当 $90°<\alpha<180°$ 时,曲线 $x^2+y^2\cos\alpha=1$ 表示双曲线。

师:回答得很好,但是不是遗漏了什么?

生:当 $\alpha=90°$ 时,曲线 $x^2+y^2\cos\alpha=1$ 变成了 $x^2=1$,它表示两

条平行直线 $x=1$ 和 $x=-1$。

师：很好。这个问题的讨论，带给我们的是参数变化连续性的启示，就像天文学家注意到太阳系六颗行星与太阳的平均距离数据的变化连续性一样。

（启发诱导）

师：同学们，我们前面已经讨论了"到定点和到定直线的距离之比为定值的点的轨迹问题，即如果定值 e 满足 $0<e<1$，那么轨迹为一椭圆；如果定值 e 满足 $e>1$，那么轨迹为一双曲线。那么通过刚才的讨论，同学们是否有什么疑问或者想法呢？

生：可以预测，当 $e=1$ 时，必有介于椭圆和双曲线之间的某一特定曲线存在。

师：对，很好。同学们都成天文学家了（笑）。那么这一特定的曲线是什么呢？换言之，就是要解决下面的轨迹问题，大家可以试试。

（提出中心问题）

师：求到定点 F 及定直线 l（不过 F）的距离相等的点的轨迹。

这一问题既没有给出定点坐标及定直线方程，也不像椭圆和双曲线那样，已有标准方程作为参照系，我们大家都有什么想法呢？请同学们尝试着建立坐标系，来导出曲线方程。

（分析各种情况）

生：经过归类大致有如图 4-1 所示的三种方案。

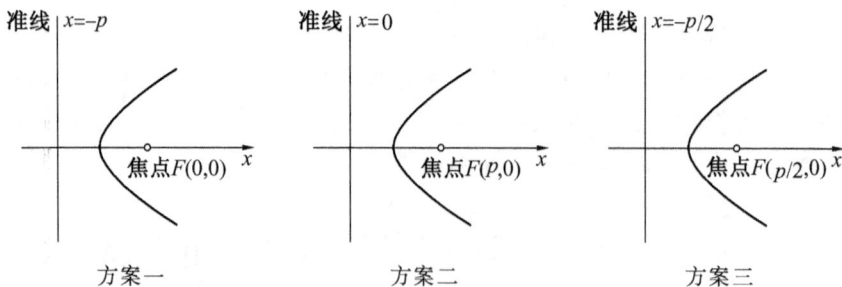

准线 $x=-p$　　焦点 $F(0,0)$　　方案一

准线 $x=0$　　焦点 $F(p,0)$　　方案二

准线 $x=-p/2$　　焦点 $F(p/2,0)$　　方案三

图 4-1

方案一方程为：

$$y^2 = 2p\left(x+\frac{p}{2}\right)$$

方案二方程为：

$$y^2 = 2p\left(x-\frac{p}{2}\right)$$

方案三方程为：

$$y^2 = 2px$$

师：显然，以第三种方案为最佳，它充分体现了数学的简洁美，我们就把它作为抛物线的标准方程。

椭圆、抛物线、双曲线都同属圆锥曲线，它们的方程也都是二元二次方程。这样我们就可以用"到定点和定直线的距离之比为常数 e 的点的轨迹"来统一定义圆锥曲线，而且根据常数 e 的取值范围不同，区分出了三种不同类型的曲线。

（进一步探讨）

但遗憾的是，作为最简单的圆也应属于圆锥曲线，却没有包含其中。这就是说，我们在上面的讨论中是不是还有遗漏呢？

生：嗯……（默思）我们遗漏了 $e = 0$ 的情形。

师：很好。但是，常数 e 能等于零吗？

（总结）

师：根据 $e = \dfrac{\text{动点到焦点的距离}}{\text{动点到准线的距离}}$，当动点到准线的距离越来越远的时候（此时动点到焦点的距离保持不变），也就越来越接近 0。因此，我们可以把圆看做是准线在无穷远处，焦点即为圆心的一种特殊的圆锥曲线，即当 $e = 0$ 时，圆锥曲线代表一个圆。

这样我们在"太阳系的轨道"上，即当 $e \in [0, +\infty)$ 时，找到了所有的"行星"：

$e = 0$	$0 < e < 1$	$e = 1$	$e > 1$
圆	椭圆	抛物线	双曲线

二、供思考的问题

1. 上述数学教学的实际课例反映了什么样的数学教学特点？

2. 这样的教学设计包含着什么样的一般教学原则？为什么？

3. 通过上述案例的分析，你认为提出一个什么样的数学教学原则较为合适？

三、对上述问题的初步分析

1. 关于数学教学的特点（同上）。

2. 这样的教学设计包含着什么样的一般教学原则？为什么？

上述教学案例也是由实际背景切入而提出相应的数学问题，并且层层递进,对所提问题逐步加以分析,学生的思维异常活跃,明显地体现了教育学理论上的另一个教学原则——启发性原则。所谓教学的启发性原则,就是在教学中突出学生的主体性特征,注重调动学生的学习主动性,引导他们独立思考,积极探索,生动活泼地学习,自觉地掌握科学知识和提高分析问题、解决问题的能力。

这一教学原则提醒我们注意的有:教师的讲述不能替代学生的思考,教师的示范不能替代学生的探索,教师的分析不能替代学生的讨论。只有把握好这几个要素,才能使启发式教学不流于形式。只有真正理解启发式的含义,才能在具体的教学中恰当有效地实施启发性教学原则。

古今中外的许多教育家在这点上都曾阐述了他们自己的观点。如,孔子就曾说道:不愤不启,不悱不发。《学记》中则指出:道而弗牵,强而弗抑,开而弗达。细细品味这些精辟的话语,我们将对启发性教学思想体会更深。古希腊哲学家、思想家苏格拉底则采用著名的"催产术"来进行教学,即通过问答的方式启发、引导学生最终获得正确答案,他把教师的这种诱导、领引学生探索问题、解决问题的做法比做"助产",同样也能帮助我们更为深刻地理解启发式教学的含义。19世纪德国著名的民主主义教育家第斯多惠认为启发式的学习方法是唯一正确的方法,他曾说道:一个坏的教师奉送真理,一个好的教师则教人发现真理。

3. 对数学教学原则的思考(同上)。

课题三

一、课题名称:相似三角形性质定理的应用(注:"师"代表教师,"生"代表学生)

(提出问题)

师:在 Rt$\triangle ABC$ 中,斜边 BC 上的高 AD 与内角平分线 BE 相交于点 F(图 4-2),求证:

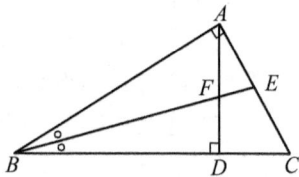

图 4-2

$$AF \cdot FD = \frac{1}{2}BF \cdot FE$$

我们知道,运用相似三角形的性质定理能够证明线段比例式。

然而本题的结论却是一个线段等积式,怎样达到证明的目的呢?

（引导学生探讨与思索）

师:针对此问题的具体情况,我们可发现问题中包含三个要素:乘积式、比例式和相似形,如何寻求它们之间的关系,是解决本问题的一个关键目标,对此我们一般有两条思维线索:

（1）逆探:$a \cdot d = b \cdot c \Rightarrow \dfrac{a}{b} = \dfrac{c}{d} \Rightarrow \triangle \backsim \triangle$,即:乘积式→比例式→相似形。

（2）顺推:$\triangle \backsim \triangle \Rightarrow \dfrac{a}{b} = \dfrac{c}{d} \Rightarrow a \cdot d = b \cdot c$,即:相似形→比例式→乘积式。

（注:教师在此强调指出,乘积式、比例式、相似形三位一体,由此及彼）

（探求）

生:（思路1）由 $AF \cdot FD = \dfrac{1}{2} BF \cdot FE \Rightarrow \dfrac{AF}{FE} = \dfrac{\frac{1}{2} BF}{FD}$ 。

师:怎样得到 $\dfrac{1}{2} BF$ 呢?

生:取 BF 的中点 P ,那么 $PF = \dfrac{1}{2} BF$,即要证明 $\dfrac{AF}{FE} = \dfrac{PF}{FD}$,考虑到 $\angle 1 = \angle 2$,只需要证明 $\triangle AFE \backsim \triangle PFD$ 即可(图 4－3)。

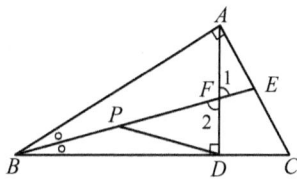

图 4－3

（启发诱导）

师:思路1中的 $\dfrac{1}{2}$ 是与 BF 结合在一起的,而成为 $\dfrac{1}{2} BF$,因而才有了取 BF 中点 P 的举动。那么 $\dfrac{1}{2}$ 还可以与谁结合在一起呢?

生:（思路2）由 $AF \cdot FD = \dfrac{1}{2} BF \cdot FE \Rightarrow \dfrac{AF}{\frac{1}{2} FE} = \dfrac{BF}{FD}$,取 FE 的中点 P ,那么 $FP = \dfrac{1}{2} FE$,即要证明 $\dfrac{AF}{FP} = \dfrac{BF}{FD}$,只需要证明 $\triangle AFP \backsim$

△BFD 即可(图 4-4)。

师：FE 的中点 P 的出现，不仅满足

了 $FP = \frac{1}{2}FE$ 的要求，更重要的是，由

于点 P 是等腰三角形 AFE 底边 FE 的

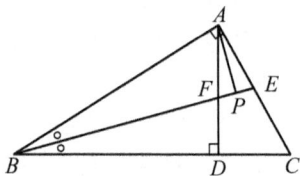

图 4-4

中点，得到了 $AP \perp FE$，即△AFP 为一

个直角三角形，这样要证明结论就显得

非常容易了。

师：如果换一种角度思考，我们也可以在待证等式的两边同乘以

2 而得到如下等式：$2AF \cdot FD = BF \cdot FE$，那么怎么证明它呢？

生：(思路 3) $2AF \cdot FD = BF \cdot FE \Rightarrow \frac{2AF}{FE} = \frac{BF}{FD}$，延长 FA 至 P，

使得 $FP = 2FA$，接下去关键是证明△PFE∽△BFD(图 4-5)。

生：(思路 4) $2AF \cdot FD = BF \cdot FE \Rightarrow \frac{AF}{FE} = \frac{BF}{2FD}$，延长 FD 至 P，

使得 $FP = 2FD$，只要证明△AFE∽△BFP 即可(图 4-6)。

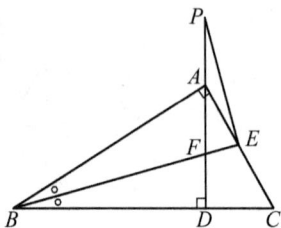

图 4-5

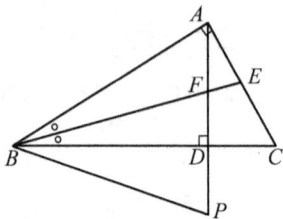

图 4-6

(小结归纳)

师：在上述四种思路中，都用到了图形中的条件 $AE = AF$，从中

我们可以发现，解决几何问题时要注意分析几何图形的特点，挖掘并

利用图中隐含的条件，这样才能洞察几何图形中的内在联系。对于

上述例子，我们正是抓住了下面几个要点，才把握住了这个几何问题

的本质：

(1) 积的形式向比例式的转化；

(2) 灵活进行倍、分的组合；

(3) 倍、分关系(代数关系)在线段平分关系(几何关系)上的

反映。

因此,解决几何问题中辅助线的添加或几何图形的变化,包含着较高的策略和技巧,不能凭空想像,只有深刻地把握住图形的特点与问题的目标,对在几何上作适当、合理的变形,问题才得以顺利地解决。

二、供思考的问题

1. 上述数学教学的实际课例反映了什么样的数学教学特点?

2. 这样的教学设计包含着什么样的一般教学原则?为什么?

3. 通过上述案例的分析,你认为提出一个什么样的数学教学原则较为合适?

三、对上述问题的初步分析

1. 上述数学教学的实际课例反映了什么样的数学教学特点?

数学的发展离不开逻辑的支持,数学理论的叙述要求严谨、精确,数学结论的证明要做到缜密、完整,所有这些可以说是数学的重要特点,但显然逻辑演绎决不是数学的唯一特点。特别是从数学历史的发展角度来看,"任何一种新的数学理论,只靠严谨的逻辑演绎是'推'不出来的……"也就是说,如果只有逻辑演绎,数学是不会有任何进步的。数学发展的内在动力来自解决问题,在解决问题的探索过程中,有新想法的产生,新方法的发现,又有新的数学策略和技巧的涌现,更有新的数学思维的形成。所以,数学中的另一个更为重要的特点乃是数学中的丰富想像力和创造力。"数学主要是对事物的一种认识、一种理解,数学思想和数学观念,以及与之相联系的数学方法,乃是数学主导方面。"

数学的特点是如此,数学教学的特点也是如此。而且在数学教学中,我们需要尽量展示数学理论的形成过程,了解其中的数学思维策略和问题解决的方法技巧。由此看来,数学教学的另一个重要的特点就是要求数学的策略创造与逻辑演绎相结合。而传统的数学教学过多地注重逻辑演绎,花大力气加强程序步骤的训练,强调逻辑思维的严谨要求,这样做固然对学生思维的严密化是有好处的,但万事都要讲究度的把握。况且,提高学生的数学思维能力,发展学生数学策略创造能力,是数学教学的一个主要目标,因此数学教学的另一个特点是在训练逻辑演绎基本思维规律程序的基础上,强调数学的策略创造,即"数学教学中,策略创造处于主导方面,逻辑演绎则是基础方面,两者的结合才算完美,忽视任何一方面都是不明智的"。

上述教学案例,正是在几何逻辑基本要求的前提下,充分展示了数学思维的特点,分析了解决几何问题的基本策略和方法,并且为学生提供了较多的创造发展的机会和空间,非常明显地体现了"数学的策略创造和逻辑演绎相结合"这一个数学教学特点。

2. 这样的教学设计包含着什么样的一般教学原则? 为什么?

在上述数学教学案例中,我们可以发现也有多项一般教学原则的贯彻与实施。比如,在设计时注意到了对问题背景的交代——相似三角形的应用,同时提出了问题目标的差距,为"激疑"做了必要的铺垫。同时在问题解决的探索过程中,不断提出新的问题,启发学生进行主动积极地思考,问、疑、思连贯一致,可以说这一教学设计能够体现启发性教学原则的落实。

同时,通过这样的方式加强对数学知识点的具体应用,有利于学生对相应数学原理的进一步巩固。因此,在这一教学设计中还体现了另一个教学原则——巩固性原则。巩固性原则是指教师要引导学生在理解的基础上牢固地掌握知识和技能,长久地保持在记忆中,根据需要迅速再现出来,以利知识技能的运用。

这一原则经过许多教育家的通俗描述,可以让我们更加深刻地认识它的含义。譬如,孔子曰:学而时习之,就明确地道出了通过应用来达到巩固所学、掌握所学的重要意义。而"温故而知新"则说明了旧知识和新知识的密切关联性,同时也指明了复习巩固已学知识对进一步理解和学习新知识的促进作用。另外 19 世纪俄罗斯著名的教育家乌申斯基也曾指出:复习乃学习之母。

当然,在具体教学中,我们应准确把握巩固性原则的含义。事实上,复习巩固不是简单的重复,不是死记硬背。按照数学理论形成过程的阶段划分,在数学理论的发现、引入阶段,我们应该尽量使学生在数学心理上得到体验,通过体验来进行记忆。心理学理论告诉我们,体验越深记忆越牢固;在数学理论的形成阶段,使学生在数学思想上引起共鸣,通过思考来提高记忆。思考是体验的延续,思考的过程是身心投入数学、理解数学的过程,一般来说,理解越深刻,对理论的掌握自然越加巩固;而在数学理论的应用阶段,则要求学生通过运用来加强记忆,使学生在数学思维上加以提高。运用数学理论是对数学理论掌握情况的集中检验,也是学生学习数学的一次重要心理自我肯定的过程,一次成功的运用反过来对学生业已掌握的理论进一步巩固产生非常重要的意义。只有这样做,学生的知识巩固才能具备坚实的基础,从而获得长久的巩固。因此,我们所理解的巩固性原则,其精神实质应是把巩固贯穿于数学学习的全过程,并在巩固中不断提高。

3. 通过上述案例的分析,你认为提出一个什么样的数学教学原则较为合适?

基于上述对巩固性原则的认识以及对数学教学的重要特点——数学的策略创造和逻辑演绎相结合的把握,我们发现策略和逻辑正是数学的两条腿,离开了任何一条腿,数学"巨人"将不能向前迈出一步。同时,这一特点也体现了数学的发展规律。因此,在数学教学中,我们不得不重视数学教学的这一特点,由此,我们提出的第二条数学教学原则是,基础训练和能力发展相结合的数学教学原则。

对于这一数学教学原则,首先,我们要注意的是基础训练在数学教育中的地位和意义问题。基础知识的训练固然重要,这是不言而喻的,但主要是以往在认识上存在偏差。一是认为固定的解题程序、简单的模仿套用是数学学习的全部内容,不重视数学思维中的灵活性和策略性,忽视数学学习中的创造性和探索性,把数学活动的生动、活泼和形象、趣味丢失殆尽,取而代之的是枯燥、乏味和烦琐、重复的机械程式;二是把"应试的手法"当作数学学习的策略方法,仿例子,套程序,押考题的风气盛行,而深入透彻理解数学中的思想内涵和精神实质,主动思考数学、发现数学和运用数学似乎没有多大的市场。虽然这些现象的直接原因是"应试教育"所带来的,但这与数学教育观念上的偏差是不无关联的,是教育上急功近利的突出表现。

其次,在"能力发展"的认识上也存在偏差。一是认为"能力发展"和基础训练是两件无关的事,先把"基础训练"搞好了,再去搞"能力发展",两者成了两个环节,目前采用的"基础卷"和"能力卷"分而测试的做法就是这一观点所导致的结果。但这两个方面是不应该分离而且是不能分离的。二是误把"能力发展"当作"基础训练"的加深。例如,所谓"能力题"就是在"基础题"的基础上增加难度和深度。

事实上,数学教学的过程既是学生数学基础知识的掌握过程,更是学生认知结构不断完善、数学能力不断发展的过程,训练和策略,知识和能力以及基础和发展的任何割裂都是不可取的。

课题四

一、课题名称:反正弦函数(注:"师"代表教师,"生"代表学生)

1. 引入

师:(提出问题)满足下列等式且在指定范围内的值有多少个? 它的值是多少?

(1) $\sin x = \dfrac{1}{2}$, $x \in \left[-\dfrac{\pi}{2}, \dfrac{\pi}{2} \right]$;

(2) $\sin x = \dfrac{\sqrt{2}}{2}$, $x \in \left[-\dfrac{\pi}{2}, \dfrac{\pi}{2} \right]$;

(3) $\sin x = \dfrac{\sqrt{3}}{2}$, $x \in \left[-\dfrac{\pi}{2}, \dfrac{\pi}{2} \right]$;

(4) $\sin x = 0$, $x \in \left[-\dfrac{\pi}{2}, \dfrac{\pi}{2} \right]$;

(5) $\sin x = -\dfrac{1}{2}$, $x \in \left[-\dfrac{\pi}{2}, \dfrac{\pi}{2} \right]$;

(6) $\sin x = -\dfrac{\sqrt{2}}{2}$, $x \in \left[-\dfrac{\pi}{2}, \dfrac{\pi}{2} \right]$;

(7) $\sin x = -\dfrac{\sqrt{3}}{2}$, $x \in \left[-\dfrac{\pi}{2}, \dfrac{\pi}{2} \right]$;

生:经过计算,满足 $\sin x = a$, $x \in \left[-\dfrac{\pi}{2}, \dfrac{\pi}{2} \right]$ 的 x 的值只有一个。

师:在 $\left[-\dfrac{\pi}{2}, \dfrac{\pi}{2} \right]$ 内使下列等式成立的 x 值有几个? 不查三角函数表,你能否求出 x 的值?

(1) $\sin x = \dfrac{1}{3}$;　　　　(2) $\sin x = \dfrac{2}{3}$;

(3) $\sin x = -\dfrac{1}{3}$;　　　　(4) $\sin x = -\dfrac{2}{3}$

师：(分析)用正弦函数在 $\left[-\dfrac{\pi}{2},\dfrac{\pi}{2}\right]$ 上的图像与 $y=a(\,|\,a\,|\,\leqslant$

1) 只有一个交点来说明 x 值只有一个。而且由于 $\dfrac{1}{3},\dfrac{2}{3}$ 都不是特殊

角的正弦值,因此不查三角函数表难以求出它们的值。为了表示上述等式中的值,我们引入新的数学符号,即

$$\sin x=\frac{1}{3}\left(x\in\left[-\frac{\pi}{2},\frac{\pi}{2}\right]\right)\quad\Leftrightarrow\quad x=\arcsin\frac{1}{3}$$

师：试用反正弦符号表示上述(2)(3)(4)中的 x 值。

师：注意,$\arcsin a$ 表示唯一确定的角,而且这个角属于 $\left[-\dfrac{\pi}{2},\dfrac{\pi}{2}\right]$。

师：(要求学生自己独立解答问题)计算下列各式的值：

(1) $\arcsin\dfrac{1}{2}$；　　　　(2) $\arcsin\left(-\dfrac{1}{2}\right)$；　　　　(3) $\arcsin\dfrac{\sqrt{2}}{2}$；

(4) $\arcsin\left(-\dfrac{\sqrt{2}}{2}\right)$；　　(5) $\arcsin(-1)$；　　　　(6) $\arcsin2$。

师：(提问)如果 $|\,a\,|>1$,那么 $\arcsin a$ 是否有意义? 为什么?

生：设 $\arcsin a=x$,则 $\sin x=a$,由于 $|\,a\,|>1$,所以满足等式 $\sin x=a$ 的 x 不存在,即如果 $|\,a\,|>1$,那么 $\arcsin a$ 无意义。

2. 辨析

师：求下列各式的值：

(1) $\sin\left(\arcsin\dfrac{1}{2}\right)$；　　　　(2) $\sin\left(\arcsin\dfrac{\sqrt{2}}{2}\right)$；

(3) $\cos\left(\arcsin\dfrac{4}{5}\right)$；　　　　(4) $\sin\left(\arcsin\left(-\dfrac{1}{2}\right)+\dfrac{\pi}{3}\right)$；

(5) $\tan\left(\arcsin\dfrac{3}{5}\right)$；　　　　(6) $\sin2\left(\arcsin\dfrac{1}{6}\right)$。

师：(评价)获得此题解答的关键是我们将 $\arcsin a$,如 $\arcsin\dfrac{1}{2}$ 视为一个角。在获得这一认识之后,我们就可以利用求同角三角函数值的知识和方法来解决与反正弦有关的问题。

师：对于任意实数 x,$\sin(\arcsin x)$ 是否有意义? 为什么?

生：如果 $|\,x\,|>1$,那么 $\arcsin x$ 无意义。

师：当 $|x| \leqslant 1$ 时，等式 $\sin(\arcsin x) = x$ 是否恒成立？

生：恒成立。设 $\arcsin x = \alpha$，则 $\sin\alpha = x$，所以 $\sin(\arcsin x) = \sin\alpha = x$。

师：等式 $\sin(\arcsin x) = x$ 在 $|x| \leqslant 1$ 的条件下恒成立，故可以将它作为一个数学公式使用。

师：（要求学生思考）$\sin(\arcsin x)$ 与 $\arcsin(\sin x)$ 中的 x 的取值范围分别是什么？$\arcsin(\sin x)$ 是否恒等于 x？举例说明。

生：如 $\arcsin\left(\sin\dfrac{4\pi}{3}\right) = \arcsin\left(-\sin\dfrac{\pi}{3}\right) = -\arcsin\left(\sin\dfrac{\pi}{3}\right) = -\dfrac{\pi}{3}$，所以 $\arcsin(\sin x)$ 并不恒等于 x。

3．小结

师：本节课学习了反正弦符号及其应用。在应用该符号时应注意两点：① 符号 $\arcsin x$ 中的 x 是数，它的取值范围是 $[-1,1]$，否则无意义；② 在 $\arcsin x$ 有意义的情况下，它代表的是一个 $\left[-\dfrac{\pi}{2}, \dfrac{\pi}{2}\right]$ 上的角。

4．课外作业（略）

二、供思考的问题

1．上述数学教学的实际课例反映了什么样的数学教学特点？

2．这样的教学设计包含着什么样的一般教学原则？为什么？

3．通过上述的案例分析，你认为提出一个什么样的数学教学原则较为合适？

三、对上述问题的初步分析

1．上述数学教学的实际课例反映了什么样的数学教学特点？

数学作为一种文化具有自己的表达方式，即数学语言，而数学语言的一个重要特征就是符号化程度很高。数学的所有深刻思想内容都是通过简约的符号来表达的，但是符号化的程度越高，其形式化的特征越明显，因而在表现形式上就越抽象，从而数学让我们产生了抽象、难懂的印象，这大大地增加了我们学习数学的难度。因此，数学教学具有另一个与其他学科教学明显不同的特点就是，符号化的数学语言表达丰富深刻的数学思想。注意到数学教学的这一特点，对于我们做好数学教学工作至关重要。

虽然数学理论思想来自于人们长期的社会实践,而数学符号语言的形成也是经过漫长的历史演变而成的,但是经过人类几千年的文明努力,所有的数学思想内涵已经由一整套完美的符号语言精确地给予了表述,因此在具体的数学教学中,"我们不能用自然语言长篇大论地向学生介绍,而是用极为简明的符号、公式以及定义、定理加以描述。"然而,符号语言的抽象性、简洁性以及概括性让学生普遍感到困难,因而数学教学的一个重要任务就是如何促使学生正确理解和熟练使用数学语言,认真对待数学语言的教学,"要把数学教育当作一种语言教育来研究"。

在上述教学案例中,作为反正弦函数的第一课并没有首先去强调正弦函数在何种情况下存在反函数,甚至没有提到反正弦函数,而是把重点放在反正弦符号的教学上,这样的做法是重视数学语言教学的体现,也是符合学生学习反正弦知识的特点的。

在教学设计的处理上,不是简单地要求学生回忆有关的知识,而是通过相应的问题激发与反正弦符号的引入密切相关的知识,为新知识的学习做好了知识上的准备。通过设置种种问题情境,使学生很快获得对正弦等式与反正弦等式之间的联想,达到了解数学符号的来龙去脉,理解符号的本质含义的目的。同时还给出了多种辨析的环节,让学生在辨析中反思反函数符号语言的要点和重点。

2. 这样的教学设计包含着什么样的一般教学原则?为什么?

上述教学设计充分注意到了数学符号语言对于学生的高度抽象性的特点,运用<u>教学的直观性原则</u>,通过实际数学例子,对数学符号的来源,引用的缘由,以及表达的含义都予以了分析,因此,这一教学设计是教学的直观性原则在具体数学教学活动中的体现。同时,这一教学设计还体现了<u>教学的可接受性原则</u>,因为看似简单的数学符号具有高度形式化的特点,蕴藏在其背后的深刻的数学思想往往抽象程度很高,学生无法轻易理解。这一教学设计很显然注意到了这一点,从其采用的教学方式来看,能够反映出教学设计者是考虑了学生的理解水平和思维发展的特点的。

3. 通过上述的案例分析,你认为提出一个什么样的数学教学原则较为合适?

通过上述对数学教学的另一重要特点——符号化的数学语言表

达丰富深刻的数学思想的分析,我们认识到,数学教学的这一特点,在传统的数学教学中是被忽视的。不注意数学符号语言的高度抽象性的特点,不关注数学符号语言形成的过程,不重视使用数学符号语言的能力的培养,不重视学生学习数学语言的心理特征和思维规律等现象都是有待我们急需改变的。为此,我们提出的第三条数学教学原则为,学生的年龄特征和数学语言表达相适应的数学教学原则。

在运用这一数学教学原则时,我们需要注意的要点是,一是要注意数学语言培养的长期性的特点。在要求学生深刻理解数学语言、熟练使用数学语言的过程中,抓好基础,一步一个脚印,不急于求成,避免学生在没能充分理解数学符号语言的情况下,单纯为了追求速度而让学生死记硬背一堆数学公式或表达式,这样做只能使学生对数学符号语言停留在表面的认识上,头脑里全是大量数学符号公式的堆积,人为地造成记忆上的沉重负担。二是应该"从生动有趣,浅显易懂,具体描述的语言开始,逐步严密,加深,抽象成比较简约的语言。"即数学语言的培养也要注意由直观到形式,由具体到抽象的认识规律,采用台阶式形式化,螺旋式符号化的方式进行教学。三是要以重视一种语言的高度来重视数学符号语言的学习。事实上,从某种角度说,数学的发展历史也是数学语言的发展历史,因此数学的学习过程也可以说是数学语言的学习过程。退一步说,数学语言的学习至少是整个数学学习的一个重要部分和基础支持。有调查表明,许多学生在数学学习上产生的困难,源于在数学符号语言上的障碍。

【案例分析】

课题:等腰三角形的判定("师"代表教师,"生"代表学生)

师:我们已经学习了等腰三角形的性质,哪位同学来叙述一下?

生1:等腰三角形的两腰相等;等腰三角形的两个底角相等,简称等边对等角;等腰三角形顶角平分线、底边上的中线、底边上的高互相重合。

师:很好。下面有这样一个问题:如图4-7所示,$\triangle ABC$ 是等腰三角形,$AB = AC$,一不留心,它的一部分被墨水涂没了,只留下一

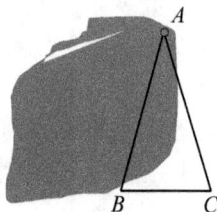

图4-7

条底边 BC 和一个底角 C。同学们想一想,有没有办法把原来的等腰三角形 ABC 重新画出来?大家试试看。

生 2:先用量角器量出 $\angle C$ 的度数,然后以 BC 为一边,B 为顶点画出 $\angle B = \angle C$,$\angle B$ 与 $\angle C$ 的一边相交得到顶点 A,如图 4 - 8 (1)所示。

生 3:取 BC 边上的中点 D,用三角板过 D 作 BC 的垂线,与 $\angle C$ 的一边相交得到交点 A,连结 AB,如图 4 - 8(2)所示。

师:很好! 刚才我看了一下,同学们大都想出了上面两种画法。第一种方法,用角相等的方法来画。第二种方法用过一边中点作垂线的方法来画,同学们,你们认为这样画出来的三角形都是等腰三角形吗?

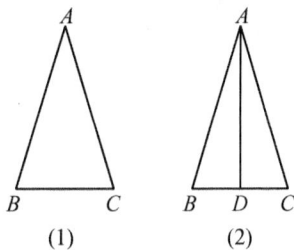

图 4 - 8

众生:是的。

师:为什么是等腰三角形呢? 这就是我们今天所要学习的内容——"等腰三角形的判定"。

师:要判定刚才作出的三角形是等腰三角形,应当给出证明。我们先分析第一种画法,即在两角相等条件下能否判定画出的是等腰三角形? 大家想一想,在这里已知是什么? 求证又是什么?

生 4:已知:在 $\triangle ABC$ 中,$\angle B = \angle C$,求证:$AB = AC$。

师:考虑一下,这个问题怎样来证明。已知告诉我们的是两个角相等,要求证明的是两条线段相等。那么,要证明两条线段相等,常用什么方法?

众生:三角形全等。

师:图上有吗?

众生:没有。

师:那怎么办?

众生:添辅助线。

师:同学们动手做一做,怎么添辅助线,又怎么证明? 把主要证明过程写下来。

生 5:作 $\angle A$ 的平分线 AT,交 BC 于 T,如图 4 - 9 所示,在 $\triangle BAT$

和 $\triangle CAT$ 中,

$$\because \begin{cases} \angle 1 = \angle 2(角平分线定义) \\ \angle B = \angle C(已知) \\ AT = AT(公共边) \end{cases}$$

$\therefore \triangle BAT \cong \triangle CAT$(角角边),

$\therefore AB = AC$(全等三角形对应边相等)。

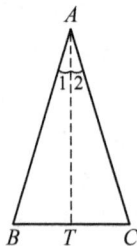

图 4 - 9

师:这位同学是添了 $\angle A$ 的平分线,通过"角角边"来证明三角形全等,从而得到 $AB = AC$,还有其他方法吗?

生 6:过 A 点作 $AD \perp BC$,垂足为 D,如图 4 - 10 所示。

$\because AD \perp BC$,$\therefore \angle ADB = \angle ADC$。在 $\triangle ADB$ 和 $\triangle ADC$ 中,

$$\because \begin{cases} \angle ADB = \angle ADC \\ \angle B = \angle C \\ AD = AD \end{cases}$$

$\therefore \triangle ADB \cong \triangle ADC$,

$\therefore AB = AC$(全等三角形对应边相等)。

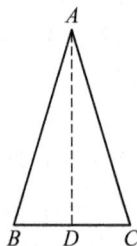

图 4 - 10

师:这位同学是作了 BC 边上的高 AD,两个直角三角形全等,然后得到对应边相等。还有其他方法吗?

生 7:作 BC 边上的中线 AM,如图 4 - 11 所示,用"边角边"证全等。

$\because AM$ 是 BC 边上的中线,$\therefore BM = CM$,在 $\triangle AMB$ 和 $\triangle AMC$ 中,

$$\begin{cases} BM = CM \\ AM = AM \\ \angle B = \angle C \end{cases}$$

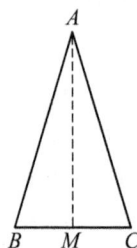

图 4 - 11

嗯……[这名同学发现不对,停顿不讲了,不少同学也纷纷指出他的错误,这是"边边角",不能证明三角形全等。]

师:经过证明我们知道,刚才大家通过画图获得的那个几何命题是正确的,它可以作为"等腰三角形的判定定理"。同学们能不能用

语言来正确叙述一下这条判定定理呢？

生 8：有两个底角相等的三角形是等腰三角形。

师：大家有不同意见吗？ 在没有说明它是等腰三角形之前，能不能讲"底角"？

众生：不能！

师：课本上讲的和同学们讲的似乎有些不同，但实质上是一致的。同学们讲的等腰三角形没讲明是哪两条边相等，课本上讲清楚了，是相等的角所对的边相等，所以这条判定定理又简称"等角对等边"。此外，能不能判定第二种画法画出的三角形也是等腰三角形呢？ 这个问题留给大家课后去考虑。有了这条判定定理，今后我们证明线段相等，又多了一种方法：在一个三角形中，如果角相等了，就可以得到所对的边也相等。下面我们一起应用这条定理来研究一些题目。先看第一个题目：

求证：如果三角形一个外角的平分线平行于三角形的一边，那么这个三角形是等腰三角形。

想一想，题设是什么？ 结论又是什么？ 如何写成已知、求证的形式？

生 9：题设是"三角形一个外角的平分线平行于三角形的一边"，结论是"这个三角形是等腰三角形"。

师：结合图 4 - 12，具体说一下。

生 9：已知：$\angle 1 = \angle 2$，$AE \parallel BC$，求证：$AB = AC$。

师：这个题目要求证明一个三角形中的两条边相等，应该怎样证？

众生：只要证两个角相等。

图 4 - 12

师：题目已知是 $\angle 1 = \angle 2$，能不能使已知的两个角相等和要证明的两个角相等建立联系？ 思考一下请同学们回答。

生 10：$\because AE \parallel BC$（已知），

$\therefore \angle 1 = \angle B$（两直线平行，同位角相等），$\angle 2 = \angle C$（两直线平行，内错角相等）；

$\because \angle 1 = \angle 2$（已知），

$\therefore \angle B = \angle C$（等量代换），

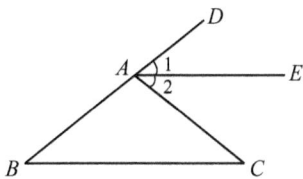

∴ $AB = AC$（等角对等边）。

师：很好。本题要求证△ABC 的两边 $AB = AC$，其实只要证明 $\angle B = \angle C$，由已知的角平分线性质就容易证出。接下来，我们研究第二个题目：

如图 4 - 13 所示，在 △ABC 中，$\angle B = \angle C, BD = CE$，求证 $\angle 1 = \angle 2$。

这个题目是证明两个角相等，看清 $\angle 1$ 和 $\angle 2$ 在图中的位置。请同学们画画、想想，如何充分利用已知条件。

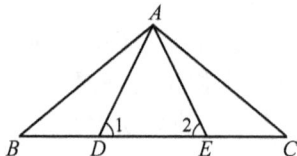

图 4 - 13

师：就做到这里，请哪位同学把你思考的主要过程讲一讲？

生 11：要证明 $\angle 1 = \angle 2$，就必须先证明 $AD = AE$，要得到 $AD = AE$，我是通过三角形全等的方法来解决的。

师：哪两个三角形？

生 11：△ABD 和△ACE。

师：你用什么方法证它们全等？

生 11：我是用"边角边"的方法。$AB = AC$，$\angle B = \angle C$，$BD = CE$。

师：条件中没有 $AB = AC$ 啊！

生 11：这在△ABC 中由 $\angle B = \angle C$ 可得。

师：这位同学根据已知条件 $\angle B = \angle C$，利用刚才学到的判定定理"等角对等边"得出了 $AB = AC$，再结合已知条件 $BD = CE$，$\angle B = \angle C$，用这三条件推出了△ABD 和△ACE 全等，于是 $AD = AE$，最后在△ADE 中利用等腰三角形的性质定理"等边对等角"得出 $\angle 1 = \angle 2$。

师：还有没有不同的方法？

生 12：要证 $\angle 1 = \angle 2$，可以用等角的补角来证，就是先证 $\angle ADB = \angle AEC$。

师：$\angle ADB = \angle AEC$ 是怎么得来的？

生 12：是用三角形全等，就是△$ABD \cong$△ACE 得出的。

师：还有其他方法吗？

生 13：用全等三角形的对应角来证。

师：哪两个三角形全等？

生 13：△AEB 和△ADC。

师：这两个三角形为什么全等？

生 13：因为 $BD = CE$，所以 $BD + DE = CE + ED$，就是 $BE = CD$，加上 $\angle B = \angle C$，$AB = AC$，所以三角形全等。

师：对，很好！这位同学先由等式性质得出 $BE = CD$，然后根据 $\angle B = \angle C$，结合今天学习的等腰三角形的判定定理得 $AB = AC$，最后利用"边角边"得△AEB 和△ADC 全等，马上得出对应角相等。

师：很好！这道题同学们想出了很多方法，第一种方法：把$\angle 1$ 和$\angle 2$ 理解为同一个三角形的两个内角，用"等边对等角"的思路结合三角形全等得到。第二种方法：通过等角的补角来证，也是结合三角形全等得到。第三种方法：是把$\angle 1$ 和$\angle 2$ 直接看做两个全等三角形的对应角证出。想出的方法多，说明同学们能够从不同的途径去考虑问题。

师：下面我们一起来研究第三个题目：如图 4 - 14 所示，在△ABC 中，已知 $\angle ABC = \angle ACB$，BO 平分$\angle B$，CO 平分$\angle C$，请同学们想想看，在这张图上，由这两个已知条件，你能导出什么结论？

生 4：可以得出 $\angle OBC = \angle OCB$。

师：能不能从道理上说明一下？

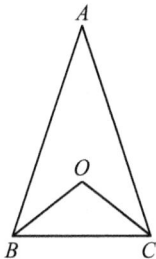

图 4 - 14

生 14：因为 $\angle B = \angle C$，BO 平分$\angle B$，CO 平分$\angle C$，根据等量的一半相等，可以得到 $\angle OBC = \angle OCB$。另外还可以得到 $OB = OC$，理由是"等角对等边"。

师：好！现在把这个题目变化一下，大家看清楚，就在这张图上，过 O 作一条直线 EF 和边 BC 平行，与 AB 交于 E，与 AC 交于 F，如图 4 - 15 所示。

请同学们考虑两个问题：①仔细寻找一下，这张图中有几个等腰三角形？为什么？②添上去的这条线段 EF 和图中的线段 EB、FC 之间有没有关系？如果有，是怎样一种关系？

师：好！讨论到这里，请同学们发表意见。先回答第一个问题：图中有几个等腰三角形？

生 15：有五个。

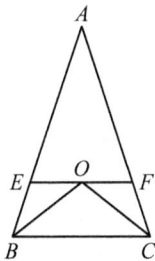

图 4 - 15

师：哪五个？

生 15：△ABC、△OBC、△AEF、△EOB、△FOC。

师：请你再讲讲理由，△ABC 为什么是等腰三角形？

生 15：因为 $\angle ABC = \angle ACB$，"等角对等边"，所以 $AB = AC$。

师：△OBC 刚才已证过，△AEF 呢？

生 15：因为 $EF /\!/ BC$，所以 $\angle AEF = \angle ABC$，$\angle AFE = ACB$。因为 $\angle ABC = \angle ACB$，所以 $\angle AEF = \angle AFE$，所以 $AE = AF$。

师：△EOB 为什么是等腰三角形呢？

生 15：因为 BO 平分 $\angle B$，所以 $\angle EBO = \angle OBC$；因为 $EF /\!/ BC$，所以 $\angle OBC = \angle EOB$，这样就得到 $\angle EBO = \angle EOB$，所以△EOB是等腰三角形。同理可得△FOC 也是等腰三角形。

师：很好！大多数同学都看出有五个等腰三角形。第二个问题：添上去的线段 EF 和 EB、FC 之间有没有关系？如果有，是怎样一种关系？

生 16：有关系，EO、FO、EB、FC 这四条线段都相等。

师：讲讲理由看。

生 16：因为△ABC 是等腰三角形，所以 $AB = AC$；因为△AEF 是等腰三角形，所以 $AE = AF$。利用等式性质就可以得到 $EB = FC$。又因为△EOB 和△FOC 都是等腰三角形，所以 $EB = EO$，$FC = FO$。这样 EO、FO、EB、FC 四条线段就都相等了。

师：大家听懂没有？这位同学用了四个等腰三角形，也就是通过四组对边相等并结合等式性质推得结论。还有其他的方法吗？请同学们回去思考。根据这四条线段相等，EF 和 EB、FC 的关系是怎样的？噢！他还没有讲完。

生 16：EF 是 EB 或 FC 的 2 倍。

师：很好。四条线段相等了，EF 就是 EB 或 FC 的 2 倍。

生 16：还有，$EF = EB + FC$。

师：对！还可以得到 $EF = EB + FC$。我们把这个题目再改变一下，原来 $\angle B$、$\angle C$ 是相等的，现在变成不相等，但是，BO、CO 还是 $\angle B$、$\angle C$ 的平分线，还是 $EF /\!/ BC$，如图 4 - 16 所示，再认真想一想，这个图形中还有没有等腰三角形？若有，又有几个？EF 和 EB、FC 之间还有没有关系？如果有，又是怎样一种关系？

生 17：没有等腰三角形。

师：他认为这图上没有了，同学们再仔细观察一下，究竟有没有？

众生：有的。

师：有哪几个？

生 18：△*EOB* 和 △*FOC*。

师：理由？

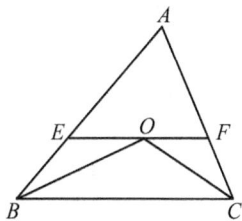

图 4 - 16

生 18：因为两直线平行，内错角相等，得到 $\angle EOB = \angle OBC$，因为 *BO* 是角平分线，所以 $\angle EBO = \angle OBC$，所以 $\angle EOB = \angle EBO$，△*EBO* 是等腰三角形。△*FOC* 也是等腰三角形的道理是一样的。

师：噢！还有等腰三角形，不过由五个变成了两个。第二个问题，线段 *EF* 和 *EB*、*FC* 之间还有没有关系？

生 19：仍有 $EF = EB + FC$ 这个关系。

师：对！仍有这一种关系，在等腰三角形 *EOB* 中，$EO = EB$，在等腰三角形 *FOC* 中，$FO = FC$，合起来就是 $EF = EB + FC$。这个题目，从原来两个角相等，变成了不等，但是角平分线和平行线这两个条件没有改变。△*EOB*、△*FOC* 还是等腰三角形，所以还是保持着 $EF = EB + FC$ 的关系。

师：今天这节课我们学习了什么呢？第一，我们学习了等腰三角形的判定定理："等角对等边"。它与前面我们学过的等腰三角形的性质定理："等边对等角"，都是说同一个三角形边角之间的一种相依关系，即在一个三角形中，边等可以得到角等，角等可以得到边等。今天初步应用判定定理研究了一些题目。第二，这个判定定理是同学们通过画图、估计，然后加以证明，由自己得出来的。在证明定理和应用定理时，同学们都注意从几种途径来思考，得到了很多解法。在第三个练习中，同学们不仅能够根据已知条件自行推测可能的结论，而且能在已知条件发生变化时，观察结论的变化，这些都是训练我们思维能力的有效方法。请同学们在平时作业中也要多进行这种尝试。

根据上述的教学案例思考下面的有关问题：

1. 上述数学教学的实际课例反映了什么样的数学教学特点？

2. 这样的教学设计包含着什么样的一般教学原则？为什么？

3. 通过上述的案例分析,你认为其中运用了什么样的数学教学原则？为什么？

4.3 中学数学教学原则结构

虽然数学教学原则随着教学实践的不断深化将表现出发展、变化的特点,但人们通过长期的数学实际教学活动,运用教育心理学的有关原理,秉着各自的数学教学思想观念,归纳总结出许多数学教学原则,从而形成不同类型的数学教学原则结构体系,在本节我们收录了一些较为典型的数学教学原则结构类型,供大家参考、借鉴。

数学教学原则结构体系按层次类型划分可以分为单层次和多层次两种。所谓单层次结构类型,是指直接由教育学的一般教学原则与数学教学的某些特点结合而成的数学教学原则结构体系,这一类型的数学教学原则往往具有单一性、直接性或简单性的特点,在早期的数学教学研究中表现居多。下面例举几种较为典型或影响较大的单层次结构类型的数学教学原则体系。对于相关内容这里仅作简单的介绍,读者若需详细了解,则可按本书注解从其原著中详览,在此不再作大篇幅转引。

4.3.1 单层次结构类型的数学教学原则体系介绍

1. 20 世纪 80 年代钟善基先生等编著的《中学数学教材教法》和十三院校协作编写组编写的《中学数学教材教法》(总论)提出了四条数学教学原则:理论与实践相结合、具体与抽象相结合、严谨与量力相结合、巩固与发展相结合。

2. 斯托利亚尔的《数学教育学》提出了六条数学教学原则:教学的科学性原则、掌握知识的自觉性原则、学生的积极性原则、教学的直观性原则、知识的巩固性原则、个别指导原则。

3. 胡炯涛的《数学教学论》提出七条数学教学原则:阶段渐进原则、启发引导原则、过程教学原则、归纳演绎原则、面向全体原则、启动学习原则、动机激发原则。

4. 奥加涅相在《中小学数学教学法》中指出八条数学教学原则:

教学的科学性原则、教学的教育性原则、教学的直观性原则、教学的自觉性和积极性原则、学生掌握知识的巩固性原则、教学的系统性和循序渐进性原则、教学的可接受性原则、在全班进行集体教学活动的条件下注意有区别对待的原则。

4.3.2 多层次结构类型的数学教学原则体系介绍

所谓多层次结构类型,是指通过多个角度或层次较为全面整体地反映数学教育规律、数学教学原理和数学教学特点而形成的数学教学原则结构体系,这一类型的数学教学原则相对而言具有多元性、整体性和全面性的特点,是随着数学教学实际研究的不断深化而产生的具体表现形式。

1. 周春荔,张景斌著的《数学学科教育学》将数学教学原则分为两个层次:第一层次主要反映数学教育的目的、任务以及完成任务人的因素的保证;第二层次的原则相应由第一层次的原则派生出来,更为细致地概括和表述对数学教与学的指导和要求,具体见表 4-1 所示。

表 4-1　数学教学原则体系(一)

第一层次	数学教学与全面和谐发展相统一的原则			数学思维揭示与数学认知建构相统一的原则			教师主导作用与学生的主体作用相结合的原则		
第二层次	数学教学的科学性与思想性相统一的原则	传授数学知识与培养智能相统一的原则	因材施教原则	理论与实际相结合的原则	抽象与具体相结合的原则	严谨与量力相结合的原则	启发诱导与积极参与相结合的原则	合理组织与方法手段优化相结合的原则	反馈与调节相结合的原则

2. 曹才翰,蔡金法所著的《数学教育学概论》提出了三层次体系:第一层次也是最高层次的数学教学原则是实现数学教学目的的目的性要求,称之为目的性原则;第二层次反映数学教学必须遵循一般的教学论教学原则,这些教学原则是数学教学原则的基础,故称之为准备性原则;第三层次反映数学教学区别于其他学科教学的特殊性,即数学教学的特殊规律,是对实际数学教学的特殊要求,称其为数学教

现代数学教学论

学的技术性原则。具体见表 4-2 所示。

表 4-2 数学教学原则体系(二)

第一层次	目的性原则	教学的思想性原则	教学的科学性原则	教学与发展相结合的原则
第二层次	准备性原则	提供丰富直观背景材料的原则	以广度求深度的原则	整体性原则
第三层次	技术性原则	具体与抽象相结合的原则	严谨与量力相结合的原则	

第 5 章

中学数学的"双基"教学

　　所谓"双基"教学,是指基础知识和基本技能的教学,我国历来对"双基"教学比较重视,"双基"教学是我国中学数学教学的一大特色,可以认为是中国数学教育的"国粹",也是我国数学教学的优良传统。我国数学教学目标是一个较为完整的"三位一体"(双基、能力、思想品质),其中"双基"是实现目标的基础环节,同时,"双基"是学生数学能力与个性培养的载体。

5.1　基础知识的教学

5.1.1　基础知识的界定

　　按照传统的提法,中学数学基础知识是指中学数学中的概念、性质、公式、法则、定理及其内容所反映出来的数学思想和方法。根据现行课程标准,可归纳为下面三个方面:一是数学知识,它包括中学数学中的概念、定义、公理、定理、法则、性质、符号等;二是数学方法,它主要指中学数学中的基本方法,如消元法、换元法、配方法、待定系数法、数学归纳法、坐标法、图像法、分析法、综合法、演绎法、反证法等;三是数学思想,它主要指中学数学中的基本思想,如化归思想、变换思想、集合思想、极限思想、概率思想等。

　　这里要强调的是:基础知识的含义不是一成不变的,它的内涵和外延将随着社会的发展而发展,但在一定时期内又具有相对的稳定性。

5.1.2　基础知识教学的基本途径

1. 讲授

知识是能够传授的,但不是灌输。教师不是知识的"施舍者",教师应该依据学生自身已有的知识、经验,创设适合学生的教学情境,让他们主动地构建新的知识层次,这是高效率获取数学真知的强有力手段。这种设计者、指导者、评价者的地位就是教师的主导地位。

教师讲授数学基础知识必须具备几点要求:一是教师应该具备良好的讲授知识的功底,如清楚的数学口头语言表达能力、清晰条理的板书、对数学知识的正确理解、熟练驾驭数学多媒体教学的能力等。二是了解学生,首先要了解学生接受新知识和能力的前提是否具备,如果不具备,那么应该及时填补空白,然后再讲授新知识,其次要了解学生的心理状态,如学生对所学知识是否感兴趣和学好数学的信心、学生的注意力是否集中等,这些将直接影响数学教师讲授知识的效果;三是注意知识讲授的方法,讲授不等于灌输,而是教师根据学生和讲授内容的具体情况,灵活采取讲授方式,将数学信息清晰地传递给学生,使学生正确把握知识的要点。

一般说来,讲授法的特点是效率高,随着学生年龄的增长,理解力的增强,教师讲授知识占整个教学活动时间的比例越高,尤其在成年人的教育过程中,几乎讲授法成为数学教学的主要手段。我们不能片面理解讲授法,以为讲授就是灌输,其实讲授法中充满着艺术。一个数学教师如果能够清晰地表达数学语言,有敏捷的思维反应、漂亮的板书、幽默的语言艺术,往往能够让学生百听不厌,使学生的注意力保持45分种是轻而易举的事。一位数学教师曾经说过:"我的讲课尽量做到45分钟内至少让学生会心地笑三次。"显然,这样的数学教师的讲授法的效率肯定不低。可以认为,讲授法里面蕴涵着丰富的教学艺术,作为一个师范生,应该认真思考讲授法的基本要求,学会如何高效地讲授数学知识,训练自己的师范技能。

讲授法教学的主角是教师,学生有一定的被动性,这是教师必须注意的,尤其对年龄越低的学生越要注意。为了克服讲授法的弊端,教师应该注意学生的反应,及时与学生保持沟通。教师不要以为自己讲清楚了,学生就掌握了。学生的内心世界是非常复杂的,教师讲清楚是一个必要条件,学生稳定的内在动机、临时的心理及生理需要、课堂的意外信息干扰、学生的信息保持能力以及注意力维持能力等都直接影响学生对知识的掌握效率。因此,我们反对教师的一味讲解,提倡注意与学生保持沟通,了解学生的具体情况,改变教学策略,与其他教学方法进行有机结合,达到教学最佳效果。

2. 活动

数学教学是数学活动的教学,学生在活动的过程中,最易于激发学生从现有的知识与经验中提取相应的构建材料,在教师的组织下主动地提出问题、解决问题、评价问题,从而有效地建构起新的认知结构。这种活动不仅着眼于活动的最后结果,而且更加注意对活动过程本身的深入分析,这就是学生的主体地位。为了使学生在活动中掌握基础知识,教师首先必须提供恰当的材料,下面我们着重就概念教学的活动方式作简要的阐述,其他基础知识的活动形式教学我们不一一阐述,读者可以自己研究。

(1) 材料提供。概念教学应该提供形成概念的不同材料,这种材料可以是多种方式,例如,可以先提供专一概念所涉及的对象,让学生抽象,然后提供与概念不同的对象进行辨析;也可以提供不同的模型让学生进行分类,从中抽取所需要定义的概念本质。例如,棱柱概念的教学,教师可以提供不同的棱柱模型,让学生观察和讨论,抽象出棱柱的本质概念。也可以提供不同的几何体(包括多个棱柱模型),让学生将不同的几何体进行分类,从中抽取棱柱的概念。当学生得出:"有两个面是全等的多边形,其余的面是平行四边形,由这些面所围成的几何体称为棱柱。"教师可以提供一个几何模型(图 5-1)进行纠正,直至在教师的帮助下,学生得出棱柱的正确概念。

学生对教师提供的模型在抽取概念本质的时候,往往存在不准确的地方,教师可以进行点拨。如果学生抽取的概念内涵太小(导致外延扩大),教师可以举反例,纠正学生的缺点。当学生抽取的概念内涵太大(导致外延缩小),教师必须注意提

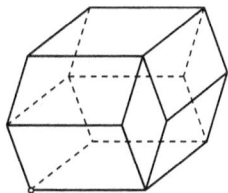

图 5-1

供的模型应该覆盖需要定义概念所涉及的一切对象来纠正。例如，我们仅提供长方体的模型，学生是无法抽取柱体的概念，也就是说教师提供的材料需要完整，才能让学生准确抽取概念，保证学生数学活动的有效性。

（2）及时调节。在教师能够正确提供材料的基础上，学生在活动中概念抽取的表达可能出现某些缺陷，教师应该及时纠正和调节。例如，当教师提供不同的等腰三角形模型后，学生通过讨论等活动得出："有两条边相等，相对的两个角也相等的三角形"的结论时，教师可以提出："当两条边相等时，相对的两个角也相等是否需要？"学生通过活动发现，只要保证两条边相等，就能够得出相对的两个角也相等的结论。于是教师和学生就可以为等腰三角形下定义："有两条边相等的三角形称为等腰三角形。"一个学生提出质疑："既然是边相等，应该称之为等边三角形，干吗称'等腰三角形'？"教师就让学生讨论："哪种称呼比较合理？"结果学生发现"等腰三角形"比较形象，而"等边三角形"容易产生三边都相等的误会。有一个学生发现："当两个角相等时，相对的两条边也相等。"于是提出："为什么不把等腰三角形定义为'有两个角相等的三角形称为等腰三角形'？"教师就反问："按照我们刚才的做法，那应该称'等角三角形'比较合理，而'等角三角形'容易造成'三个内角都相等'的误会。"这样，在教师的主持下，学生通过自己的活动，实现了数学再创造的过程。

（3）正确评价。学生的活动最根本的是思维的活动，我们不能停留在课堂上的轰轰烈烈，不能让轰轰烈烈的课堂活动掩盖数学活动的本质。概念教学中，概念形成的方法有多种，教师可以让学生在活动中形成概念，把握数学概念的本质。但在活动中，学生的思维是多向的，教师应该注意加以引导和评价。例如，在棱柱概念教学中，教师用地瓜切成几个棱柱的模型，让学生观察，结果有两个学生讨论非常激烈，原来这两个学生在讨论老师提供的棱柱模型是什么材料组成的！显然学生想歪了，教师可以给予评价："数学是关于空间形式和数量关系的一门科学，对老师所给的模型，我们不是讨论它由什么材料组成的（这个问题应该属于物理或化学问题），而是应该讨论它的形状具有什么特点。"此时学生的注意力就转向了棱柱的模型形状特点。学生的数学活动需要教师的指导和评价，只有这样才能调节学生的活动方向并提高学生的活动效率。

3. 交流

在数学学习中,学生的学习与教师的教学是一个统一的过程,是教师与学生组成数学"共同体"的交流互动型活动,这种交流互动的手段应是多样化的,如小组讨论模式、自学指导模式、系列问题模式等,这就是教学中的"团队精神"。

教学过程中,学生与学生、教师与学生的交流决定了教学过程中基础知识教学能否有效地进行。教师与学生的认知结构的不一致性导致交流过程中出现种种问题。

首先是教师的知识先知导致思维定势,一些教师以为一些知识比较简单,因此就会出现灌输现象。例如,反三角函数的概念教学,有一个教师是这样设计的:

先让学生根据条件求出以下式子中角 x 的值:

① $\sin x = \dfrac{1}{2}, x \in \left[-\dfrac{\pi}{2}, \dfrac{\pi}{2}\right]$;

② $\sin x = \dfrac{\sqrt{2}}{2}, x \in \left[-\dfrac{\pi}{2}, \dfrac{\pi}{2}\right]$;

③ $\sin x = -\dfrac{\sqrt{3}}{2}, x \in \left[-\dfrac{\pi}{2}, \dfrac{\pi}{2}\right]$。

然后问:在 $\left[-\dfrac{\pi}{2}, \dfrac{\pi}{2}\right]$ 内使下列等式成立的 x 的值有几个?不查表能否求出 x 的值?

① $\sin x = \dfrac{1}{5}$; ② $\sin x = \dfrac{2}{5}$; ③ $\sin x = -\dfrac{1}{5}$; ④ $\sin x = -\dfrac{2}{5}$。

教师让学生产生用反三角表示的需要,对于诸如 $\sin x = \dfrac{1}{5}, x \in \left[-\dfrac{\pi}{2}, \dfrac{\pi}{2}\right]$,我们可以引进符号,采用 $x = \arcsin \dfrac{1}{5}$ 来表示等。

接着教师与学生进行活动,由学生自己归纳从 $\sin x = a, x \in \left[-\dfrac{\pi}{2}, \dfrac{\pi}{2}\right]$ 的式子中解出 x,即 $x = \arcsin a$,从而引进反三角函数的概念。

这个老师的用意是明显的,创造情景,让学生产生需要,从而引进反三角函数的概念。这种理念值得我们学习。但是,我们觉得教师在设计之前,有思维定势的迹象。因为教师没有考虑到为什么所给的 x 的值的范围要在 $\left[-\dfrac{\pi}{2}, \dfrac{\pi}{2}\right]$ 内? 如果仅考虑解的唯一性,其他范围(如在区间 $\left[\dfrac{\pi}{2}, \dfrac{3\pi}{2}\right]$ 内)仍然可以达到这个要求。教师忽略了数学实用与简洁的要求:x 的值应该在"包括锐角的最大唯一解区间"内。

教师在克服思维定势方面,应该重新审视我们已经"非常熟悉的知识",要不断地反思,才能有更多的发现。

其次,教师理解力与学生处于不同的水平,导致在交流中的困难。有些概念对学生而言本身比较困难,而对教师而言却易如反掌,因为他们一方面受过专业训练,另一方面处于成人的理解水平。教师的"优势"往往导致与学生交流的困难。

例如,在初中教材中对绝对值的概念是采用发生性定义的,学生掌握起来有些困难,而对教师而言,却比较简单。当教师与学生通过活动,得出绝对值的含义:

$$|a| = \begin{cases} a, & a > 0 \\ 0, & a = 0, \\ -a, & a < 0 \end{cases}$$

但在处理具体事情时,容易出现一些偏差,如有的学生认为 $|a-b| = a-b$ 等,当教师纠正为:$|a-b| = \begin{cases} a-b, & a > b \\ 0, & a = b \\ b-a, & a < b \end{cases}$ 时,学生在形式上似乎接受了,但在心里却在嘀咕"一个数的绝对值怎么变成三个数了?"有的学生认为 $\sqrt{(a+b)^2} = a+b$,即认为不必讨论 $a+b$ 符号了。而有的学生却照样画葫芦:$\sqrt{(a^2+3)^2} = \begin{cases} a^2+3 \\ 0 \\ -a^2-3 \end{cases}$。因此,教师在教学过程中需思路清晰,语言准确,不能让学生产生歧义,尽量结合实际,找一些符合学生年龄特征且易于理解的例子辅之说明。

因此,教师在教学过程中,应该根据学生的年龄特征来设计教学活动。如教学中注意由浅入深、由易到难、由已知到未知、由具体到抽象、由特殊到一般地讲解数学知识,要善于激发学生的求知欲,但所涉及的问题不宜太难,不能让学生望而生畏等。这些都是在考虑学生的具体理解能力的前提下所采取的措施,只有这样才能取得良好的教学效果。

哪些知识学生理解和掌握起来会有困难? 除了教师积累经验外,教师应该根据教学过程、学生的具体反应及时调节教学策略,注意倾听学生的意见,了解学生的问题症结,有的放矢地与学生进行交流,顺畅地完成教学任务。

另外,教师与学生处于不同的心理发展水平,导致心理换位困难。在与学生进行交流的过程中,教师与学生是处于不同的心理水平。年龄差异是重要的一方面,如注意力的分配、行为的协调性与一致性等与年龄是密切相关的,教师如果不注意,将直接影响与学生的交流。学生与教师的年龄差异、教师与学生的身份决定了师生处于不同的心理水平,这是教师必须注意到的。例如,我们经常遇到一些教师的做法:当下课铃声响起时,教师还在拖堂,教师的借口是"将内容讲完毕",他们往往要求学生坚持一下(最后靠"坚持一下"所传授的知识,学生的掌握效果我们是可想而知的),其实这个时候师生的不同心理感受就凸现出来了,这是心理差异的一种表现。我们往往有这样的体会:当我们在讲台上讲课时,发现时间过得特别快,当我们坐在下面听别人的课或讲座时,发现时间过得特别慢,这种由心理等原因造成的差异将永远存在,教师应该注意这种现象。

为了有效地克服心理换位困难导致知识教学的偏差,教师应该做到以下几点:一是控制自己的"表现欲",注意多给学生活动和发表意见的机会,教师要学会倾听。二是要注意观察学生的反应,及时调节教学行为。学生的表情就是一张晴雨表,当他们理解困难时,往往会紧皱眉头,表现出焦躁不安的神态。当他们坚持不住时,往往会整理东西或经常看手表等,这时教师如果坚持讲解知识,其效果肯定不理想。三是控制教学手段,使教学手段多样化,注意安排学生之间的交流活动的时间间隔,观察学生之间的交流情况,采取灵活的手段与学生进行交流。

5.1.3　基础知识教学的现状分析

基础知识的教学在创新教育的指导下,面临新的挑战,需要新的突破。一方面,"基础是创新的前提"受到质疑。"深挖死记"、"重结论轻过程"、"重方法轻思想"等"老问题"得到了一定的纠正,虽然还存在一些,但已引起了人们的注意和反思。另一方面,新的问题、新的矛盾亦在不断地出现,必须引起我们的注意,如过分强调生活化、实际化,把系统的数学知识搞得零乱化、破碎化;过分强调情境化、活动化、互动化,结果出现情境简单化、活动形式化,探索活动缺乏必要指导,合作交流脱离独立思考等的"浅层次"教学,使基础知识得不到真正的落实,这种从一个极端走向另一个极端的做法,必须引起我们的注意。下面我们着重讨论当今新课程改革中,教师在基础知识教学方面存在的几个新问题。

1. 知识情景的引入

加强数学应用已经得到广大数学教育工作者的认可,但过分注重从实际过程的引入也会产生负面效应。首先如果不根据数学问题的实际情况,绞尽脑汁地"创设实际背景"可能是一种矫枉过正的教学行为。一方面,教师要花很大的精力去寻找与该数学问题相吻合的实际模型(并且实际模型涉及的知识面应该是学生熟悉的),虽然这样做可以拓宽教师的知识面,但是有时牵涉了教师的过多精力,也出现了牵制授课时间,使授课的重点发生偏移的现象。另一方面,如果找不到实际模型,教师有时采用编拟的方法。这样,可能出现由于与实际情况不吻合的现象,让学生感觉教师在造假,产生数学教育的负面效应。当我们好不容易"构思出"实际问题的情景创设后,往往会忽略数学知识的内在联系,使得数学知识间的联系比较松散,不利于学生对数学知识的系统掌握和知识网络的构建。另外,如果过分强调从实际问题中创设背景,往往忽略了从数学到数学引入方法的优点。

数学学科有别于其他学科,其研究方法具有一定的独特性,数学教师应该让学生体验其研究的方法,这也是我们让学生学习数学的目的的一种体现。因此,有必要将一些从数学到数学的引入方法穿插其中,顺畅地进行数学研究,当然,与实际相结合我们不能忘记。

与实际相结合的教学理念是新课程改革的重要精神,主要是为了克服我们在数学知识教学方面存在的脱离实际的误区,但是我们不能从一个极端走向另一个极端,只注重从实际问题引出而忽略了从旧的数学知识引出新的数学知识的优越性。因此,我们认为:一要灵活选择从数学到数学和从生活到数学的引入方式;二是要注意这两种引入方式的有机结合,当从实际背景引入时,不要忘记让学生体验这本身也是数学的研究需要而采取的策略。当采用数学到数学引入的方法时,也不要忘记生产实际过程也可能需要。这种灵活的互补型引入方法,有利于学生认知结构的完善,也能够真正体现新教材的改革理念。

2. 探索情景的创设

教师不是采用纯传授的方法进行教学,而是发生了一些转变,说明新的教学理念已经深得教师的认可,但也出现一些假探索现象,教师设计一些似乎是"探索"的套套,让学生"往里钻",既浪费时间又没有实质性效果。例如,当教师与学生已经得出一元二次方程的求根公式,教师还让学生根据几个具体的一元二次方程,写出它们两根的和与积并进行"观察和探索",这其实完全没有必要。因为如果学生知道求两根的和与积,那么直接根据求根公式进行推导即可,教师应该创设情景让学生注意到两根的和与积上来(为什么不注意两根的差与商?),这才是探索的关键。采用探索的方法让学生学习数学知识的理念并没有错,但教师不能走过场,应该让学生真正学会探索法应该达到的目的。探索的目的是什么? 一是激发学生的好奇心和兴趣;二是培养学生的探索能力,学会科学的探索方法;三是让学生体验数学再创造的过程,感悟数学创造的艰辛和乐趣。既然是这样的目的,那么我们应该知道该怎样做了。首先是创设的情景有一定的吸引力,不能让学生只感觉到是老师让自己做的,却不知道教师为什么要让自己去做这些探索;其次,将一些基本的方法和思想融入教学过程中,顺畅进行基础知识中的数学方法和思想的教学,为能力的培养奠定基础;另外,让学生学会探索的同时,体验知识产生的过程是非常重要的,对学生的终身发展具有积极的影响。人类在长期实践基础上,不断产生数学新知识、新方法、新思想,都是经过艰辛的努力才形成的,故模仿数学的再创造过程,不让学生"轻易得到"数学知识

（一些重要的内容），让他们在自己的活动探索中获得，既可以增加学生的印象减少遗忘率，又可以体验人类的发明创造过程。

3. 敏感信息的捕捉

数学新知识的产生有它的偶然与必然的原因，必然的原因是通过数学旧知识的内在逻辑关系的推理而产生的，例如空间的直线与直线的位置关系研究好以后，我们就很自然地进入空间的直线与平面、平面与平面的研究，这只要教会学生采用常见的科学研究方法即可。有些教师在这方面是做得比较好的。但是，对偶然的现象引发数学的发现方面，一些教师做得往往不够。例如，正弦定理的引入，现在的一种流行做法是从直角三角形（设直角三角形 ABC 的三个内角 A，B，C 分别对应的边为 a，b，c，斜边为 c）引出三角函数的定义，然后教师变形"发现"直角三角形满足正弦定理，接着就和学生证明一般三角形是否满足正弦定理。我们觉得，这里存在两个问题：一是由 $\sin A = \dfrac{a}{c}$，$\sin B = \dfrac{b}{c}$ 得出正弦定理 $\dfrac{a}{\sin A} = \dfrac{b}{\sin B} = \dfrac{c}{\sin C}$ 是有一定的困难的，教师在这里的导向意识比较明显，但要注意一定要与学生进行充分的交流。在得出 $\dfrac{a}{\sin A} = \dfrac{b}{\sin B} = \dfrac{c}{\sin C}$ 时，可以利用 $\dfrac{a}{\sin A} = \dfrac{b}{\sin B}$ 进行必要的暗示，从对称的角度促使学生得出 $\dfrac{a}{\sin A} = \dfrac{b}{\sin B} = \dfrac{c}{\sin C}$。在欣赏直角三角形的美的时候，学生往往以为这是直角三角形的角、边所特有的关系，不太容易想到进行推广（如一般三角形能够有 $\sin A = \dfrac{a}{c}$ 吗？），因此教师应该抓住学生对美的追求心理，提出一般三角形能否满足的问题。二是提出问题后，愿意花精力去探索吗？是否是偶然的？如此小的"样本"我们凭什么会"怀疑"其他三角形也会满足呢？此时教师应该采取增加"样本"以增加信度的手段：找另外特殊三角形进行验证。例如学生容易想到等边三角形，进而教师可以引导学生验证等腰三角形是否也满足等。当学生发现自己所举的三角形都满足正弦定理时，教师才与学生探讨一般三角形是否也满足正弦定理等。其实，如果教师采用上述方法通过活动的方式与学生一起得出正弦定理后，学生的思维很可能会"激活"："直角三角形的边角还有很多关系,能否与刚才一样进行推广呢?"结果在边角关系中(最典型的是勾股定理)的"推广中""发现"了余弦定理!

我们认为,现在存在一些在探索知识过程中教师的导向性太强的现象,这不利于学生对信息捕捉敏感性的培养,从偶然的现象过渡到必然是需要培养学生的直觉的。我们建议,教师首先要充分运用学生的好奇心理,创设一些奇异的情景促使学生进行探索;其次,创设一些数学的美激发学生对美的追求欲望,从而从追求数学美的天性出发进行数学探索。另外,教师应该合理地探索与教学进度的关系,不能强调教学进度而对知识进行强行灌输,也不能一味追求探索,而使教学进度受到严重的影响。人类数学知识是由几千年积累而成的,我们不能也不可能重复数学知识发现的一切过程,这种度的把握需要教师的感觉和经验来支持。

4. 基础知识的落实

我们必须重新提基础知识的落实问题,以往我们过于强调基础知识的落实,导致教师采用灌输的教学方法讲授知识,而学生采用死记硬背的方式学习数学知识,这些已经为有经验的数学教师所警觉。但是,探索性教学为主流教学方法的今天,出现了只注重轰轰烈烈的探索教学(甚至是假探索),而没有注意到基础知识的落实问题,使得后续知识的掌握以及能力的培养出现了障碍。基础知识的落实并非是一件简单的事情,一方面与学生学习知识的过程有密切关系,另一方面与学生的记忆力、记忆方法等有密切的联系。教师引导学生探索新知识是学生落实知识的一个很好开端,探索性学习可以帮助学生对知识的理解与记忆,使知识能够更好地落实。但是,过于相信通过探索性教学就能够落实基础知识恐怕太天真了,因为学生的学习过程的内在思维和心理活动是十分复杂的。如果我们对已经探索出来的新知识以及在探索过程中使用的新方法和产生的新思想没有及时地总结和反思,是不利于基础知识的落实。有教师认为,基础知识仅是培养能力的载体,我们不反对;但是,离开数学知识光谈能力是一句空话。例如,有一个数学问题:"已知三角形的三条边的长分别是 3、4、5,求它的面积。"如果不知道勾股定理,就不知道这个三角形是直角三角形,解决起来的难度将会大大增加。当然,如果不知道三角形面积公式,只得重新推导了。基础知识的落实是学生高效解决数学问题的前提,是学生形成能力的重要环节。

因此,教师在引导学生进行数学知识探索的过程中,要密切注意知识的落实。具体的做法是及时进行归纳总结,帮助学生明确概念,观察公式、定理、公理、法则、符号等的特征,把握一些问题的性质,注重方法的指导和反思,渗透一些常见数学思想,这些工作都要持之以恒,落实到整个教学过程中。

5. 数学活动的进行

改变教师的"一言堂"教学,鼓励学生积极参与数学学习的过程中,采取适当的活动方式学习数学,提高学生学习数学的主动性和兴趣是现代数学教学的一个趋势。但是,我们发现一些教师没有真正理解数学活动的含义,搞形式,走过场,要么在公开课等场合做个样子,然后教师依然"一言堂"教学;要么让学生自己进行"放羊式"活动,教师撒手不管。其实,让学生有效地进行数学活动是现代数学教育的基本要求和手段,教师应该正确理解学生参与数学活动的价值与意义。

让学生参与数学活动的主要目的,一是让学生体验数学的再创造过程,进行必要的数学发现教育;二是让学生在活动中学习数学,改变以往教师单纯地传授数学知识的方式,让学生动手和动脑,提高数学学习的主动性和效率,并进一步培养学生学习数学的兴趣;三是通过学生相互之间的数学活动,培养学生的数学自学能力以及交流能力,进一步培养学生的团队精神。因此,数学教师应该对数学活动有一个充分的认识,改变自己的不良教学习惯,放手让学生参与数学活动。

让学生参与数学活动是有策略和方法的。学生在活动中教师也不是没有事情可做,必须担当恰当的角色。我们在这里提几点建议:

一是要根据不同的课型选择恰当的活动方式。除个别特殊内容的数学课外,数学活动应该穿插于其他教学方法中。

二是数学活动不能片面理解为学生之间的活动,教师可以参与,不过教师的角色比较微妙,教师既是活动的参与者又是发起者、组织者和管理者,教师不能匆忙替学生下结论,当学生的活动遇到困难时,教师可以适当暗示。

三是应该根据学生的具体情况,灵活选择活动方式。一般说来,低年段的学生比较喜欢以活动的方式学习数学,但容易分散注意力和脱离活动目标,教师应该采用"少吃多餐"的方式,适度缩小活动时间,明确活动目标,加强活动管理(但不能管得太死,只要保证活动流畅进行即可)。对高年段的学生,可以适当增加活动时间,活动目标可以适当多元化,管理方式应该进一步民主化。另外,活动的方式可以采用多种组织形式,同桌之间的数学活动方式比较常见,前后桌的活动方式也不陌生,有的教师依据学生的成绩分布组织活动小组(一般采用成绩好的与差的进行搭配的方式)的数学活动方式,由于学生的座位一般不是紧靠在一起,如果一节课要分几个时间段进行讨论,必须注意课堂的纪律,不能出现学生来回走动的虚假热闹现象,影响活动的效率。

四是应该精心选择数学活动的内容,并不是所有的数学内容都适宜于采用数学活动方式进行教学,在教学设计的过程中,教师应该做到心中有数。

五是数学活动的开展应该保持连续性。一些平时不太开展以数学活动方式辅助教学的班级,教师可以采用逐步增加的方式使学生习惯。

六是要以最后的效果来评价数学活动的教学方式,不能为活动而活动,摆样子走过场,不适宜于以活动的方式进行教学的要坚决放弃而采用别的教学方式。

5.2　基本技能的教学

5.2.1　基本技能的界定

基本技能是指通过练习而获得的,能够在实践中运用知识的动作方式或智力活动方式(又称动作技能或心智技能)。知识是认知范畴问题,而技能带有可操作性,它是巩固基础知识和形成能力的中介。

根据现行的课程标准,基本技能可归纳为:

推理——依据数学概念、原理,对问题的已知与未知间的因果关系作判断;

运算——根据数学关系选择恰当方法,对数或式、图形实施变换;

作图——使用一定工具作正确反映图形位置与度量关系的图形。

5.2.2　基本技能训练的主要模式

下面我们以初中教材中的一元一次方程的解法为例说明技能训练的模式,列于表 5-1 中。

表 5-1

1. 认知	1. 解方程:(1) $5x=7+4x$ 　　　　　(2) $3x+4=2x+7$ 　　　　　(3) $5x=15$ 　　　　　(4) $\frac{2}{3}x=4$ 2. 小结:一元一次方程的几种常见类型解法及注意事项。
2. 模仿	1. 练习:(1) $x+11=36$ 　　　　　(2) $12x-1=11x$ 　　　　　(3) $9+11x=10x-7$ 　　　　　(4) $15x=45$ 2. 讲评:(1) 强调解题格式及注意事项; 　　　　　(2) 对后进生进行个别指导。
3. 初步学会	1. 解方程 (1) $3(x-1)-5(3-2x)=8(x-8)+6$ 　　　　　(2) $\frac{3y+1}{3}=\frac{7+y}{6}$ 　　　　　(3) $\frac{x}{5}-\frac{3-2x}{2}=x$ 2. 点评:(1) 强调解题格式; 　　　　　(2) 提醒对解题过程的审视,达到快速解题、提高准确率的目的。
4. 综合训练	1. 布置作业(教师可以适当增加练习量); 2. 要求作业格式。
5. 作业及反馈和调节	1. 作业批改及点评; 2. 对后进生及优生分别提出练习目标。

基本技能的训练不仅需要一定的量,而且更需要一定的质,有适度的质与量才能获得数学技能训练的高效率。

基本技能训练是数学知识转化为数学能力与素质的中心环节，它不仅在知识的形成过程中对领会与巩固知识起促进作用，而且在知识深化形成高层次新知识中起桥梁作用。

必须重视技能训练中的各个环节，认知是基础，模仿是关键，初步学会是技能形成的萌芽，综合训练是强化，作业及反馈和调节是技能形成的巩固、评价和调控。

5.2.3 基本技能教学中存在的问题

与基础知识教学一样，我国中学数学对基本技能的训练同样一向比较重视。但部分教师由于缺乏经验或由于受传统观念的影响，同样也存在问题，主要表现在以下几个方面：

1. 讲解与练习时间配合不协调

有的教师重讲解轻练习，而有的教师重练习轻讲解（点评），造成的后果是：学生听懂但不会做，或会做但不知其道理。

那么，如何把握练习与讲解的时间分配？更广之，如何对学生进行有效的数学技能训练？我国传统的教学强调：① 在技能教学中，原则上提倡精讲多练，讲练结合；② 注意结合课型，灵活选择练习形式。这些高度概括性语言对数学技能训练起着一定的指导性作用，但是具体的操作还有很多方面值得探索。广大数学教师也在自己的教学实践过程中，不断地探索。我们仅就一些细节问题作简要探索：

（1）正确处理讲解与练习的辩证关系。每个数学教师都明白这样一个简单的道理：学生的练习不能替代教师的讲解，教师的讲解也无法取代学生的练习，只有让它们有机地结合，才能达到较好的教学效果。第一，要处理好它们的顺序问题。一般来说，教师在学生训练以前进行一些必要的讲解，而后让学生进行模仿，接着进一步变式或提高技能的要求，直至大部分学生学会。这种训练方法应该注意几点：首先是学生在技能训练前听教师的讲解可能分心或缺乏教师的技能体验，因此训练前的技能示范或讲解的效果可能要打折扣，教师必须在学生训练时给予及时的指导来弥补。不要以为自己已经讲得明明白白而责怪学生没有认真听讲或接受力差。其实，教师在讲解前，针对有些内容可以先设置技能障碍，让学生产生需要，然后再讲解的效果可能要好一些（即采用先练后讲的方法）。教师要注意技能形成的复杂性,一个已经形成某种技能的人往往会认为这种技能产生简单化认识。例如会游泳的人往往无法理解一些初学者的"悟性"(实际上,会游泳的人已经淡忘了自己学习游泳的艰辛过程),数学教师也不例外,也往往会犯同样的错误。第二,不应有一个技能训练与讲解的固定时间比例。以往有一些教师或学校认为,初中数学一节课教师讲解的时间应该为三分之一。这些太机械化的规定,很可能有碍学生技能的提高。因为学生及教学内容都在变化,教师也不一样,不同班级和学生的教学目标也可能有差异。我们建议教师应该根据具体的情况,灵活掌握学生的技能训练时间和把握自己的讲解时间。另外,师生之间的对话、学生的沉思,实际上都可以纳入技能训练的范畴,并非只有学生拿起笔做才算技能训练。例如,课题为线面垂直的判定定理证明时,课堂不可能专门抽时间让学生拿笔练习,教师应结合内容对几何变化进行心练,采用师生对话的方法,让学生达到练习的目的。有的教师建议练习或测试时,控制草稿纸用量,进行心智技能中的心算训练是一个有益的尝试。

(2)注意动作技能中的书面表达。例如,对几何作业的处理,由于批改麻烦,很耗时间,如果教师在批改作业时,为节省时间而重结果轻表达过程,将导致一些学生不会表述证明过程或表述不完整、不规范等的后果。目前,重理解轻书面表达现象在学生技能训练过程中普遍存在,而且普遍存在一个语言表达水平问题。一些学生在写作文时,比较注重语法规律,而到做数学题时,却忽略了这一点。数学教师在必要的时候,给学生上一堂"数学语法课"。

(3)应注意及时反馈学生练习的结果。其中的"及时"非常重要。一般说来,我国数学教育的普遍情况是:一个数学教师担任两个班级的数学课,每天需要批改作业本,再加上备课、上课和班主任工作,数学教师的工作量可想而知。如果遇到几何作业,更加耗费教师的时间。如果责任心不强的话,作业批改结果拖延反馈也在情理之中,而且拖延的时间越长学生纠正的效果越差。因此,我们强调数学教师工作无论如何繁忙,也要想方设法及时批改作业,并及时反馈给学生(可以采用多种批改方法的尝试)。在条件许可的情况下,可以不要把作业批改情况隔天反馈,要当天反馈。例如,上海青莆县曾经进行一科一本作业本制改革,值得借鉴。

（4）严格控制训练次数，避免无效率的重复练习，应做到循序渐进、有梯度的变式训练，还应注意科学性。

【例 5 - 1】 解一元二次方程的变式训练：

原型题：解下列一元二次方程：

1）$x^2 - 2x + 1 = 0$

2）$3x^2 - 2x - 2 = 0$

3）$5x^2 + x + 1 = 0$

变式：1）解下列一元二次方程：

① $x^4 - 2x^2 - 3 = 0$

② $3x^2 - 2 \mid x \mid - 5 = 0$

2）$x = 5$ 是方程 $2x^2 - 3x - m = 0$ 的解，求 m 的值，并解此方程。

3）解下列关于 x 的方程：

① $x^2 - 2x - m = 0$

② $mx^2 - x - 1 = 0$

【例 5 - 2】 原型题（人教社 1990 年版高一立体几何第 70 页习题九第 9 题）：正四棱台的上、下底面的边长分别为 a、b，侧面积等于两底面积的和，它的高是多少？

变式：1）两底边长分别是 15m、10m 的正三棱台，它的侧面积等于两底面面积的和，求这个三棱台的体积。（人教社 1990 年版高一立体几何第 107 页习题十四第 2 题）

2）一个正四棱台的斜高是 12，侧棱的长是 13，侧面积是 720，求它的上、下底面的边长。（人教社 1990 年版高一立体几何第 115 页复习参考题二第 4 题）

3）一个正三棱台的上、下底面周长分别是 12 和 30，两侧面积之和等于两底面积之差，求斜高。（1987 年高考第 7 题，这是一个错误的变式题，因为符合条件的正三棱台不存在）

从上面可以看出，变式应重基础性、重连贯性、重坡度性、重科学性，切忌不加思考随意变式。例如在一次公开课中，一位教师举例："设椭圆的中心是坐标原点，长轴在 x 轴上，离心率 $e = \dfrac{\sqrt{3}}{2}$，已知 $P\left(0, \dfrac{3}{2}\right)$ 到这个椭圆上的点的最远距离是 $\sqrt{7}$，求这个椭圆方程，并求

椭圆上到点 P 的距离等于 $\sqrt{7}$ 的点的坐标。"这是一道高考题,教师讲解也比较精彩。结果讲解完毕后,该教师却随意变式为:"$P\left(1,\dfrac{3}{2}\right)$ 到抛物线 $x^2=2py(p>0)$ 的最近距离为 1,求抛物线方程。"这种变式的随意性导致了超出学生的能力范围,使教学处于被动。

2. 重视综合训练,轻视分解训练

一些教师把技能训练的基调定位在数学成绩较好甚至优秀的学生身上,结果练习过于综合,导致相当一部分学生产生畏惧心理,不利于数学技能训练的整体提高。笔者曾经遇到过一些教师刚上新课就把新课的练习"对准"高考中与之相关的难题,令一些学生望而生畏,欲速则不达。我们认为,有时可以将数学问题出得"综合一些",然后采用"摘香蕉理论",对问题进行逐步分解和暗示,从而达到训练学生分析和综合应用能力的目的。

【例 5-3】　k 何值时,方程 $x^2+|x|+k=0$ 有解?

教师根据问题的难度可分解为以下几个问题:

1)方程 $|x|=1$,$|x|=0$,$|x|=-0.3$ 有解吗?

2)若方程 $|x|=k$ 有解,求 k 的范围。

3)k 为何值时,方程 $k=-x^2-x$ 有解?

4)k 为何值时,方程 $x^2+|x|+k=0$ 有解?

【例 5-4】　空间十个点,其中无三点共线,无四点共面,连结任意两点的所有直线中,能构成几对异面直线?

教师同样可分解为以下问题:

1)一个三棱锥有几对异面直线?

2)空间十个点,无三点共线,无四点共面,任取其中四点能构成几个三棱锥?

3)空间十个点,其中无三点共线,无四点共面,连结任意两点的所有直线中,能构成几对异面直线?

技能训练的分解,应视学生的具体情况,灵活处理,让学生"跳一跳,够得着",适度分解,例如前面的例 5-3、例 5-4 分解的顺序有时可以从后到前,当然也可以旁敲侧击,从某一点出发进行必要的暗示。

5.3　"双基"教学评析

5.3.1　正确处理"双基"与"创新"的辩证关系

"双基"是手段,"能力"与"创新"是目的。将"双基"转化成"能力"与素质,是"双基"教学的关键环节,在"双基"中深挖"创新因素",在"探究"中注意落实"双基",是数学教学"双基教学"的一种辩证统一关系。

曾有一种说法:"没有基础,哪来创新!"言者试图强调"双基"的重要性,并将所谓的"基础"作为"创新"的前提(隐喻"双基"培养起来的"能力"具有迁移性)。我们有充分理由质疑"'基础'是'创新'的前提"的论调。首先,创新需要意识。这种意识的培养需要不断地变更着的情境、方法、策略及开拓的思想。目前,我国所谓的"双基"教学,知识面普遍窄小,反而让学生产生"安于窄小的情境"的心态,对创新意识培养极为不利。其次,该论调忽略了人的主观能动性。一个人如果具有创新意识,提出新问题,同时发现自己的基础不够扎实,他可以去重新打基础,总比不知目标而盲目地"大面积打基础"要好,国内外很多学者的成长过程都是如此。此外,如果一个人具有创新意识同时具有合作意识,发现自己解决问题有难度,可以公开自己的想法,然后由其他人来完成。这体现了人类合作解决问题的精神,让人类摆脱"自己提问自己解决"的狭隘问题解决观,走出"为解决问题"而不得不"提前打基础"的误区。再次,必须注意知识、技能对人的发展作用的双重效应。一方面,知识、技能对人探求新知识做铺垫;另一方面,知识、技能同时让人产生思维相对定势的负面效应。一个人没有学过两轮自行车之前,他可以很轻松地学会三轮车,而一个人会骑两轮自行车后,反而对驾驭三轮车感到不适应。如果过于狭窄地进行"深挖洞"式的打"双基",很可能使思维定势更加厉害,不利于创新意识的培养。

5.3.2　抓住"双基",改革"双基教学"

"基本知识"与"基本技能"是任何一门学科都具有的两块"奠基

石",没有也不可能动摇"双基"在中小学数学教育中的地位。我们认为,"双基"教育应该成为我国数学教育的"国粹",这一"东方特色"应该保留。如何改变我们学生"知识面狭窄,缺乏创新意识,应用能力和意识差"的现状,才是我们要对数学"双基"教育进行反思的初衷。"教无定法"就是反映了教学方法要依教学内容、教学对象的变化灵活选择,而"教有定规"是指虽然教学方法具有一定的灵活性,但是数学教学有其内在的规律性,教学方法的运用必须符合教育的客观规律。传统的教学方法(如讲授法、谈话法、训练结合法等)和现代教学法(如单元教学法、发现法、自学辅导法等)在形成我国数学教育"双基"特色上都发挥了一定的积极作用。但是随着教育学、心理学、信息理论、系统论等的迅猛发展和面对经济全球化的今天,如果置广阔领域所需的越来越多的数学知识于不顾,耗费学生有限的时间资源对所谓的狭窄内容进行"打基础"是不明智的教学行为。同时,我国学生长期进行"打基础"产生的"扎实基础",学生能否进行有效地迁移,解决不断涌现的现实数学问题,都无法得到印证。相反地,学生对"深挖洞式"的数学恐惧情绪有增无减,如果没有数学考试这道门坎,将会有越来越多的学生不愿意学习数学。即使有数学考试的约束,学生一旦通过考试门坎,也会把数学忘得一干二净,将来遇到需要应用数学去解决实际问题的情景,也不知道将所学知识加以应用。因此,必须适当约束离现实生活越来越远的"双基"数学教学,让学生学习一些"广而有用"的"双基"数学。

5.3.3　改变数学"双基"内涵,融入新的教学观念

按照传统的"双基"涵义,"双基"是指"基础知识"、"基本技能"。所谓的中学数学"基础知识",是指中学数学中的概念、性质、法则、定理及其内容反映出来的数学思想和方法。而技能是经过练习而获得的,其练习的范围主要是依据基础知识内容而定,训练度则由课程标准及教师把握。因此,我们可以采取以下策略来改变"双基"的内涵:

(1)调整教学内容,摆脱窄而深,提倡适度浅而广。严格控制教学课时,彻底改变"三年功课两年教完,剩下一年复习考试"的现状。

（2）在技能训练中提倡通性通法，淡化特性特法。应注意学生学习数学与研究数学的区别，提倡"适度挖掘，点到为止"。防止不分教学对象，无休止地变式和"深挖洞"教学。

（3）将数学建模、研究性学习、创新意识的培养适度纳入"双基"的轨道。训练学生提出数学问题的技能，培养学生研究数学问题的方法与策略。

第 6 章

数学教学方法和教学模式

6.1 教学方法概论

6.1.1 教学方法的含义

教学方法是为实现既定的教学任务,师生共同活动的方式、手段和办法的总称。教学方法是教师创造性地指导学生通过探索,发现"新知"的科学方法。它是教师施教和学生受教,促使学生身心发展的,师生共同参与、双边互动的活动方法。

与教学原则一样,教学方法同样来自于教学实践。教育的实践活动是教学方法的唯一源泉。例如,我国邱学华先生从 1980 年开始历经 20 多个春秋,期间经过反复的实践、研究,再实践、再研究的不断探索与升华而形成的一种在我国数学教学领域内影响很广的数学教学方法——"尝试"教学法。

同时,教学方法在不同的时期、不同的文化背景下,也有不同的表现形式。例如,在第二次世界大战后,世界各国普遍重视如何提高学生素质、培养能力的教学,从而启发式教学方法在学科教学中的应用得以普及。

另外,教学方法为适应现代社会发展、科技进步的需要,将不断创新和完善,因此也要以发展变化的眼光看待教学方法。如 20 世纪 60 年代美国心理学家和教育家、结构主义教育思想的代表人物布鲁纳根据当时社会经济发展的需要和特点,提出"人类学习中似乎有个必不可少的成分,它像发现一样,是尽力探索情景的机会",主张把发现学习作为儿童教学的主要方法,以鼓励儿童去发现知识的奥秘,去掌握学科的结构,"发现式"教学法由此应运而生。

6.1.2 教学方法与教学模式

教学方法和教学模式既有联系又有区别。教学方法一般被认为是"大法",它往往是从宏观上体现某一种教学思想。例如,启发式教学方法体现了启发式教学思想,所有体现这一教学思想观点的教学方式都可以称为启发式教学方法,因而一般的教学方法没有一种固定的结构、行为模式和操作程序。虽然如此,人们在长期的教学实践中还是逐步形成了一些相对稳定的教学方式,如按照教学活动的外部形态区分,一般有教师讲授法、师生谈话法、学生讨论法、学生活动法以及自学辅导法等五种基本教学方法。

其中,教师讲授法是指教师通过特殊的教学语言系统而连贯地向学生传授知识、引导学生认识问题、培养其能力的方法;师生谈话法是指通过教师和学生之间问答的方式来引导学生理解知识、获取知识和巩固知识的方法;学生讨论法是指学生按照教师预先制定的教学问题纲要逐一展开讨论,获取知识并发展能力的方法;学生活动法是指学生在教师的指导下,通过实验、实际操作、实地测量或参观等多种活动方式,了解体会事物发生、变化的过程,来探求事物的规律,以提高认识、获取知识和发展能力的方法;自学辅导法是指学生独立收集资料,寻求方法,探索真理,教师予以适当的辅导指点,从而获取知识、发展能力的方法。

但是,随着社会的不断进步,教育观念的日益更新,"……相当数量的教师不满足于传统的数学教学方法,纷纷推出或者学习新颖的、富有成效和特色的新教学法,……"同时由于大家对教学方法的概念认识不一,各种提法众多,既有把教学方法看做是教学上宏观的指导思想方法,如我们前面叙述的,也有把教学方法看做是教学上微观的"针对每一堂课而言的具体的特殊的教学策略"。因此,鉴于对教学方法的认识的不确定性而带来的可操作性的难度增加,许多研究人员提出另一种概念,即教学模式(Model of Teaching),使它成为既包含一定教育思想又便于在具体教学之中实施,结构和程序相对稳定的教学方式,如"把从众多教学方法中抽象出的带有普遍意义的,能用于多种学科、不同课题的教学策略称为教学模式"。也有学者把上述一些基本教学方法的某种教学组合称为教学模式。比如,有人指出,"在长期的教学实践过程中,由于受不同理论和经验的影响,还形成了一些具有不同特点的教学方法组合(或称教学模式)……"而其他一些学者则认为"教学模式是根据一定的教学目标,在一定教学理论的指导下所设计的教学过程的结构及其相应的教学策略、教学方式。它既是教学基础理论的具体化,也是教学具体经验的概括化,是教学基础理论与教学实践的中介"。

　　在名称上无论采用教学方法还是教学模式,我们都要注意以下几个问题,即所选用的教学模式(方法)首先必须是建立在一定的教育原理和教育思想上的,或者说教学模式是以某种教学理论为指导而建构起来的;其次是其结构应该相对稳定,一种教学模式应具有一个相对固定的包含教学设计方案、教学实施方式、教学调控手段以及教学评价原则等教学活动环节的运作程序;第三,这一教学模式应能够便于操作使用,即教学模式应具备把有关教育原理转化为教学实践的功能,起到连接教学原理和教学实践之间的桥梁作用。

　　从教学模式形态的历史发展来看,教学模式也是逐步向以多样性、稳定性(指结构相对稳定的特点)以及实用性等为特征的方向发展变化的。如早期的教学模式是以18世纪德国教育家赫尔巴特为代表的教师传授、学生系统接受式的教学模式。这一教学模式强调教学的高度计划性、系统性和目的性,突出教师的主导作用和教材的中心作用。而后在20世纪初以美国教育家杜威为代表的实用主义主张的学生活动教学模式,产生了广泛的影响。该模式主张废除班级授课制,打破学科界限,摒弃教科书,由学生根据兴趣和需要决定学习目的和内容,在活动中获取知识和提高解决问题的能力。在第二次世界大战结束以后,教学模式的发展呈现出多样化的特点,其中较为典型的教学模式有以布鲁纳为代表的发现学习的教学模式;以德国教育家根舍因为代表的范例方式的教学模式,即范例教学模式;以美国心理学家布卢姆为代表的"指导－回授"式教学模式。

随着社会的进步,教育改革的不断深入,新型的教学模式也将层出不穷,但不管如何变化,对于教学模式应该把握如下五个基本要求,即"以发展学生的智能为出发点;以调动学生学习的积极性和充分发挥教师主导作用相结合为基本特征;注重对学生学习方法的研究;重视学生的情绪生活;对传统教学方法适当保留并加以改造"。

也有研究人员提出如下五点要求,观点基本类似:第一,在注意吸取传统教学和活动教学中的精华的同时,注重学生个性发展和社会实际;第二,强调学生认知结构的发展、完善;第三,在教学活动中,既强调教师的主导作用,也强调学生的主体能动作用;第四,注意把握掌握系统知识和发展能力的辩证动态关系;第五,在教学中强调及时调节和积极反思。

总之,对于教学方法或教学模式,我们应该以发展变化和实际运用为基本观点,使我们的教学活动符合社会发展的实际情况、符合教学实践的实际要求以及符合学生的实际特点等。为此,我们在下面将结合数学教学的具体案例分析和讨论数学教学方法、教学模式的运用方式。

6.2　数学教学方法的案例分析

课题一

一、课题名称：因式分解习题课

师:我们已经学习了因式分解的哪几种基本方法?

生:提公因式法、公式法、十字相乘法和分组分解法。

师:不错! 对于一个具体问题,我们往往不能一下子判断出应该选用哪一种方法,或应该综合运用哪些方法来加以解决。由于不存在一种万能的妙法,因此我们就需要探索出关于多项式因式分解的一般思路,以帮助我们有效地解决因式分解的问题。下面我们来看一个具体的例题:

【例 6-1】 把下列各式分解因式:

(1) $A^2 - 3A + 2$;

(2) $x^6 - 3x^2 + 2$。

(教师巡视,待学生练习完后提问)

师:对于(1),绝大多数同学应用十字相乘法,得到了正确的答案,下面请同学讲讲在解(2)时用了哪几种因式分解的基本方法?

生:从 $x^6 - 3x^3 + 2$ 分解为 $(x^3 - 1)(x^3 - 2)$ 用了十字相乘法,从 $(x^3 - 1)(x^3 - 2)$ 分解为 $(x-1)(x^2 + x + 1)(x^3 - 2)$ 用了公式法。

师:在整个分解过程中,关键是哪一步?

生:第一步,只要把 x^3 看做 A,(2)就转化成了(1),继续分解就容易了。

师:很好! 你把要解决的问题,转化成了我们熟悉的问题,这种"转化"的思想方法在因式分解中是十分重要的,下面请同学们做例 $6-2$。

【例 6-2】 把下列各式分解因式:

(1) $(a+1)^2 - 3(a+1) + 2$;

(2) $x^3 y - 3x^2 y^2 + 2xy^3$;

(3) $(2x - y)^2 - 3(2x - y)(2y - x) + 2(2y - x)^2$。

(学生练习,教师巡视指导,大部分同学获得正确答案)

师:同学们处理这几道因式分解题时,采用了怎样的思路?

生甲:对于例 $6-2$(1),只要把 $a+1$ 看做 A,就可转化为例 $6-1$(1)。

生乙:对于例 $6-2$(2),在提取公因式 xy 后,可分解为 $xy(x^2 - 3xy + 2y^2)$,而括号内的部分,可转化为与例 $6-1$(1)相类似的形式,用十字相乘法可得

$$xy(x^2 - 3xy + 2y^2) = xy(x - y)(x - 2y)$$

生丙:对于例 $6-2$(3),只要把 $2x - y$ 看成 A,$2y - x$ 看成 B,即可转化为与例 $6-2$(2)相类似的形式,然后运用十字相乘法,把它分解为 $3(x - y)(4x - 5y)$。

师:同学们在解题时,不但运用了转化的思想,而且发现了实现这种转化的手段,如提取公因式,把代数式中的某一项或项中的某一部分看成一个整体(即换元)加以处理的方法等等。确实,在因式分解中,实现这种转化的手段是多种多样的,我们再来研究例 $6-3$。

【例 6-3】 把 $(x^2 + x)(x^2 + x - 3) + 2$ 分解因式。

（学生练习，教师巡视并请能用换元方法解答的一个学生，和能采用把 $(x^2+x)(x^2+x-3)$ 相乘开来做的一个同学板演，然后提问第一个同学）

生：$(x^2+x)(x^2+x-3)+2=(x^2+x)^2-3(x^2+x)+2=(x^2+x-2)(x^2+x-1)=(x-1)(x+2)(x^2+x-1)$

师：请把你为什么要这样做的理由说一下。

生：只要把 x^2+x 看成一个整体，可以把问题转化为与例 $6-1(1)$ 相类似的形式 $(x^2+x)^2-3(x^2+x)+2$，再分解就不难了。

师：对。以恰当的形式进行式的变形，是实现转化的又一种常用的重要手段，而把 $(x^2+x)(x^2+x-3)$ 按多项式乘法展开的做法，反而掩盖了刚才说到的题中项与项之间的内在联系，也难以获得正确答案，因而那种变形方式是不足取的。

【例 6-4】 把 $x(x+1)(x-2)(x-3)+2$ 分解因式。

（教师巡视，请已获得正确解题途径的学生板演）

生：$x(x+1)(x-2)(x-3)+2=(x^2-2x)(x^2-2x-3)+2=(x^2-2x)^2-3(x^2-2x)+2=(x^2-2x-1)(x^2-2x-2)$。

师：你为什么把 x 与 $(x-2)$ 相乘；$(x+1)$ 与 $(x-3)$ 相乘呢？

生：$x(x-2)=x^2-2x$，$(x+1)(x-3)=x^2-2x-3$，它们的二次与一次项系数相同，原式成为 $(x^2-2x)(x^2-2x-3)+2$，这样可转化为与例 $6-3$ 相类似的问题。

师：我们把 $x(x+1)(x-2)(x-3)+2$ 与 A^2-3A+2 比较一下，粗略看来，两者的形式是完全不同的，但在转化思想的指导下，通过式的变形，可以把前者转化为与后者相类似的形式来加以分解，再回顾一下刚才做过的那些例题，同学们已经发现，它们的形式虽各不相同，但都可以转化为 A^2-3A+2 或与它相类似的形式加以解决。因此，这是一组形式相异、实质类同的问题。对于这种形异实同的问题，我们要提高识别能力，学会运用各种必要的手段来进行转化，化繁为简，化难为易，从而正确地进行因式分解。

【例 6-5】 把下列各式分解因式：

(1) $4x^2-y^2$；

(2) $4a^2b^2-(a^2+b^2-c^2)^2$；

(3) $4(a-b)^{n+1}-(a+b)^2(a-b)^{n-1}$。

（学生练习,教师巡视,发现学生都能得到正确答案）

师:同学们做得很好,我再出三道难度较大一些的问题,看同学们能不能攻下来。（学生情绪高涨）

【例 6 - 6】　把下列各式分解因式:

(1) $4y^2 - (x^2 + 4) - 4x$;

(2) $x(x - 4y) + 4(y + z)(y - z)$;

(3) 证明两个奇数的平方差能被 8 整除。

（请三位中等程度的学生板演）

生甲: (1) 原式 $= 4y^2 - (x^2 + 4x + 4) = 4y^2 - (x + 2)^2$
$$= (2y + x + 2)(2y - x - 2)$$

生乙: (2) 原式 $= x^2 - 4xy + 4y^2 - 4z^2 = (x - 2y)^2 - 4z^2$
$$= (x - 2y + 2z)(x - 2y - 2z)$$

生丙: (3) 设两个奇数为 $2n - 1, 2n + 1$,则 $(2n + 1)^2 - (2n - 1)^2$
$= (2n + 1 + 2n - 1)(2n + 1 - 2n + 1) = 8n$,故它能被 8 整除。

师: 例 6 - 6(1)、(2)两题,同学们都经转化为可用平方差公式加以解决的问题,这是很恰当的。同学们认为,例 6 - 6(3)的证法对不对?

（大部分同学认为解法正确,但有同学提出异议）

生: 我认为证法不对,设两个奇数为 $2n - 1, 2n + 1$,这就等于说它们是两个连续的奇数,但题目并没有说明这两个奇数必须是连续的,因此,应该设这两个奇数为 $2n + 1, 2m + 1$ 。

师: 说得很好,如果题目指的是两个连续奇数,那么黑板上的证法是正确的,但现在题目没有"连续奇数"这个条件,因此上述证法是有问题的,你能说一说你的做法吗?

生: $(2n + 1)^2 - (2m + 1)^2 = (2n + 2m + 2)(2n - 2m) = 4(m + n + 1)(n - m)$,这说明能被 4 整除。（解不下去了）

师: (提示)如果命题正确的话,应该怎么样呢?

生: $(m + n + 1)(n - m)$ 应该被 2 整除。

师: 大家议论,如何证明 $(m + n + 1)(n - m)$ 能被 2 整除。……可以研究一下 n 和 m 的奇偶性。

生: 如果 n 和 m 奇偶性相同的话,$n - m$ 必定偶数,命题得证;如果 n 和 m 一个为奇数,一个为偶数,则 $m + n + 1$ 必为偶数,命题也得证。

师:对! 这题告诉我们,在解题时,除了方法正确以外,还需要有灵活的思路,方能把新旧知识融会贯通。刚才我们处理两道例题,转化的方向是十分明确的,例 6-1~例 6-5 是转化为二次三项式 A^2-3A+2,例 6-6 是转化为平方差公式 x^2-y^2。但在一般情况下,转化的方向却不一定那么明显,这就要求我们根据问题的特点,从给出多项式的项数、次数、系数等各个方面进行分析,以探索出正确的转化方向。

【例 6-7】 把下列各式分解因式:

(1) $3a^{n+1}b^{n-2}-24a^{n-1}b^{n+1}$;

(2) $a^2(a+1)-b(ab+a)$;

(3) $(2x-y+3)(2x-y+1)-15$。

(请学生分组讨论、练习,然后得出结论)

师:我们来看最后一道题目。

【例 6-8】 把 x^6-y^6 分解因式。

(同学们先在下面做,老师挑选两名同学板演)

生甲:原式 $=(x^2)^3-(y^2)^3=(x^2-y^2)(x^4+x^2y^2+y^4)$
$=(x+y)(x-y)(x^4+x^2y^2+y^4)$

生乙:原式 $=(x^3)^2-(y^3)^2=(x^3-y^3)(x^3+y^3)$
$=(x+y)(x^2+xy+y^2)(x-y)(x^2-xy+y^2)$

(分解结果不同,引起全班学生的争论)

师:两位同学的解答结果不一样,是否有运算错误,请同学们用多项式乘法验证一下。

(验证结果:运算正确)

师:请同学们比较、分析,找出原因。

(同学中出现猜想——也许 $x^4+x^2y^2+y^4$ 还能分解成 $(x^2+xy+y^2)(x^2-xy+y^2)$,老师要求同学们试试看)

(同学们受到乘法演算的启发,都积极要求板演)

生: $x^4+x^2y^2+y^4=(x^4+2x^2y^2+y^4)-x^2y^2$
$=(x^2+y^2)^2-x^2y^2$
$=(x^2+y^2)^2-(xy)^2$
$=(x^2+xy+y^2)(x^2-xy+y^2)$

师:同学们,如上所说,在一般情况下转化方向不甚明显,需要我们仔细分析,通过恒等变形来实现转化的目的,本题中拆、添项的方式是经常用到的。同学们可尝试分解因式 x^4+4,课后完成。

这一节课,学习了运用转化思想解因式分解问题。要使转化思想在处理因式分解时获得成功,需要注意三个要素:转化的方向要清楚;转化的手段要有效;因式分解的基本方法要熟练。运用转化处理因式分解,只是众多思路中的一种,它不是唯一的,也不是万能的。另外,转化思想在处理其他数学问题时,也非常有效。

二、相关问题的思考

1. 上述数学教学的实际课例采用了什么样的基本数学教学方法?

2. 其教学设计采用的基本数学教学方法具有什么特点?

3. 通过上述的案例分析,你认为基本数学教学方法的基本结构是什么?

三、对上述问题的初步分析

1. 上述数学教学的实际课例采用了什么样的基本数学教学方法?

上述教学案例主要包含师生谈话法和学生讨论法这两种基本数学教学方法。

2. 其教学设计采用的基本数学教学方法具有什么特点?

其中,运用师生谈话法主要需把握如下几个要点:

一是要注意问题的启发性和牵引性。例如提出"这是一个属于什么类型、范围或性质的问题?"、"是不是曾经碰到类似或相似的问题?"、"这个问题可能与哪些知识点产生联系?"等等,而不是提出"这个问题是不是可以使用配方法?",或者"你们能不能使用正弦定理?"等只需要简单地回答"是或不是"、"能或不能"的问题。

二是要尽力达成教师与学生之间的互相合作、互相启发的"师生互动"的教学形态。在教学过程中,注意形成教师与学生问答时的共同参与活动、共同面对问题的民主气氛,而避免采用那种教师通过问题一味地"考问"学生的、两者地位明显倾斜的教学形式。

三是要注意教学目标的一致性、连贯性和集中性,通过问题的直线牵引来达到预定目标,或者围绕中心问题环环相扣、层层递进而达成目标。

运用学生讨论法是一种学生按照教师预先制定的教学问题纲要逐一展开讨论,获取知识并发展能力的基本教学方法。虽然其主要特点也是以问题为引导进行教学活动,与师生谈话法颇为相似,但也有明显的区别。

首先,其教学问题纲要由教师明确提出,并在开始就给出要求和达成的目标,与之相比,师生谈话法中的问题一般具有隐含性的特点,学生一般并不需要了解教师所提问题的用意和作用,即在学生讨论法中,学生往往"直面"问题。

其次,讨论的组织形式并不是以整个班级为单位,而是以几人一小组的形式组织讨论,即以学生与学生之间的互相合作、互相启发的"生生互动"的教学形态展开,教师可以参与某一小组的讨论,但并不固定,主要是起统筹兼顾、整体指导的作用,对学生的讨论不作直接干涉或评论。相对而言,学生的"自由度"很大,学生有足够的时间和空间让他们的思维自由驰骋。

第三,教学目标的设置往往采用由小到大、螺旋递进的方式。每个子目标由各小组的独立意见综合评价,统一定论,然后进入下一个环节。

3.通过上述的案例分析,你认为基本数学教学方法的基本结构是什么?

(1)师生谈话法的基本结构:

1)提出要谈的问题。

2)如果这个问题尚未数学化,则先将其数学化,并向不懂问题含义的学生作解释,使全班学生的起点比较划一。

3)组织谈话,鼓励学生形成讨论和争辩的气氛,遇有突破性的建议及时认可,留待下一步考察其可行性。

4)逐个考察已获全班学生初步认可的建议的可行性。完满解答问题并试作推广后请学生总结成功的经验和失败的教训,对曾经提出的各种建议作出评价,从而积累发现的经验。

(2)学生讨论法的基本结构:

1)宣布讨论要达到的目的,公布讨论提纲。如果提纲篇幅较长,应当发给每个学生一份。

2）将学生按预先拟好的计划分为若干组。研究表明,小组讨论的规模以十人左右为好,至少五人,至多十五人。分组也以混合能力的分组为好,要兼顾学生的个性、熟悉程度、合作意向,参考学生的以往成绩和表现。如果讨论开始后教师感到不妥,也可稍作调整。

3）组织讨论,逐个巡视。遇有沉闷的小组,教师可坐下来与他们一起探讨,直至形成讨论。遇有误入歧途的小组,教师应及时加以引导。遇有不愿意参加讨论的学生,要及时关心,予以鼓励,如果收效甚微,应当为他在第二课堂进行再次学习创造条件。

4）任意指定一名学生代表他所在的小组汇报讨论结果。

5）对结论、解决的方法以及思考过程加以分析和评价。

6.3　数学教学模式的案例分析

中学数学教学模式的形成和实施需注意如下三个要素,即数学教学模式的思想性,数学教学模式的结构性和数学教学模式的实践性。

本节我们将通过数学教学的实际案例分析有关典型的数学教学模式,分析其结构、特征和操作原则,为大家如何在数学教学活动中灵活运用数学教学模式提供参考。但是任何一种数学教学模式都不可能不存在其自身的缺陷,因此在具体的教学实践中,与数学教学原则一样,我们也必须以实事求是的态度和辩证发展的眼光来看待数学教学模式,以便把我们的教学工作做得更好,适应社会发展对教育的新要求。

课题二

一、课题名称:已知两边一对角解三角形(初中代数第四册)

师:上节课,我们学习了"正弦定理",请同学们回忆一下,利用正弦定理解斜三角形时,可解决哪几类问题?

生1:可解决:① 已知两角和一边,求其他的两边;② 已知两边和其中一边的对角,求另一边的对角。

师:上节课的课外作业中,有两道题同学们有些疑问,现在先请同学介绍一下解答的情况。其中有一题:在 △ABC 中,已知 $a=2$、$b=5$、$A=30°$,求 B。

生2:解:$\because \dfrac{a}{\sin A}=\dfrac{b}{\sin B}$,$\therefore \sin B=b\dfrac{\sin A}{a}=5\times\dfrac{\sin 30°}{2}=\dfrac{5}{4}$,$\sin B>1$,这道题不能解。

师:还有一题:在 △ABC 中,已知 $a=3$、$b=5$、$A=30°$,求 B。

生3:解:$\because \dfrac{a}{\sin A}=\dfrac{b}{\sin B}$,$\therefore \sin B=b\dfrac{\sin A}{a}=5\times\dfrac{\sin 30°}{3}=\dfrac{5}{6}=0.8333$,查表得 $B_1=56°27'$,$B_2=123°33'$,这道题有两解。

师:解答得很好。从这两道题中可以看出,当已知两边和其中一个对角(锐角)求另一对角时,可能有解,也可能无解。这和前面的已知两边一夹角、三边、两角一边的解的情况不同了,今天我们就专门研究已知两边一对角解的情况。

[板书课题:已知两边一对角解三角形]

师:现在让我们先讨论第一个问题——当已知角是锐角时,从哪些方面可以判断求这个角是有解还是无解呢?

生4:当计算到 $\sin B>1$ 时无解;$\sin B<1$ 时有解。

生5:从 a 与 $b\sin A$ 的大小比较中也可以判定,如果 $a<b\sin A$,则无解;如果 $a>b\sin A$,则有解。

师:那么 $a=b\sin A$ 时,有解吗?

生5:也有的,因为这时 $\sin B=1$,可以得到 $B=90°$。

师:以上的回答都很正确。也就是当已知角是锐角时,如果 $a<b\sin A$,即 $\sin B>1$ 时无解;如果 $a\geqslant b\sin A$,即 $\sin B\leqslant 1$ 时有解。

从正弦值与1的大小关系中我们知道了有解与无解的两种可能,但是已知条件明明都是两边和其中一边的对角,为什么一个无解,一个有解呢?同学们,大家是不是能够根据这两道题目的已知条件来画画图,看看究竟是什么道理?

师:现在先请一位同学讲一讲:你是怎么作出第一题所给条件的图形的?作出的图形说明了什么?

生6:按第一题的条件先作 $\angle PAQ=30°$,在 AQ 上截取 $AC=5$,以点 C 为圆心,2 为半径画弧(图 6-1)。因为这条弧与射线 AP 不相交,所以这样的三角形画不出来,因此无解。

师:对。同学们再考虑一下,$b\sin A$ 能不能在图上用一条线段反映出来?

生 7：$b\sin A$ 从 C 向 AP 所引的垂线段的长。

师：很好。现在 $b\sin A = 5 \times \dfrac{1}{2} = \dfrac{5}{2}$ ，故 $a < b\sin A$ ，这时我们所画的弧当然与射线 AP 不能相交。那么另一题的图又怎样呢?

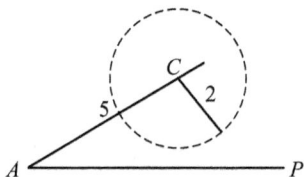

图 6-1

生 8：按另一题的条件以 C 点为圆心，3 为半径画弧，它与 AP 有两个交点 B 和 B'（图 6-2），我认为图中 $\triangle ABC$ 与 $\triangle AB'C$ 都符合题意，这时就产生了两解。

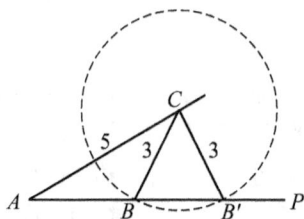

图 6-2

师：这里为什么圆弧会和 AP 相交呢?请从数量关系上加以解释。

生 9：因为 $a = 3$，$b\sin A = 5 \times \sin 30° = \dfrac{5}{2}$ ，得到 $a > b\sin A$ ，表明半径大于圆心到 AP 的距离，所以相交。

师：对，因为 $a > b\sin A$ ，半径大于距离，这条圆弧与 AP 一定相交。在这个图中有 B 和 B' 两个交点，说明有 $\angle ABC$ 和 $\angle AB'C$ 两解，它们一个是锐角，一个是钝角。大家想一想，这两个角有什么特殊关系呢?

师：对，说明在有两解的情况下，$\angle B$ 与 $\angle B'$ 是互补的。下面请同学们继续想一想，如果 $a = \dfrac{5}{2}$ ，那将出现怎样的情况?

生 10：这时 $a = b\sin A$ ，半径与圆心到射线 AP 的距离相等，所以所画的弧与 AP 一定相切（图 6-3）。如果切点是 B ，那么此时有一解：$\angle B = 90°$ 。

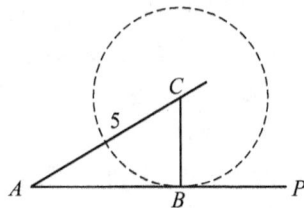

图 6-3

师：根据上面的分析，我们可以从两个方面去判断它有解或无解：① 从计算所得的正弦值即 $\sin B$ 与 1 的大小关系去判断；② 从图形中看，a 与 $b\sin A$（即 C 点到 AP 的距离）的长短来比较：$a < b\sin A$ 时无解，$a \geqslant b\sin A$ 时有解。

师：接着我们讨论第二个问题——根据前面的分析，当已知角是锐角，所求角的正弦小于 1，即 $\sin B < 1$ 时，一定有解，但是否都有两解呢？请大家动笔练习一题：已知 $a = \dfrac{\sqrt{6}}{2}$、$b = 1$、$A = 60°$，求 B。

师：好，请同学们讲一讲解题的过程。

生 11：$\because \dfrac{a}{\sin A} = \dfrac{b}{\sin B}$，$\therefore \sin B = b\dfrac{\sin A}{a} = \dfrac{1 \times \dfrac{\sqrt{3}}{2}}{\dfrac{\sqrt{6}}{2}} = \dfrac{\sqrt{2}}{2}$，$\therefore B_1 = 45°$，$B_2 = 135°$，这道题有两解。

生 12：我通过画图，以 C 为圆心，$a = \dfrac{\sqrt{6}}{2}$ 为半径画弧与射线 AP 只有一个交点，所以只有一解，$B_2 = 135°$ 应该舍去。

师：大家想一想，哪个结论正确？$B_2 = 135°$ 究竟该不该舍去？有哪些理由可以说明你的看法？大家讨论一下。

生 13：如果 $B_2 = 135°$，$\angle A = 60°$ 这两个角之和已超过 $180°$，根据三角形三内角和定理，这是不可能的，所以应舍去。

师：很好！在一般情况下，当 $\sin B < 1$ 时，$\angle B$ 应有一锐角、一钝角（它们互为补角）两种情况。但当这个钝角与已知角的和大于或等于 $180°$ 时，这个钝角应舍去，那么它就只有一解。

生 14：我这么思考，由于 $\dfrac{\sqrt{6}}{2} > 1$（图 6-4），也就是 $a > b$，现在 $A = 60°$，假定 $B_2 = 135°$，则 $A < B_2$，这与一个三角形中大边对大角的关系矛盾，所以这个解应该舍去。我们经过讨论认为，只要看清 a、b 的大小关系就能判断解的情况：a 比 b 大或相等时有一解；a 比 b 小时有两解。

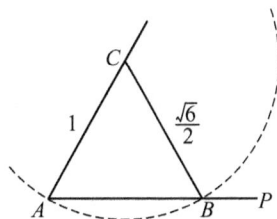

图 6-4

师：说得很好。只要已知角的对边不小于所求角的对边，即 $a \geqslant b$，那么所求的角只能是锐角，结论是：一解。如果已知角的对边小于所求角的对边，即 $a < b$，那么所求的角有两个，它们互为补角，结论是：两解。好，现在请同学们一起小结一下：当已知角是锐角，求另一

边的对角时,它的解有哪几种情况? 应该怎样确定?

生 15：当 $\sin B > 1$ 时无解, $\sin B = 1$ 时只有一解,这时 $B = 90°$,当 $\sin B < 1$ 时, $a \geqslant b$ 有一解, $a < b$ 有两解。

师：对。当 $\sin B < 1$ 时,只要从 a、b 两边的大小关系就可以判断它有一解还是两解。

师：最后,我们讨论第三个问题——当已知角是锐角时,它的解的情况我们已经明确了。那么当已知角是直角或钝角时,求另一边的对角的解又是怎样的情况呢?

请大家再画画图,思考一下,可根据什么条件来判断它的解的情况? 是不是也一定要通过计算正弦值来确定?

生 16：只要比较 a、b 的大小就可确定。当 $a > b$ 时,有一解;当 $a \leqslant b$ 时,无解。

师：为什么不可能有两解呢?

生 16：因为已知角已经是直角或钝角了,如果再求出一个钝角的话,就违反三角形内角和定理了。

师：对。如果所求的 B 角有解,由已知角 A 已经是钝角或直角,根据三角形内角和定理,$\angle B$ 只能是锐角,因此只能有一解。那么 $a \leqslant b$ 时,你为什么立即说它无解呢?

生 16：当 $a \leqslant b$ 时,如果 B 有解,那么在这个三角形中,钝角(或直角)的对边 a 不是最大边了,这是不可能的。因此,当 $a \leqslant b$ 时无解。

师：回答得很好。根据同学们的分析,我们知道,当已知角是直角或钝角时,不必去计算正弦值就可了解它的解的情况。下面有一题,请大家判断一下：已知 $a = 18$, $b = 20$, $A = 150°$,求 B。

生 17：$\because A = 150°$, $\therefore a$ 应是最大边,但 $a < b$, $\therefore$ 本题无解。

师：这节课我们一起研究了在三角形中已知两边和一对角,求另一对角时,它的解的情况。

根据以上的分析和讨论,我们可以归纳出解决此类问题的顺序：先看已知角是锐角,还是直角或钝角。如果已知角是直角或钝角,那只需要由已知两边的大小关系来判断它无解还是有解,这时不存在两解的可能;如果已知角是锐角,一般先计算所求角的正弦值,根据它是否大于 1 来判断它无解还是有解;在有解的情况下结合已知两边的大小关系还可判断有一解还是两解。

二、相关问题的思考

1. 上述数学教学的实际课例采用了什么样的数学教学模式?

2. 其教学设计采用的数学教学模式具有什么特点,基本结构是什么?

3. 通过上述的案例分析,你认为这一数学教学模式的运用需要注意些什么事项?

三、对上述问题的初步分析

1. 上述数学教学的实际课例采用了什么样的数学教学模式?

上述数学教学的实际课例采用的数学教学模式为"诱导—尝试—归纳—回授—调节"教学法,是顾泠沅先生在20世纪80年代初在上海青浦县所进行的数学教学改革的实践成果。其名称中的十个字大致概括了这一教学模式的基本结构。这一教学模式曾对我国数学教育改革的尝试带来广泛的影响,得到数学教育界的普遍关注,并在数学教学中被大面积地推广。

2. 其教学设计采用的数学教学模式具有什么特点,基本结构是什么?

此数学教学模式一般是由教师将教材组织成一定的尝试层次,学生在教师的指导下,通过尝试来进行学习,同时,教师十分注意回授学习的效果,以强化所获得的知识和技能的教学策略,从而达到在传授基本知识和基本技能的同时,培养学生获得和运用知识的能力。此教学模式对大面积提高教学质量效果特别明显。

其基本结构一般由六个环节组成,我们可以对照实际案例加以分析,具体如下:

(1)启发诱导,创设问题情境:以问题作为教学过程的出发点,引发认知冲突,激发学生的学习动机。

(2)探究知识的尝试:进入问题情境后,应充分发挥学生学习的主动性,组织学生阅读、实验、观察、讨论,引导学生试着找出解决问题的策略。

(3)归纳结论,纳入知识系统:探究尝试结束后,组织学生根据尝试所得,归纳出一般结论,然后通过必要的讲解,使之纳入教材的知识系统中去。

（4）变式训练的尝试：以培养学生灵活转换的方法、独立思考能力为目标，精心设计一组由简到繁、由易到难的变式练习题，把学生的思维逐渐引向新的高度。

（5）回授尝试效果，组织质疑和讲解：随时收集与评定学生尝试学习的效果，调节教学的进度和方法。尽早批改作业，及时了解学生掌握知识技能的情况，尽快通过补授帮助学生克服学习障碍，避免学生问题积累、拉开距离。

（6）单元教学结果的回授调节：在一个单元或一章节教学结束后，则根据教学目标的分类细目，通过测试进行教学效果反馈，采取补授措施。

3. 通过上述的案例分析，你认为这一数学教学模式的运用需要注意些什么事项？

（1）这一教学模式不太适合对拔尖生的学习指导；

（2）对于其中的六个步骤，应该有所侧重，不能把它作为课堂教学的固定程序；

（3）六步骤中，尝试学习是中心环节，它包括探究知识和变式练习两方面；

（4）重视课内课外教学相结合，课内"面向多数，兼顾两头"，课外开展适当活动，必要时，还要进行个别辅导。

课题三

一、课题名称：分式的意义

1. 教学目标

（1）理解并能说出分式的意义。

（2）理解并能求出分式有意义的条件。

（3）理解"数式通性"的思想方法，利用分数的意义推广到公式中应用。

2. 教学的重点和难点

必须在分式有意义的前提下，才能讨论分式的值。所以，在分式中，当分子的值等于零且分母不等于零时，分式的值才是零。有些学生往往只看到分子的值等于零，就认为分式的值是零，而忽略分母的值不等于零这个条件。

3. 课前预习

课前要求学生自学课本后,先解决下列尝试题(都是课本中的):

(1) 课本中 3 个例题各说明了什么数学知识?

(2) 试一试,下列各式中哪些是分式?

$$\frac{1}{a},\ \frac{x+a}{2},\ \frac{a^2+b^2}{3x},\ x^2+\frac{3y^2}{8}$$

(3) 当 x 取什么值时,分式 $\dfrac{x+1}{2x-5}$ 有意义?

4. 教学过程

(1) 导入新课

甲、乙两人做某种机器零件。已知甲每小时比乙多做 6 个,甲做 90 个所用的时间与乙做 60 个所用的时间相等。求甲、乙每小时各做多少个零件?

设甲每小时做 x 个零件,根据题意,列出方程 $\dfrac{90}{x}=\dfrac{60}{x-6}$。

我们暂时还不能解这个方程,$\dfrac{90}{x}$,$\dfrac{60}{x-6}$ 都不是整式,运用我们已经学过的整式以及方程知识,不能解决该问题。为了解上述问题,以及类似问题,就必须学习新的知识:第十五章分式。

这节课先学"分式的意义"(板书)。

(2) 尝试学习新课

检查课前自学尝试情况,分析讨论尝试题。

1) 课本中 3 个例题各说明了什么数学知识?

i) 两个整式相除,可写成分式。

ii) 在分式中,只有分母的值等于零时,分式没有意义,此外,分式都有意义。

iii) 在分式中,当分子的值等于零,且分母的值不等于 0 时,分式的值是零。

(要求学生学会看课本,弄清每道例题所说明的数学知识,能够抓住本质。)

讨论课前尝试题 2 和 3。

2) 理解分式的意义。

辨别哪些是分式,哪些不是分式,并说出根据。课本练习中第 1、

2 题以及以下各式是否是分式：

$$\frac{5}{a-b},\frac{m}{n},\frac{10}{\pi},\frac{2x}{x+2}$$

3）讨论分式有意义。

课本练习第 3 题：$\frac{1}{x},\frac{2x}{x+2},\frac{x+1}{2x-5}$

4）讨论分式的值是零。

课本练习第 4 题：$\frac{5x}{x-1},\frac{x-4}{2x-3},\frac{3x+7}{4x-1}$

（3）再次尝试，深化认识

采用抢答、分组竞赛的方法。

1）判断题（并说出理由）。

① 一个分式的分子为零时，分式的值一定为零。…………（ 1 ）

② 分式 $\frac{3x-y}{x+3}$ 也可以写成 $3x-y\div x+3$ ……………（ 2 ）

③ A、B 为两个整式，式子 $\frac{A}{B}$ 叫做分式。 ……………（ 3 ）

④ 当 $x=5$ 时，$\frac{2x-10}{x-5}$ 的值为零。…………………（ 4 ）

2）思考题。

① 当 x 取什么值时，下列分式无意义，当 x 取什么值时，下列分式的值为零？

$$\frac{x+1}{x+5}$$

② 当 x 取什么值时，下列分式的值为零？

$$\frac{x^2-4}{x-2}$$

（4）全课总结

这堂课学到了什么，你觉得哪些知识容易出差错？

（5）布置下节课尝试题

1）什么是整指数幂。

2）把下列各式写成只含有正整指数幂的式子：

$$-2y^{-3},(x+2y)^{-3}$$

3）利用负整指数幂把下列各式化成不含分母的式子：

$$-\frac{x}{y^2},\frac{2x}{(a+b)^2}$$

二、相关问题的思考

1. 本数学教学的实际课例采用了什么样的数学教学模式？

2. 其教学设计采用的数学教学模式具有什么特点，基本结构是什么？

3. 通过上述的案例分析，你认为这一数学教学模式的运用需要注意些什么事项？

三、对上述问题的初步分析

1. 本数学教学的实际课例采用了什么样的数学教学模式？

本教学课例采用的数学教学模式为"尝试"教学法，是邱学华先生 20 多年前经过反复的实践、研究、再实践、再研究的不断探索与升华而形成的一种在我国数学教学领域内影响很广的数学教学模式。这一教学方法的灵魂是"先试后导、先练后讲"，其中的"先试"就是"先让学生试一试"，这是尝试教学理论的基本精神。

2. 其教学设计采用的数学教学模式具有什么特点，基本结构是什么？

其主要特点是让学生在尝试中学习，在尝试中成功。一般由教师提出问题，学生在旧知识的基础上，自学课本和互相讨论，依靠自己的努力，通过尝试练习去初步解决问题，然后教师根据学生尝试练习中的难点和教材的重点，有针对性地进行讲解，从而把教师的主导作用和学生的主体作用有机地结合起来，使学生的尝试活动取得成功。概括地说，就是"学生能尝试，尝试能成功，成功能创新"。

对照实际案例分析其基本结构：

（1）准备练习：这一步是学生尝试活动的准备阶段。对解决尝试问题所需的基础知识先进行准备练习，然后采用"以旧引新"的办法，从准备题过渡到尝试题，发挥旧知识的迁移作用，为学生解决尝试题铺路架桥。

（2）出示尝试题：这一步是提出问题，也就是为学生的尝试活动提出任务，让学生进入问题的情境之中。出示尝试题后，必须激发学生尝试的兴趣，激活学生的思维，"老师还没有教，谁会做这道题目？""看谁能动脑筋，自己来解决这个问题"。先让学生思考一番，同桌的学生可以互相议论一下，如何解决尝试题。

（3）自学课本：这一步是为学生尝试活动中自己解决问题提供信息。出示尝试题后，学生产生了好奇心，同时产生解决问题的愿望。这时引导学生自学课本就成为学生切身的需要。"这道题你们还不会做吧，请翻开课本看看例题是怎样做的，再想想这道题应该怎样做。"

自学课本前，教师有时可提一些思考问题作向导。自学课本中，学生遇到困难可提问，同桌学生也可互相商量。通过自学课本，大部分学生对解答尝试题有了办法，都跃跃欲试，时机已经成熟，就转入下一步。

（4）尝试练习：这一步是学生尝试活动的主体。尝试练习根据学科特点有多种形式。教师要巡视，以便及时掌握学生尝试练习的反馈信息，找准学生的困难在哪里，这就为后面教师讲解提供信息，对后进生进行个别辅导。学生尝试中遇到困难，可以继续阅读课本，同桌学生之间也可互相帮助。尝试练习结束后，转入下一步。

（5）学生讨论：尝试练习中会出现不同答案，学生会产生疑问，这时引导学生讨论。谁做对了，谁做错了，不同看法也可以争论。其实，在对尝试题评议讨论的过程中，学生已经在尝试讲道理了。学生互相讨论后，学生迫切需要知道自己尝试的结果是否正确，这时听教师讲解已成为他们的迫切要求。教师讲解火候已到，就转入下一步。

（6）教师讲解：这一步是确保学生系统掌握知识。有些学生会做尝试题，可能是按照例题依样画葫芦，并没有真正懂得道理。因此，在学生尝试练习以后，教师还要进行讲解。

这里的教师讲解同过去的方法不同，不要什么都从头讲起。因为现在学生的起点不同，他们已经通过自学课本，并亲自做了尝试题，对这堂课的教学内容已经有了初步的认识。教师只要针对学生感到困难的地方、教材关键的地方重点进行讲解。教师要讲在点子上，讲在学生还模糊的地方。讲解时要注意运用直观教学手段或电化教学手段。

（7）第二次尝试练习：这一步是给学生"再射一箭"的机会。在第一次尝试练习中，有的学生可能会做错，有的学生虽然做对了但没有弄懂道理。经过学生讨论和教师讲解后，得到了反馈矫正，其中大部分人会有所领悟。为了再试探一下学生掌握新知识的情况以及把学生的认识水平再提高一步,应该进行第二次尝试练习,再一次进行信息反馈。这一步对中、差生特别有利。

第二次尝试题不能与第一次相似,否则就失去了意义。它一般与例题稍有变化或采用题组形式。第二次尝试练习后,教师可进行补充讲解。

3. 通过上述的案例分析,你认为这一数学教学模式的运用需要注意些什么事项?

(1)这一教学模式的基本操作模式并不是凝固不变的,应该根据不同教学内容、不同的学生情况以及教学条件的变化而灵活应用。

(2)应用尝试教学操作模式,学生要有一定的自学能力。因此,要注意学生对象的具体情况,如年龄、基础等。

(3)对于初步概念的引入课,一般不适合于应用尝试教学法。一般来说,前后有密切联系的教材,作为后续教材内容,应用尝试教学效果较好,这一点需教师在处理具体教材时予以把握。

(4)实践性较强的教材内容不适合于应用。有些实践性较强的教材内容需要强调学生进行动手操作,直接尝试似有强人所难之嫌,因此应用起来有一定的困难。

课题四

一、课题名称:平面平行判定定理

师:如图6-5所示,观察教室天花板与地面所在的两个平面,它们有怎样的位置关系?

生:平行。

师:你能说出为什么平行的道理吗?

生:……

师:以前见过类似于这样的问题吗?

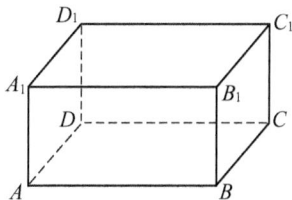

图6-5

生:在"用定义证明直线与平面平行"中见过。

师:那时,用"直线与平面平行的定义"证明直线与平面的平行,而不易证时,我们是怎样处理这个问题的?

生:寻找便于证明的判定定理,即寻找判定"线面平行"的条件。

师：照这样分析，我们现在要探寻的是"面面平行"的判定条件，那么条件又是什么呢？

生：……（一时想不起）

师：还要像探寻"线面平行判定的条件"那样，从实际问题中去提炼吗？

生：……（还是拿不准）

师：从实际问题中去提炼是一种方法，但现在我们已有"线面平行的判定定理"作基础，我们能否从分析"线面平行判定定理"的条件与结论入手，去获得有益的启示呢？

生1："线面平行判定定理"的条件是"线线平行"，结论是"线面平行"。

生2：我明白了，"线面平行"的条件是"线线平行"，即证明"线面平行"的问题转化为证明"线线平行"的问题。照这样，判定"面面平行"的问题可以转化为判定"线面平行"的问题。

生3：按照这种想法，我认为，判定"面面平行"的问题也可转化为判定"线线平行"的问题。

师：大家的分析都很有道理，并且集中揭示了解立体几何问题的一个重要思想方法，这个思想方法是什么？

生（齐）：高维向低维转化。

师：究竟这两位同学的想法是否正确，下面我们一起来逐个验证。

师：根据以上分析，"面面平行"的判定条件是"线面平行"，那么"线面平行"的含义如何？

生1：一平面内一直线与另一平面平行。

生2：一平面内两平行直线与另一平面平行。

师：上述假说是否正确，我们来逐一检验，下面请同学们观察思考下列问题：

① 已知 $a/\!/\alpha$，则过 a 的平面是否一定与 α 平行？

② 已知 $a/\!/\alpha$，$b/\!/\alpha$，且 $a/\!/b$，则过 a、b 的平面是否一定与 α 平行？为什么？

③ 已知 $a/\!/\alpha$，$a\cap b$，则过 a、b 的平面是否一定与 α 平行？为什么？

④ 经过怎样的两相交直线的平面才能与 α 平行呢？

师：上述命题是否正确，请同学们自己画出图形，写出已知、求证。

师：欲证 $\beta // \alpha$ 实质是证明什么？

生：β 与 α 没有公共点。

师：能否说得更具体一点呢？

生：即证 α 上的任意点，都不在 β 上。

师：对于处理"任意点都不在 β 上"的证明问题，以前见过吗？

师：用什么方法？

生：用反证法，假设 α 与 β 不平行。

师：下面请同学们自己用反证法写出上述命题的证明。（学生证后，师生共同讲评，并引出"面面平行的判定定理"，学生口述，教师板书）

生：（不满足地）本题可用直接法证（其他同学为之诧异）。

师：请把你的直接证法说给大家听听看。

生：任取点 $A \in \beta$，点 A 对于 α 的位置关系只有两种，$A \in \alpha$ 或 $A \notin \alpha$，若 $A \in \alpha$，则 α 与 β 相交于过 A 点的一条直线，设为 c，余同前述证法。

师：说得好！请同学们仔细想想看，这种证法的实质是什么？

生：以反证法为基础。

师：前面曾提到，面面平行判定定理的条件可以是"线线平行"，那么"线线平行"的含义又是什么呢？

生：一平面内一直线平行于另一平面内一直线……

师：好！下面请同学们自己逐一分析研究这些条件，为此，观察、思考下列问题：

（1）已知 $a \subset \alpha, a' \subset \beta, a // a'$，$a$ 与 β 是否一定平行？（教师演示模型，学生观察回答，下同）

（2）已知 $a、b \subset \alpha, a'、b' \subset \beta$，且 $a // a', b // b'$，a 与 β 是否一定平行？

（3）α 内的两直线 $a、b$ 与 β 内的两直线 $a'、b'$，应满足怎样的条件才能使 α 与 β 平行呢？

师："面面平行"判定的条件一定要从线线或线面平行的位置关系中去寻找吗？能否从线面的其他位置关系中探寻出"面面平行"的判定条件呢？

生：线面的其他位置关系只能是相交。

师：对！要从线面相交的位置关系中，探寻出"面面平行"的判定条件，一般的认知方法是什么？

生1：从特殊情形出发。

生2：线面相交的特殊情形是线面垂直，照此说法，应先考虑直线和两平面都垂直的情形。

生3：（受"线面平行"判定定理形成的启发）从考察教室的内部结构出发可知：四条墙脚线垂直于上下底面，则上下底面平行。

生4：因为四条墙角线是平行的，其中一条垂直于上、下底面，其余三条必垂直于上、下底面，因此，如果生2的假说成立，那么面面平行判定的条件可以是"一直线同垂直于两平面"。

师：根据上面的分析，请同学们概括出这个命题。

生：（命题2）如果两平面同垂直于一条直线，那么这两个平面平行。

师：在命题2中，将"与两平面垂直的直线"改为"不垂直"命题还成立吗？（教师演示模型，学生观察）

生：不成立。

师：能否再加一些条件使命题2成立呢？请同学们自己演示模型，观察分析得出结论。

生1：平面与平面间的两平行线段相等，则 $\alpha \parallel \beta$。

生2：不对！这只能保证平面 β 内的一直线与平面 α 内的一直线平行，我觉得条件应该是平面 α 内不在一条直线上的三点到平面 β 间的平行线段相等。

生3：这些条件还不够，因为若 α 与 β 相交，也能在 α 上找到不共线的三点，它们与平面 β 间的平行线段相等。

师：同学们讨论得很好，谁来概括出这一命题呢？

生1：（命题3）平面 α 上，若不共线的三点（在 β 同侧）到平面 β 间的平行线段相等，则 $\alpha \parallel \beta$。

生2：若命题3成立，那么命题3的特殊情形也成立，即有：（命题4）平面 α 内不在一直线上的三点（在 β 同侧）到平面 β 的距离相等，则 $\alpha \parallel \beta$。

师：还能够演变出另外的命题来吗？（延迟）比如，保持 α 不动，

让 β 逆时针方向旋转呢?（教师演示图形）

生:（命题 5）α 与 β 间不共面的三线段 AA'、BB'、CC' 交于一点 O,且 $AO=A'O$,$BO=B'O$,$CO=C'O$,则 $\alpha // \beta$。

师:你们探索到的命题 3 到命题 5 都是正确的,有兴趣的同学课后去验证。在"面面平行"判定定理的学习中,我们应掌握哪些知识和方法呢?请同学们在示意图下方写出相应的定理和命题,标出这些定理或命题间的思维联系,并提炼出应用这些定理或命题解题的思想观点。

二、相关问题的思考

1. 上述数学教学的实际课例采用了什么样的数学教学模式?

2. 其教学设计采用的数学教学模式具有什么特点,基本结构是什么?

3. 通过上述的案例分析,你认为这一数学教学模式的运用需要注意些什么事项?

三、对上述问题的初步分析

1. 本数学教学的实际课例采用了什么样的数学教学模式?

本教学课例采用的数学教学模式为质疑教学法。

质疑教学法就是通过创新的教学思想、新颖的教学方法、人性化的教学设计来落实素质教育目标的数学教学模式,从其原始形态来看,类似于以布鲁纳为代表的发现学习的教学模式。

2. 其教学设计采用的数学教学模式具有什么特点,基本结构是什么?

质疑教学法的主要特点是,在教学中不断提出问题（既可是教师提出,也可以是学生生疑）,组织课堂讨论,以此来完善教师的教学方式和学生的学习方式,使学生的学习过程变成学生发现问题、提出问题、分析问题和解决问题的过程,以培养学生的创新精神和实践能力,更好地完成教学任务,全面提高学生的素质。

对照实际案例分析其基本结构:

（1）设疑:采用多种手段与方法,巧设新奇的悬念、问题和情境,促使学生产生对某问题的不相信、疑惑,但一时又无法断定、不能解决,进而引起猜度、期待解决的情绪状态。

这一环节是学生质疑心理情感的酝酿阶段,是质疑教学法的关键步骤,应予以足够的重视,既要适时把握学生的心理,也要在选取手段和使用技巧上下工夫。我们称之为质疑的"酝酿阶段"。

(2)激疑:教师根据事先设计好的教学目标、计划程序,进一步地提出中心问题的"边缘"问题,有效地刺激学习者,使学习者产生强烈的、富有情感的认知冲突,激化学习者内在强烈的平息这一冲突的心理期待,从而使学习者进入最佳的学习状态。这一步骤被称为质疑的"激化阶段"。

(3)启发:充分把握学生对数学问题的兴趣爱好,紧紧抓住学生的原认知结构的状态特征,恰当地启发诱导,适时地点拨领引,或举例或比较,或猜想或比喻,使学生内在的心理冲突疑虑能够顺利地转化为平息冲突、填补空缺的外在的自觉行动。激发学习者的数学思维,开拓他们的数学想像,使学习者进入一种广泛迁移、主动发现和积极探究的数学活动状态。我们称这一阶段为质疑的"启发阶段"。

(4)析疑:提出问题是为了解决问题,质疑是为了析疑。在上述"激化阶段"和"启发阶段"的准备酝酿下,对学生提出的解决问题的想法和思路进行共同的分析(既可以是学生与学生之间的共同分析,也可以是教师参与学生中间进行讨论分析),从多个角度、多个层面、正向逆向、全方位地进行辨析和争论,使生生之间、师生之间的思维产生碰撞与交汇,从而达到化解疑问的目的。这一步骤可称为质疑的"辩驳析疑"阶段。

(5)评价:事实上,解决问题也不是数学活动的最终目标,而应该是通过展示质疑的全过程来发现和掌握数学方法,形成数学思想,通过归纳概括而提高数学理论水平,使学生在今后的学习或其他思考领域中能够有意识地把已掌握的数学理论思想方法加以运用,形成一定的数学能力,尽最大可能地体现数学的教育功能作用。我们称这一阶段为质疑的"评价归纳"阶段。

3. 通过上述的案例分析,你认为这一数学教学模式的运用需要注意一些什么事项?

(1)质疑教学法并适合所有的教学内容,对一些数学概念的初次引入,往往需要教师举例分析,解释和验证,故不宜用这种教学法。对于具体的数学教学内容,应该具体对待,不能滥用、套用教学方法。

(2)运用质疑法教学法的前提是学生学习的兴趣和热情和积极

主动的学习状态,否则学生就不可能积极参与教学活动,质疑教学将会落空,也就谈不上数学创造性思维的培养。

（3）运用质疑教学法的一个重要目的是培养学生的质疑能力,形成善于质疑的品质,养成勇于质疑的习惯,而不仅仅是课堂数学教学内容本身的学习和掌握。

（4）质疑教学法旨在培养学生善于学习、善于运用的能力,因而在整个教学过程中,尽量让学生独立生疑、探疑和释疑至关重要,切忌教师事事替代,而使这一教学法流于形式。

课题五

一、课题名称:排列与组合复习课

师:今天这节课的内容是"排列组合复习",要求同学们开动脑筋,积极思索我所提出的每一个问题。

（1）排列组合数计算公式;（2）组合数性质;（3）解排列组合题的一般方法;（4）解排列组合题应注意的问题。

生:（1）公式:$P_n^m = n(n-1)\cdots(n-m+1) = \dfrac{n!}{(n-m)!}$

$$C_n^m = \frac{n(n-1)\cdots(n-m+1)}{m!} = \frac{n!}{m!(n-m)!}$$

（2）性质:$C_n^m = C_n^{n-m}$

$$C_n^m + C_n^{m-1} = C_{n+1}^m$$

$$C_n^0 + C_n^1 + \cdots + C_n^n = 2^n$$

$$C_n^0 + C_n^2 + \cdots = C_n^1 + C_n^3 + \cdots$$

（3）方法:分类法、位置法、排除法等。

（4）注意:防止"重复"与"遗漏"。

师:不错! 对解排列组合题的方法,我补充两点:

（1）一般方法的选择:问题分成互斥各类,根据加法原理,可用分类法;问题考虑先后次序,根据乘法原理,可用位置法;问题的反面简单明了,根据减法原理,可用排除法。

（2）特殊方法的运用:① 复杂排列用转化法,先取后排,转化为组合问题,利用转化公式 $P_n^m = C_n^m P_m^m$;② 某些元素必须在一起的紧密排列用"黏合法",紧密结合的黏成小组,组内外分别排列;③ 某些元素必须不在一起的分离排列用间隔法,无需分离的在空位上进行排列。

师:有了上述准备,掌握了解决排列组合问题的一般及特殊方法,接下来我们来解几个范例。

【例6-9】 求不同分法的种数:

(1) 6 人平分为甲、乙、丙 3 组;

(2) 6 人平分为 3 组;

(3) 6 本不同的书分给甲、乙、丙 3 人,甲 1 本,乙 2 本,丙 3 本;

(4) 6 本不同的书分给甲、乙、丙 3 人,1 人 1 本,1 人 2 本,1 人 3 本。

师:请同学回答。

生:(1)、(2)都是 $C_6^2 C_4^2 C_2^2$;(3)、(4)都是 $C_6^1 C_5^2 C_3^3$。

师:从这个解答中,说明你对位置法是掌握的,但要请大家注意:(2)、(4)是否分别与(1)、(3)一样?是否产生了"重复"、"遗漏"错误?

生:(自动举手要求解答)(2)与(1)不一样,(4)与(3)也不一样,(2)、(4)答案都不对,分别产生"重复"、"遗漏"错误。

师:说得对! 继续说下去,作具体分析。

生:对第(2)小题,6 人平分为 3 组,组别指明甲、乙、丙时,分法种数为 $C_6^2 C_4^2 C_2^2$,现未指明组别,这样一来,甲乙丙、甲丙乙、乙甲丙、乙丙甲、丙甲乙、丙乙甲这种分法实际上是同一种,需做除法才能防止"重复"错误的产生,故分法种数为 $N_2 = C_6^2 C_4^2 C_2^2 / P_3^3 = 15$(种);对第(4)小题,3 人分书:甲 1 本,乙 2 本,丙 3 本时,分法种数为 $C_6^1 C_5^2 C_3^3$,现未指明谁 1 本,谁 2 本,谁 3 本,因此甲、乙、丙的顺序(P_3^3 种)还可以变化,需做乘法才能防止"遗漏"错误的产生,故分法种数为 $N_4 = C_6^1 C_5^2 C_3^3 P_3^3 = 360$(种)。

师:你分析得很透彻! 我们应当认识到:例 6-9 中是否指明甲、乙、丙是有区别的。倘若不加区别,就会产生"重复"、"遗漏"的错误。这是解排列组合题必须引起高度重视的问题。现在我将例 6-9(2)一般化:n 人均匀分成 m 组($n = mk, k \in \mathbf{N}$),问分法种数如何?

生:分法种数为 $C_n^k C_{n-k}^m \cdots C_k^k / P_m^m$ 种。

师:对,如果 10 人分成 3 组,一组 4 人,另两组都是 3 人,如何计算分法种数? 有均匀(两组都是 3 人),又有不均匀(一组 4 人),怎么办? 先考虑均匀,还是先考虑不均匀?

生: 分法种数为 $N=\mathrm{C}_{10}^4 \cdot (\mathrm{C}_6^3 \mathrm{C}_3^3 / \mathrm{P}_2^2)$。

师: 很好! 你们已理解了不均匀分组的计算,先考虑不均匀,剩下的就均匀了。这样,分组问题已经彻底解决了。现在看下面的例题。

【例 6-10】 数集 $A=\{1,2,3,4,5\}$,$B=\{6,7,8\}$,问:

(1) A 到 B 的不同映射有几个?

(2) B 的每个元素都是象的不同映射有几个?

师: 做好第(1)小题的请举手!

生: 映射个数是 $N_1 = 3 \times 3 \times 3 \times 3 \times 3 = 3^5 = 243$(个)。

师: 对!

师: (启发)6、7、8 都是象,五个原象与三个象的对应关系如何?

生: 只能是

$$○○○→□ \qquad\qquad ○○→□$$
$$○→□ \qquad 或 \qquad ○○→□$$
$$○→□ \qquad\qquad ○→□$$

师: (继续发问)怎样计算每一类映射的个数? 它与上题的分组有关系吗?

生: 可以将本题转化为一个熟悉的分组问题。因为是映射,象6、7、8 可变化顺序,要再排,还需利用转化法,便得到 B 的每个元素都是象的映射个数为

$$N_2 = N' + N'' = \mathrm{C}_5^3(\mathrm{C}_2^1 \mathrm{C}_1^1 / \mathrm{P}_2^2)\mathrm{P}_3^3 + \mathrm{C}_5^1(\mathrm{C}_4^2 \mathrm{C}_2^2 / \mathrm{P}_2^2)\mathrm{P}_3^3$$
$$= 60 + 90 = 150(个)。$$

师: 现在请看下一例。

【例 6-11】 求不同坐法的种数:

(1) 6 男 2 女坐成一排,2 女不得相邻;

(2) 4 男 4 女坐成一排,男女均不得相邻;

师: 请同学说出第(1)小题的答案。

生: 坐法种数为 $N = \mathrm{P}_8^8 - \mathrm{P}_7^7 \mathrm{P}_2^2$(种)。

师: 完全正确!她是用黏合法结合排除法来解的,其解题思路为"先紧密排列,2 女黏成一组,与 6 男共成七组,组外排列为 P_7^7 种,得 2 女相邻的坐法为 $\mathrm{P}_7^7 \mathrm{P}_2^2$ 种,再从总体 P_8^8 种中排除,便得到 2 女不得相邻

的坐法种数"。

师：例 6-11(1) 有没有更简单的方法？2 女不得相邻,也就是必须分开,这意味着什么？

生：坐法种数 $N_1 = P_6^6 P_7^2$(种)。

师：显然两种解法的思路不同,但殊途同归,答案一样$(P_8^8 - P_7^7 P_2^2 = 6P_7^7 = P_6^6 P_7^2)$,都是正确的。现在请一位同学总结解题方法。

生：解决分离排列的问题可以用黏合法结合排除法,也可直接用间隔法。

师：大家认为这一小结对不对？

生：(大多数)对！

师：例 6-11(1)改为"5 男 3 女坐成一排,3 女都不得相邻",问："两种答案：$P_8^8 - P_6^6 P_3^3$ 与 $P_5^5 P_6^3$ 都对吗？"

生：这两个答案分别为 36000、14400,可肯定其中一个是错的。但到底哪一个错,搞不清！

师：(继续启发)请注意条件："3 女都不得相邻"的涵义。

生：(恍然大悟)前一答案用排除法,排除了都相邻,得到的是"3 女不都相邻"的坐法种数,其中自然包含有 2 女相邻的情形,因此把题意理解错了,把不符合条件的种数也算进去了,导致失误；而间隔法在 6 个空位中排 3 女,保证了 3 女都不相邻,题意理解正确,答案显然也对。解决分离排列的问题用间隔法,既直接又不易出错。

师：请说出例 6-11(2)的答案。

生：坐法种数 $N_2 = P_4^4 P_5^5$(种)。

师：他知道用间隔法,应肯定；但这一结果正确吗？先坐男的,空位坐女,对吗？

生：不对！这样排法,女的不相邻了,男的就不一定不相邻。

师：那么先坐女的,空位坐男,对吗？

生：同样错！(都笑了)

生：(在笑声中领悟到了)男不得相邻,女也不得相邻；必须男女都坐好,即男坐奇数位,女坐偶数位,或者对调。正确的坐法种数应为 $2P_4^4 P_4^4 = 1152$(种)。

师：答得实在好！现在看最后一例。

【例 6-12】 直线与圆相离,直线上有六点 A_1、A_2、A_3、A_4、A_5、A_6,圆上有四点 B_1、B_2、B_3、B_4,任两点连成直线,问所得直线最多几条?最少几条?

生:所得直线可分为两类:已知直线上与圆上各取一点或圆上取两点,得到直线最多条数 $N_1 = C_6^1 C_4^1 + C_4^2$。

师:有没有遗漏?

生:漏掉了一条已知直线。直线最多条数应为 $N_1 = C_6^1 C_4^1 + C_4^2 + 1$。

师:(启发)在直线条数最少时,重合的直线最多,需要用排除法减去重合的直线条数,因此时由已知直线上与圆上各取一点连成的直线已经有重复,而重复多的直线即是由圆上取两点连成的直线,如图 6-5 所示,排除重复,便得直线最少为 $(C_6^1 C_4^1 - C_4^2 + 1)$ 条。

二、相关问题的思考

1. 上述数学教学的实际课例采用了什么样的数学教学模式?

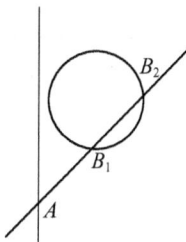
图 6-5

2. 其教学设计采用的数学教学模式具有什么特点,基本结构是什么?

3. 通过上述的案例分析,你认为这一数学教学模式的运用需要注意些什么事项?

三、对上述问题的初步分析

1. 本教学课例采用的数学教学模式为"整体与范例"教学模式。

"整体"教学法主要是针对数学教学比较偏重于形式的记忆、演算,以及技巧的运用,对数学概念的背景及其形成过程比较轻视的现象而提出的。

"范例"教学思想早在古希腊人文主义的"完满教育"和西塞罗的"人性研究"中已见端倪,在夸美纽斯、沃尔夫、康德、胡塞尔等人的教育学与哲学著作中也有所反映。但范例教学法作为一种教学理论流派的出现,始于 20 世纪 50 年代的前联邦德国。

把这两种教学思想方法加以巧妙的融合,既体现数学理论内在的规律性,又体现学生主动学习和把握数学思想实质的现代数学教学的目标要求。

2. 其教学设计采用的数学教学模式具有什么特点,基本结构是什么?

"整体与范例"教学模式注重教材内在的系统性和关联性,特别强调知识结构的协调性和整体性,使学习者对知识内容有一个基本的、全貌性的把握,以此来理解数学理论的本质。同时精心选取那些在日常生活素材中隐含着本质因素、根本因素、基础因素的典型事例,即范例。通过基本性、基础性和范例性知识教学,培养学生具有独立的判断能力和创造能力。

对照上述具体数学教学案例,"整体与范例"教学模式的基本结构由如下几个环节组成:

(1) 阐明本课时教学内容的基本目标和基本结构,解释本课题与前后章节内容的联系特点和关联程度,使学生能够在整体宏观上对本课题的目标、特点和结构有一个大致印象,以提高学生数学思维的整体性和广阔性。

(2) 以个别事实、对象为例,通过具体、形象的事例,进行类比、启示来说明数学概念、数学事实的本质特征。在教学中,教师首先以一个或几个特殊情形为例,对它进行充分、彻底的探讨,使学生透彻地认识这个特例,真正地把握它的特性,从而使学生对一般情形有个整体的认识。

(3) 对个别事例进行类比、归纳,对一些在本质特征上相一致的个别数学例子加以总结,进行抽绎,获得数学知识的本质特征,上升到"类"的高度,形成一定的数学思想。

(4) 在上述阶段的基础上,如何把握数学理论内在的规律性将成为重要的一环。通过具体、直观的"个别",上升为一般化、相对抽象的"类",再发掘出"类"的规律性内容。只有把握了数学内在的规律性,才能体会到数学的精神,才能认识数学理论的价值所在。

(5) 通过上述教学的层层递进,最终使学生认识到数学与现实世界的密切关联性,解决数学问题也即解决现实生活问题,这样学生不再把数学仅仅看做是公式加计算,而是更加深刻地体会到数学的现实性和应用性,达到形成和提高使用数学、应用数学的能力的目的。

3. 通过上述的案例分析,你认为这一数学教学模式的运用需要注意些什么事项？

（1）要注意问题解决与系统学习的相互统一。教学中既要强调培养学生的问题意识，针对学生存在的或提出的问题组织教学，同时也要充分注意到课题的系统性。事实上，虽然学生的学习材料是个别的、特殊的、典型的内容，但却是一个完整的知识系统。因为每个课题都是学科系统中的一个有机组成部分，它们之间是有内在逻辑联系的，而不是各自孤立和支离破碎的。

（2）要实现掌握知识和发展能力的相互统一。教学中不仅要向学生传授知识的精华和重点，同时还要教给学生科学方法、学习方法，有意识地增强学生的多种能力，使学生在掌握知识的同时，其智力也能获得发展，从而使培养出来的学生能够较好地适应时代发展的需要。

（3）要实现主体与客体的相互统一。教学中不仅要了解、把握学生这个主体，同时还要深入研究教材这个客体，并把这两个主要因素结合起来，做到主体和客体的统一。为此，教师既要了解和熟悉教材，又要了解和熟悉学生的身心发育特点与个性品质，从而使教师传授的教学内容与学生的身心发展实际、认识能力发展水平以及兴趣、爱好、需要相适应，最大限度地调动学生学习的主动性和积极性。

课题六

一、课题名称：等比数列（第 1 课时）

1. 教学目标

（1）掌握等比数列的定义；

（2）归纳出等比数列的通项公式；

（3）会解决有关通项公式的简单问题；

（4）进行史志教育，激发学生学习数学的兴趣；

（5）渗透数学中的类比、归纳、猜测等合情推理方法。

2. 教学过程

（1）复习

1）等差数列的定义：如果一个数列从第 2 项起，每一项与它的前一项的差等于同一个常数，这个数列就叫做等差数列，这个常数叫做等差数列的公差，通常用 d 来表示。

2) 等差数列的通项公式：$a_n = a_1 + (n-1)d$。

3) $a_n = a_m + (n-m)d$ $(n > m)$。

4) 若 $m + n = p + q$，则 $a_m + a_n = a_p + a_q$。

（详细板书，为展开新课作准备）

（2）引入：早在春秋战国时代，我国名家公孙龙子就有个著名的论断："一尺之棰，日取其半，万世不竭。"若设该棰的长度为单位 1，那么每天所得的长度就构成一个数列：$\frac{1}{2}, \frac{1}{4}, \frac{1}{8}, \frac{1}{16} \cdots$在此引入数学史料，进行数学史志教育。

传说印度国王为了嘉奖国际象棋的发明者，将他召到王宫，并让他尽管提条件。这个发明者说：请国王在国际象棋棋盘的第 1 个格子里放上 1 粒麦子，在第 2 个格子里放上 2 粒麦子，在第 3 个格子里放上 4 粒麦子，在第 4 个格子里放上 8 粒麦子，以此类推，直到最后一个格子。国王听后哈哈大笑，说他的条件太少了，便吩咐人去办，可经办人一算，吓了一跳，发现全印度的麦子给了他还远远不够。在这里，每格的麦子数构成了这样一个数列：$1, 2, 4, 8 \cdots$由此激发学生学习的兴趣。

（3）定义：在认真考察以上两个数列，寻求它们的共同点，并对照等差数列的定义后，绝大部分同学都非常轻松地自己给出了等比数列的定义。（在等差数列定义的基础上，用彩色粉笔改动几个关键词即可）

1）定义：如果一个数列从第 2 项起，每一项与它前一项的比等于同一个常数，这个数列就叫做等比数列，这个常数就叫做等比数列的公比，通常用 q 来表示。

2）思考：① 常数数列是不是等比数列（常数数列是等差数列，但不一定是等比数列，只有非零常数数列才是等比数列，同时强调等比数列的各项都不能为零，在此注意培养学生思维的严谨性）；② q 的取值范围（$q \neq 0$）。

（4）探索发现通项公式并巩固练习：先请同学们写出上述两个实例的通项公式。对于一般情况，公比为 q 的等比数列 $\{a_n\}$ 怎样求它的通项公式呢？由于学生有求等差数列的通项公式的经验，他们非常自然地会想到用归纳推理：

$$a_2 = a_1 q$$
$$a_3 = a_2 q = (a_1 q)q = a_1 q^2$$
$$a_4 = a_3 q = (a_1 q^2)q = a_1 q^3$$
……

由此学生一定会大胆地提出猜想：等比数列 $\{a_n\}$ 的通项公式是 $a_n = a_1 q^{n-1}$。

说明：① 归纳所得结论不一定可靠，这个通项公式的正确性学习了数学归纳法后再证明。② 在通项公式中涉及四个量：a_1, a_n, q, n。只需已知其中三个量，便可求出第四个量。

【例 6-13】 培育水稻新品种，如果第 1 代得到 120 粒种子，并且从第 1 代起，以后各代的每一粒种子都可以得到下一代的 120 粒种子，到第 5 代大约可以得到这种新品种的种子多少粒(保留两位有效数字)？

解 逐代的种子数组成等比数列，记为 $\{a_n\}$，其中 $a_1 = 120, q = 120$，因此，$a_5 = 120 \times 120^{5-1} \approx 2.5 \times 10^{10}$。

答：到第 5 代可以得到种子 2.5×10^{10} 粒。

(密切联系生活，培养应用意识)

【例 6-14】 一个等比数列的第 3 项与第 4 项分别是 12 与 18，求它的第 1 项与第 2 项。

解 设首项为 a_1，公比为 q，则
$$a_1 q^2 = 12, \tag{①}$$
$$a_1 q^3 = 18。 \tag{②}$$

解由 ①② 所组成的方程组，得 $q = \dfrac{3}{2}, a_1 = \dfrac{16}{3}$，

$$\therefore a_2 = a_1 q = \frac{16}{3} \times \frac{3}{2} = 8。$$

答：这个数列的第 1 项与第 2 项分别是 $\dfrac{16}{3}$ 与 8。

【例 6-15】 在等比数列 $\{a_n\}$ 中 $a_1 + a_2 = 30, a_3 + a_4 = 120$，求 $a_5 + a_6$。

分析 绝大部分同学会仿照例 6-14 的解法，分别求出 a_1 与 q，从而求得 $a_5 + a_6$(问题是有无新发现)，但是否有更简便的解法呢？

(5) 在再观察、再探索中加以巩固并有所发现。

1) $\{a_n\}$ 是等比数列，请同学们考察以下新数列：

① $a_1 + a_2, a_2 + a_3, a_3 + a_4, \cdots$

② $a_1 + a_2, a_3 + a_4, a_5 + a_6, \cdots$

问：你有什么新发现？

不难发现①、②两个新数列也成等比数列，它们的公比分别是 q 和 q^2，你能发现例 6-15 新的解法吗？例 6-15 的新解法如下：

$\because a_1 + a_2 = 30, a_3 + a_4 = 120, \therefore a_5 + a_6 = 120 \cdot \dfrac{120}{30} = 480$。

2）等差数列中有公式 $a_n = a_m + (n-m)d \ (n > m)$；若 $m + n = p + q$，则 $a_m + a_n = a_p + a_q$。同学们能否在等比数列中得出类似的结论呢？绝大部分同学都能归纳出以下结论：

① $a_n = a_m q^{n-m} (n > m)$；

② 若 $m + n = p + q$，则 $a_m \cdot a_n = a_p \cdot a_q$。

再要求同学们在课堂上进行证明，两个学生在黑板上板演。

对于公式①，可指出它与通项公式的"一般与特殊"的关系。

3）**补充练习**：等比数列 $\{a_n\}$ 中，各项都是正数，且 $a_6 \cdot a_{10} + a_3 \cdot a_5 = 41, a_4 \cdot a_8 = 4$，求 $a_4 + a_8$。（解决本题，要有较强的整体意识）

解 在等比数列 $\{a_n\}$ 中，由 $a_6 \cdot a_{10} + a_3 \cdot a_5 = 41$ 得

$a_4^2 + a_8^2 = 41$，　　　　　　　　　　　　　　　　　　　　①

又 $a_4 \cdot a_8 = 4$，　　　　　　　　　　　　　　　　　　　　②

①$+ 2 \times$②得 $a_4^2 + 2 a_4 \cdot a_8 + a_8^2 = 49$，即 $(a_4 + a_8)^2 = 49$。

（这里根据等比数列的性质，运用等积变形和整体换元的思想，十分简洁地得出了结果）

（6）小结：等差数列与等比数列是两类基本也是最重要的数列。这堂课我们把等比数列与等差数列的有关概念和性质进行类比与对比，既十分自然地得出了等比数列的定义及类似的性质，又非常清楚地揭示了等比数列的本质。

（7）作业：本课遵循"教学、研究、发现"同步协调的原则和"既教（学）证明，又教（学）猜想"的原则，恰当地引进数学史料，从激发学生的学习兴趣入手，进行学中的合情推理、逻辑推理和一般解题方法的教学，较圆满地完成了"等比数列"第一课时的教学任务。

二、相关问题的思考

1. 上述数学教学的实际课例采用了什么样的数学教学模式？

2. 其教学设计采用的数学教学模式具有什么特点,基本结构是什么?

3. 通过上述的案例分析,你认为这一数学教学模式的运用需要注意些什么事项?

三、对上述问题的初步分析

1. 本教学课例采用的数学教学模式为"MM"教学模式,即数学方法论(Mathematical methodology)教育方式。

2. 其教学设计采用的数学教学模式具有什么特点,基本结构是什么?

"MM"教学模式的主要特点是在数学教学过程中,教师遵循数学本身的发现、发明与创新等发展规律,遵循学生的身心发展和认知规律,力求使他们同步协调,并应引导学生不断地自我增进一般科学素养、社会文化修养,形成和发展数学品质,全面提高学生素质。

"MM"教学模式是教师在数学教学全过程中,充分发挥数学教育的两个功能,自觉地遵循两条基本原则,瞄准三项具体目标,恰当地操作八个变量(运用八项教学措施),从而达到全面提高学生素质的目的。具体程序如下:

数学方法论的基本原理 $\xrightarrow{\text{分解}}$ MM 因子(8 个)$\xrightarrow{\text{转化}}$ MM 可控变量(8 个)$\xrightarrow{\text{操作}}$ MM 状态变量(8 个)$\xrightarrow{\text{合成}}$ 实验指标(即人的素质指标)$\xrightarrow{\text{综合抽象}}$ 学生的素质

(1)八个 MM 因子:数学的对象及性质研究;数学美学方法研究;数学发明心理学的研究;数学家成长规律的研究;数学史与数学教育史的研究;观察、实验、归纳、类比、联想、猜测等合情推理方法;数学模型法、公理化方法和抽象分析法等逻辑推理方法;一般解题方法研究。

(2)八个 MM 可控变量:数学的返璞归真教育(密切联系生活,提倡问题解决);数学教学中的美育(运用审美原则,引进美学机制);数学发现法教育(揭示创造活动,再造心智过程);数学家优秀品质教育(介绍生平事迹,分析成败缘由);数学史志教育(巧用数学史料,编制轶事趣闻);合情推理的教学(教(学)猜想,教(学)发现);演绎推理的教学(教(学)证明,教(学)反驳);一般解题方法的教学(教(学)规律、策略、算法、应变)。

(3) 八个 MM 状态变量:数学意识,应用能力;数学美感,审美能力;数学机智,创新能力;科学态度,竞技能力;唯物史观,洞察能力;合情推理能力,一般科学思维方式,形象思维的能力;逻辑推理能力,具体事物数学化的本领;运筹布算能力,数学智力活动结构,综合应用的能力。

3. 通过上述的案例分析,你认为这一数学教学模式的运用需要注意些什么事项?

(1) 要注意问题解决与系统学习的相互统一。教学中既要强调培养学生的问题意识,针对学生存在的或提出的问题组织教学,同时也要充分注意到课题的系统性。事实上,虽然学生的学习材料是个别的、特殊的、典型的内容,但却是一个完整的知识系统。因为每个课题都是学科系统中的一个有机组成部分,它们之间是有内在逻辑联系的,而不是各自孤立和支离破碎的。

(2) 要实现掌握知识和发展能力的相互统一。教学中不仅要向学生传授知识的精华和重点,同时还要教给学生科学方法、学习方法,有意识地增强学生的多种能力,使学生在掌握知识的同时,其智力也能获得发展,从而使培养出来的学生能够较好地适应时代发展的需要。

(3) 要实现主体与客体的相互统一。教学中不仅要了解、把握学生这个主体,同时还要深入研究教材这个客体,并把这两个主要因素结合起来,做到主体和客体的统一。为此,教师既要了解和熟悉教材,又要了解和熟悉学生的身心发育特点与个性品质,从而使教师传授的教学内容与学生的身心发展实际、认识能力发展水平以及兴趣、爱好、需要相适应,最大限度地调动学生学习的主动性和积极性。

第 7 章

中学数学教学过程设计

近年来,关于教学设计的实践与研究在我国教育界蓬勃开展。可以说,教学设计在教育过程中占有很重要的地位,随着教学理论、教学手段、教学环境、教学对象以及教学目标的变化,数学教学过程的设计也发生了根本性的改变。对师范生而言,首先必须学会基本的教学设计方法,然后再构思如何将教学过程设计付诸实施。本章主要就数学教学过程设计应该达到的基本要求和基本方法等作一些阐述。

7.1 中学数学教学设计的概念

有的教材将教学设计与备课等同,其实,按照传统教学法的备课概念,我们将课堂教学前的一切准备工作统称为备课。而"设计"一词按照现代汉语词典的含义是"在正式做某项工作之前,根据一定的目的要求,预先制定方法、图样等"。从这个定义来看,设计比较注重显性化的文字表达或图样,与备课概念略显差异。根据我国目前的具体实施现状,我们将中学数学教学设计定义为"中学数学教学设计是中学数学教育工作者根据自己的理解和数学教学需要,综合参照现代数学教育的基本理论,认真研究学生和数学学科特点,对某个具体数学教学内容预先制定教学过程的一种显性化设想"。从一定角度来看,教学设计相当于教师平时上课的教案,只不过教学设计比较正规,注重过程和理论。而教案则要求比较宽松、笼统,可以是详案也可以是简案。从严格意义上讲,好的教案应该包括教学设计,为此,本章不将它们进行区别,并且侧重于讨论教师平时的教学设计。

7.2 中学数学教学设计的价值

从理论上讲,撰写教学设计具有训练教师的写作能力,同时具有预测、记录、评价、研究和提供教学评价的原始材料等多方面功能与价值。从实践层面看,我们认为撰写教学设计应着重体现以下三个方面的价值:

7.2.1 实用价值

我们认为,教师撰写教学设计主要是服务于自己的教学,真正的教学设计价值体现标准,是让教师自己感受到有教学设计上课和没教学设计上课对教学效果和教学水平的提高有很大差别! 差别越大,教学设计的价值体现越明显! 年轻教师由于没有教学经验,教材不熟悉,对这方面的体会可能较深;而有些从事多轮教学的老教师这方面的体会可能较少,甚至觉得认真去撰写教学设计还不如花时间去思考如何教学!

其实,教师在撰写教学设计方面,有一个高原反应阶段,这个阶段往往出现在第二、三轮教学时。由于有前一轮教学的书面材料,加上每天繁重的改作和管理等工作,教师很可能老调重弹(或简单的面上修改)。这样就使撰写教学设计的目的停留在了应付学校检查的层面上,从而失去对原教学设计进行进一步研究和升华的良机,甚是可惜! 我们认为,应从课堂教学的总体方向来把握教学设计,并让教学设计具有可操作性和记录性等价值,每一轮教学设计应是教师教学实践记录和体现正确教学理念的完善、发展过程。随着教龄的增长,教师从事的其他管理工作可能增加,每天一个教学设计(甚至多个)以及至少两个班级改作的"本分工作",要求教师每个教学设计都像一篇科研论文是不切实际的。如何在有限的时间内撰写出既实用又有参考价值的教学设计,我们提出以下几个措施供参考:

1. 利用电脑,避免重复工作

这一点对上第一轮课的教师非常重要。这一轮教学设计属"处女作",对以后各轮教学设计的撰写具有"举足轻重"的借鉴作用,因此第一轮的教学设计必须很详细。利用电脑还可以从网上下载对教学设计撰写有用的理论、例题乃至整个教学设计,然后,根据自己的理解,适当加工,以实现自己的教学意图,从而提高教学设计写作的效率。

2. 突出理念,调整教学设计

对一轮以上的教师,可以在原教学设计的基础上做一些调整,调整的核心是教学理念的转变。从新旧教学设计的对比,让人感受到教学观念、方法及手段的变化。

3. 抓住重点,把握核心内容

平均使用力量撰写每一个教学设计,对工作繁忙的教师不是非常切合实际。教师可以对各章节的核心内容有选择地重点撰写,每一轮的选择都不一样和有所倚重。这样,几轮之后的教学设计就比较完整了。其次,就一节课而言,教师撰写的详略也应当有所侧重,如教学引入、重点知识的设计、难点的突破等。

7.2.2 科研价值

教学设计的科研价值很可能有些教师认识不足。我们认为,真正的教学设计具有记录教师从事教学的设想、过程和体会的功能,没有详细的记录,很可能会丧失很多有价值的原始材料,对教师的教科研工作是一个巨大损失!每一轮教学设计记录着教师教学理念、实践的变化过程。我们正处于信息时代,教师的教学设计对不同时代的要求变化也应有所体现,长期积累有价值的教学设计,是教师从事教育科研的一笔财富。为了体现教学设计的科研价值,建议教师应该克服授课后的疲劳感,具体做到:

(1) 重视对教学设计中运用教学理论部分的撰写,尤其是理论对教学实践的指导作用,实践对理论的检验与修正,自己对教学理论的实践体会与感想都应该注意记录。

(2) 注意对教学目标的准确度及达成度的记录,尤其要记录教学目标欠准确及未达成的原因,为下一轮授课打基础。

(3) 特别注意记录学生的思维误区。学生的思维误区对教师提高教学质量和搞好教科研具有重大的参考价值。

(4) 及时记录自己在教学过程中所喷发出来的"思想火花",即灵感。

7.2.3　交流价值

要摆正教学设计的地位与作用,也就是说,教学设计到底是给谁看的。其实,教学设计除了供教师教学使用外,还应具备交流和展示个性创造的价值。学科专家或领导检查(应该为欣赏)教师的教学设计,是任课教师利用教学设计与学科专家及领导交流的过程,真正负责任的学科专家或领导不是停留在检查教师是否写了教学设计、教学设计结构是否完整、是简单设计还是详细设计这一层面上,而应该检查教学设计的实用价值及科研价值,同时要为教师撰写教学设计指明修正方向,发现有独到见解(即"匠心"所在)的特色教学设计,应及时表扬并推荐到适当的场合进行交流甚至推广,把教学设计看成是教师的阶段性科研成果和个性的展示。教师可以通过教学设计检查的过程,发现自己的不足,也可对比数学教育同行的教学设计,进行科研交流,提高教学水平。

7.3　中学数学教学设计的原则

7.3.1　继承与创新的原则

理顺继承与创新的关系,主要有三个层面的含义。首先是对大纲(或课程标准)、课本及其配置的教学指导书的内容继承与创新问题。大纲(或课程标准)是国家教育部的指导性文件,在教学设计的教学总目标设置中教师原则上应贯彻其意图,体现国家教育方针。但是大纲(或课程标准)毕竟是指导性的纲要文件,如何根据不同的教学对象具体贯彻到每一节课,则需要教师在教学方案的设计上具有创新精神,同时大纲(或课程标准)也并非一成不变,允许广大教师对其内容进行实践和探索,提出自己的新见解,为补充和完善大纲(或课程标准)做一些实际工作。课本及其配置的教参是国家或各地根据大纲(或课程标准)的要求,为教学的具体工作配置的教学工具书,对广大师生的教与学行为影响极大。由于各地方的教学对象不同,当地的人文环境也有很大差别,教师的教学方案也不应该是教材及教参的翻版,如选例可以结合地方及学生实际,设置一些学生熟悉的人文背景等,有条件的教师可以积累教学设计,编写适合当地人文环境需要的乡土教材。

理顺继承与创新关系的第二层面意思是指教师应处理好新旧教学设计的关系,原教学设计对教师的后续教学设计的撰写影响很大。使用原来教学方案上课的教师有两类:一类是照搬照套,这些教师很可能今后成为教书匠,由于创新度不够往往会误人子弟。另一类教师虽然使用老教学设计,但是在教学理念、教学方法、选例、教学程序等方面已有很大的变化,此类现象比较普遍,很多教师都是比较优秀的教师。由于长期使用老的教学设计上课,没有将实践中的创新记录下来,使这些教师缺乏第一手材料的原始积累,在科研及与人交流教学经验时,只能跟着感觉走,甚是遗憾! 其实,教师主要把教学理念、教学方法、选例、教学程序等方面的变化体现在新教学设计中,平时花的时间并不会很大(有条件的教师采用电子型教学设计,无条件的教师可采用卡片型教学设计),但收益不可估量。

理顺继承与创新关系的第三层面意思是指教师应正确参考他人的教学设计及其他参考材料。目前,市面上有公开出售的数学教学设计、网上交流的数学教学设计以及名目繁多的各类教学参考书。虽然这些材料为教师撰写教学设计提供了丰富的信息源,但是这些"舶来品"往往和教师所要传授的教学对象有很大的差异,其所体现出来的教学理念也有很大不同。教师不应该照搬照抄,应该有所选择与创新。

7.3.2 学生参与数学教学活动的原则

教学设计是教师根据课程标准(或大纲)和教材,结合学生的具体情况而设计的书面材料,教师在教学设计中应处理好教学方案选择的内容与学生直面的教材内容的关系。首先要解决学生对教材的预习程度、能力和教学方案设定的关系,只有这样,设计出来的教学方案在具体操作中才能体现其真正的实用价值;其次,应与学生交流教师选择内容的意图,让学生真正把握教材的重点、难点及关键点,明白学习的目标和方向,培养学生的自学能力,必要时还可让学生参与对教学方案的设计,凸现学生学习的主体地位。同时让学生对教师的劳动有一个切身的体验,既可激发学生学习的主动性和自觉性,又可提高学生组织和选择学习材料的能力,对学生自学能力的培养有一定作用。

7.3.3　揭示思维过程的原则

教学设计从表面上看,是教学的活动设计,其实其背后蕴涵着活跃的师生思维活动,如何在设计过程中有效地启发学生的思维,在设计的过程中我们要好好动脑筋。首先应该了解学生的思维特点,控制问题的难度,采用适当的设计手段启发学生;其次,教师要注意理论的研究和运用。我们注意到,有些教师在撰写教学设计时,很少主动去思考教学方案设计的理论基础,往往无意识中运用了某些消极、过时的教学理论。关于理论与实践的关系,我们要强调的是:进行教学设计时,教师要思考本节课的主要教学理论基础是什么。然后紧紧围绕这些教学理论,设计整个教学内容和过程,建议在教学设计中将依据的教学理论显性化,即增加一栏"本节课使用的主要教学理论及依据"。虽然这一栏刚开始教师感到比较难写,但是长期坚持撰写,会让教师主动去学习最新的教学理论,从更高层次去理解整个教学过程。

7.3.4　最优化原则

最优化原则主要指撰写教学设计与运用教学设计的效率最优化问题,这里就要涉及撰写教学设计要正确处理超前与滞后的关系问题。我们认为,首先是参考其他材料的滞后性。有些教师在撰写教学设计前,习惯于先参考大量的材料,然后"博采众长"。其实,这样的教学设计的创新度难免要受影响,教学设计质量的最优化可能要受到影响。建议写教学设计前可以不参阅任何材料(其中包括课本、教学大纲或课程标准),教师根据课题凭感觉撰写(对新教师可能有一定的难度),然后对照的材料按顺序依次是课本、教学指导书(配发的)、教学大纲(或课程标准)、他人教学设计及其他参考书等。这一点对教师的成长尤其重要。其次是要把握教学设计撰写时间与具体授课时间的超前度,即如何让教学设计在具体运用后达到最优化的目的。我们比较提倡备课时间提前量为一周左右。因为此种备课的时间把握度比较好,在备好课至上课前这一段时间,一方面能记住原设计方案的构思,同时又有一个充裕的思考和修改时间,授课方案执行起来效果较好。

7.4 现代教育理论对中学数学教学设计的影响

理论依据是整个教学设计的灵魂。有什么样的理论框架和教育观念,就有什么样的教学设计。而现代教育理论的变化、对数学的理解、现代教育手段的介入,对数学教育设计的影响意义深远。

7.4.1 全面发展观对数学教学设计的影响

全面发展观按字面理解可以有两个层面的含义:第一是个人的全面发展,即我们普遍认为的素质教育。数学的素质教育,一方面可以理解为素质教育下的数学教育,即利用数学的特点,使数学教学在培养学生的素质方面发挥教育功能。例如,分析解决问题的能力是公民的基本能力之一,通过数学的建模能力、问题解决能力的教育来实现这一素质教育功能。另一方面也可以理解为数学素质的教育,即理解为对数学知识(含思想和方法)、数学技能、思维能力、运算能力、空间想像能力、解决实际问题的能力等等的教育,即对数学素质的提高而进行的教育,从而使数学素质成为公民的基本素质。1996年,当时的国家教委副主任柳斌在《实施素质教育、深化教育改革》一文中说:"如果'人的全面发展'是教育方针中所指的'德、智、体'等方面的全面发展,那么素质教育就是'全面发展'这一教育方针的一种教育模式或教育体系",因此所谓"数学素质教育"的问题,也就是"通过数学教学对学生进行素质教育"。全面发展观的第二层含义是面向全体学生,让所有学生在原有的基础上都有所发展。这个观念是以提高整个中华民族素质为宗旨的教育理念。

全面发展观对数学教学设计具有重大影响。首先,教学设计过程中,必须按照一个人的全面发展所需要的与数学相关的内容的设计,因此设计过程中必须有所为和有所不为,要将数学思想方法作为设计的内核,而数学知识仅为数学思想方法的载体,在设计教学过程中紧紧围绕着数学思想方法来进行;其次,在设计过程中,考虑到人的全面发展的需要,必须注意与数学相关联的知识的教学设计,不能对这些"非数学内容"视而不见,要进行合理的处理,要培养学生的综合信息处理能力,摆正数学信息在整个综合问题中的地位,站在人的全面发展的角度来审视数学教学设计;第三,数学教学设计必须考虑全体学生的发展,设计的重点应该是考虑全体学生发展的需要,不能只考虑极个别学生的需要,这部分学生的数学学习必须通过其他途径来弥补。

7.4.2　现代心理学理论对数学教学设计的影响

随着心理学的飞速发展,对现代教育理论产生了巨大的影响,目前比较典型的有行为主义心理学、认知心理学。

1. 行为主义心理学与数学教学设计

行为主义心理学是对传统心理学的挑战,其哲学基础是机械唯物主义和实证主义。行为主义给数学教学设计带来一定的积极效应。如,行为主义认为数学技能的获得并非是从天上掉下来的,数学知识的掌握与一定的练习是分不开的,为教学设计中的数学技能训练提供了理论依据。与其积极影响相比,行为主义理论给数学教学设计带来更多的是负面影响,尤其是对以我国考试文化为背景的数学教学设计。数学教学离不开数学问题的设计,一些教师在行为主义心理学影响下,认为大题量的数学练习可以使学生提高解题能力,从而可以提高应试能力。因此,在一些数学教师的教学设计中,我们可以看到,数学练习设计中没有学生的心理分析和自己的设计意图,只有简单的问题和解答过程。而且我们还可以看到一些教师的教学设计过程充斥着大量的类似练习,有些仅是改变一下数据而已。"熟能生巧"是不少数学教师的教学信念,虽然大量的数学练习可以让学生掌握一定的技能。一方面,大量的数学练习的时间成本一些教师没有仔细掂量,用大量的练习让学生在练习中"自悟"一些数学知识,教师没有或很少研究学生掌握数学知识和技能的"内悟"过程,使得学生掌握数学知识和技能的成本偏大,得不偿失;另一方面,大量的重复性练习使学生产生心理疲劳,继而产生厌恶感,产生逆反心理,失去了学好数学的兴趣。

2. 认知心理学与数学教学设计

认知心理学是 20 世纪 50 年代中期兴起的心理学思潮,目前西方心理学界通常所指的认知心理学,是指狭义的认知心理学,也就是所谓的信息加工心理学,它是指用信息加工的观点和术语,通过与计算机相类比,用模拟、验证等方法来研究人的认知过程。

认知心理学的理论对数学教学设计具有重要的指导作用。首先,将数学教学过程看做数学信息的传输与解读的过程对数学教学具有一定的启发作用。数学教学过程应该比较注重数学信息的内容及传输方式的设计,信源直接影响着信息加工的效果。因此,数学教师必须注意数学概念的形成、数学定理的引入、数学问题的设计等,使学生能够很好地进行信息加工。而且数学教师也应该讲究对信息传输渠道的选择,采用什么样的媒体来传输数学信息对数学信息传输效果具有一定的影响,现代教学工具为数学信息传输提供了很好的条件,数学教学一改以往的一支粉笔、一块黑板的现状,代之以丰富多彩的多媒体方式传输。但是,如何根据数学教学的特点,整合数学信息传输渠道也是数学教学设计应该好好研究的话题。如何选择数学信息及其传输方式,必须认真研究信宿的特征,即数学教学设计必须了解学生的具体情况,这样的教学设计才能做到有的放矢。

7.5 中学数学教学设计

7.5.1 中学数学教学设计的方法概述

公认的教学设计定义是:"教学设计是运用系统方法分析教学问题和确定教学目标,建立解决教学问题的策略方案、试行解决方案、评价试行结果和对方案进行修改的过程。"教学设计主要解决:① 教学内容(教什么?);② 教学对象(教给谁?);③ 教学方法、流程(如何教?);④ 教学结果及评价(教得怎么样?),其中教学理论依据(为什么这样教?)可以从设计过程中看出。教学设计的一般模式可以用图 7-1 表示。

从这个框架图我们可以看出,尽管课堂教学任务不同,其主要的做法还是有章可循的。教师在总目标的分析中核心是分析教材的意图以及本节课在整个课程、整章、整个单元中的地位,然后对具体内容进行分析,明确主要内容,把握重点。在对学生进行分析的过程中,主要分析学生的基础知识和能力是否已经具备,需要做哪些铺垫等,还要分析学生的心理状态,如对学习数学的兴趣等。在分析教材和学生的同时,教师不要忘记分析教学设计的执行人(往往是自己)的情况,即设计出来的教学过程是否有能力驾驭的问题。因为教学

现代数学教学论

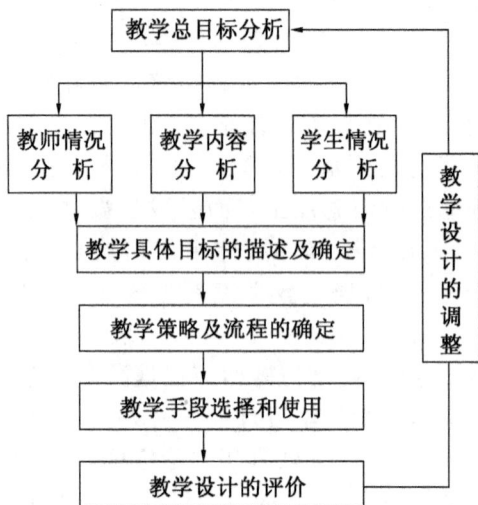

图 7-1 教学设计的一般模式

设计毕竟不是摆设,而是需要根据具体任务和具体学生落实到具体的教学过程中。

教师在分析了教学内容、学生和教学执行者的具体情况后,要对目标进行具体化确定和描述,在具体描述过程中应该恰如其分,并且要求使用一些确切、具体的词语来进行。以往我们经常使用的四个动词:"了解、理解、掌握、应用"具有纲领性,比较笼统,它们可以用在整章或整个单元的教学目标制订上,而对具体的每节课的教学设计,我们应该使用一些更为贴切的词语。例如:"了解"层面的词语,我们可以用:"为……下定义、列举、说出(写出)……的名称、复述、背诵、辨认、回忆、描述、标明、指明"等来表达;"理解"层面的词语,我们可以用:"分类、叙述、解释、鉴别、选择、转换、区别、估计、引申、归纳、举例、说明、猜测、改写"等来表达;"掌握"层面的词语,我们可以用:"运用、计算、运算、阐述、解答、证明、比较、判断"等来表达;"应用"层面的词语,我们可以用:"分析、综合、归纳、总结、评析、编写、设计、创造、构造、反驳"等来表达。此外,现代教育强调课堂教学是学生的主动学习和探索的过程,因此要避免使用诸如"使学生……"等这样的使动词来描述教学目标。

在确定了具体的教学目标后,教师的任务是给出具体的教学策略,即要设计出整节课的流程图。整个过程应该注意以下几点:一是整个框架的形成。有经验的教师会比较注意这个环节,教师应该根据整节课欲实现的教学目标和体现的教学理念来形成整节课的框架构思,框架的形成是克服只见树木不见森林的教学毛病的一种有效手段。二是课堂引入的设计。课堂引入是一个重要环节,因为它能够激发学生的学习动机,了解本节课学习的目的,好奇心理和兴趣激发往往在这个环节中实现。三是过程的衔接。从一个过程过渡到下一个过程,有经验的教师往往比较注意衔接工作,他们在环节之间的自然过渡方面特别注意情境的设计。四是教学亮点的设计。为了突出教学理念,教师会比较重视某些环节的设计,这些环节往往是教学的高潮所在。五是课堂的结尾。这个环节教师往往由于时间的限制而忽略。实际上这个环节非常重要,因为这个过程既是知识系统化和落实的"收关阶段"又是课后复习以及下节课教学有效进行的非常重要阶段,教师在教学设计过程中不能虎头蛇尾,必须充分考虑这个环节的设计。

在教学手段的设计方面,现代数学教学比较重视多媒体的使用。但是,现在出现一些负面现象需要我们注意:一是教师出现人机对话的困难。数学教学体现思维的灵活性,教师做好的课件往往具有"呆板"的一面,不可能将学生的所有思维变化都融入课件中,因此,设计的过程应该体现一定的灵活性和可操作性,应该给自己"留有余地"。二是教师形成依赖心理。电脑虽然给我们的教学带来方便,但是往往也给我们带来依赖心理,一旦采用课件备好课,我们往往削减了其他手段的设计。例如空间想像力的培养,一些内容采用多媒体确实可以替代教师的粉笔与语言,并且效果很好,但是如果长期运用多媒体,学生产生依赖心理,没有多媒体的时候,他们往往会"想像困难",不会运用周围空间或适当绘图来辅助想像。三是速度问题。采用课件上课的特点是"做慢放快",教师花了好长时间做的课件可能几分钟就使用完毕。教师必须注意"鼠标一点"的分量,应该有一个给学生展示思维和记录的时间,教师应该做到屏幕的信息量与自己讲解的信息量协调,正确处理好教师、学生、电脑三者之间的关系。

在平时教学过程中,教学设计的评价与调整一般由教师自己来完成,是一个考验教师"自省能力"以及能否迅速成长的过程。我们前面讲过,写教后感是一个有效的手段。除此之外,教师可以与同行进行必要的交流,通过交流、讨论来修正自己的教学设计。

7.5.2　数学典型课的教学过程设计

教学设计可以分学段、学年、学期、章节来进行,我们这里主要考虑具体课堂教学的设计,至于章节,我们在后面提供一个案例,供读者参考。数学课型的划分由于标准的不同可能有不同的分法,我们还是按照课程的内容、任务进行分类。从实用的角度考虑,主要对新授课、复习小结课作一些讨论,并着重讨论新授课的教学设计。

1. 新授课

"新授课"的名词似乎有些古老,带有教师传授知识的含义。按照现代数学教育的理念,"新授课"是学生学习数学新知识的过程。"新授课"的教学设计应该采用发现式教学模式,即教师引导学生进行数学再发现的学习过程,具体应该注意哪些,我们提以下的几点建议。

(1)情景的设计。情景的设计非常重要,因为这是激发学生学习动机(可能是短暂的)的很重要环节,以往我们可能不注意这个环节。但是,从现代教学理论来看,动机对学习效果的影响是非常关键的,因此,我们必须注意这个环节的教学设计。

首先应该是创设整节课的情景的设计,即所谓的课堂引入。课堂引入的设计应该把握以下几点:一是要注意从数学引入与从生活背景引入的优缺点互补。现代数学教育比较注意数学与生产实际的结合,在可能的情况下,教师要创设生活情景引入一节课的内容,主要是让学生体验数学源与生活,生活离不开数学。但是必须注意,采用生活背景引入,应该尽量符合实际,尽量不要杜撰,以免弄巧成拙,贻笑大方。所以教师必须尽量积累素材,注意观察和思考,做一个"有心人"。例如,在"非典"期间,一个数学教师看到报纸上的统计曲线,他就将报纸剪下,在上函数单调性时,他就让学生观察图像,来引出函数单调性一节课,收到了良好的教学效果。从生活实际创设数学背景,固然有很多优点,但是我们必须注意它的缺点,它的缺点是"零散",比较难以形成体系,我们不能今天需要什么实际背景就创设什么背景,明天需要什么就创设其他背景,应该注意数学的内在逻辑关系,在引出数学内容后,应该让学生体验其中包含的数学。一节课我们有时不必绞尽脑汁创设实际背景,可以从数学研究的需要出发引出,让学生体验数学研究的科学方法,这本身也是数学教学的目标之一。例如,研究了正、余弦函数图像后,研究正切函数的图像和性质是很自然的事情,不必再拐弯抹角地创设所谓的实际背景引出。二是要根据学生的年龄特征及教学任务,灵活选择引入平台。年龄低的学生对周围世界比较好奇,从他们身边的实例创设引入情景比较能够引起他们的兴趣。教师可以不必过于强调数学内在的逻辑关系,只要让学生在"朦朦胧胧"中有所感觉即可。对年龄较大的学生的数学课堂引入可以"理性一些",有时完全可以从数学的内在逻辑关系引入,不过不要让学生产生"数学与生活很远,不考大学就可以不学数学"的错觉即可。教师对低年段学生可以采用做游戏、讲故事等方法引入数学课,对高年段的学生可以采用课堂的复习提问、研究某一实际问题等引出数学课。这里要提出的是,设立悬念引入课堂教学无论对哪个年段的学生都适用。三是在创设背景或情景后,不要忘了善后处理工作。我们如果引出数学内容后,没有把提出的背景问题解决,很可能会让学生失望。

其次,对课堂中的关键概念、重要结论(如公理、定理等)乃至例题,也要注意情景的设计。例如等差数列、等比数列的概念的学习,教师可以让学生写出一系列不同的数列,从中抽象出这两个数列的概念,让学生体验到研究这两个数列的必要性,同时,也让学生知道我们为什么没有研究"等和数列"和"等积数列"等等;又如在得出线面垂直的判断定理的时候,我们可以创设背景:"我们是否需要通过判断一条直线与平面内所有直线都垂直来判断这条直线与平面垂直?如果不需要,至少需要几条?这些直线有什么样的位置关系?"等;在讲解一个例题的时候,我们固然可以开门见山地让学生直接接触例题,但是,在必要的时候,创设背景引出可以使学生进一步了解问题的背景,激发解决问题的兴趣。

案例 1　棱柱的教学设计

这是简单几何体的第一节课,教师在教学设计的过程中,为了激发学生对空间几何题产生研究的兴趣,可以进行以下的设计。

师:前面我们学习了空间中的最基本图形,学习了点、直线、平面的基本内容,今天我们来研究由点、直线、平面所组成的空间图形,请同学们观察教室周围的几何体,面对空间的五花八门的几何体,我们应该如何研究?（抛出问题,吸引学生的注意力和兴趣,试图让学生体验研究问题的科学方法——从简单到复杂的原则。）

生:首先应该研究有规则的几何体。

师:好! 你认为哪些是有规则的几何体? 能举些例子吗?

生:正方体、长方体、圆柱、圆锥、球……

师:非常好! 如果让你研究,你准备从哪些几何体开始研究?

生:当然越简单越好!

师:什么几何体?

生:正方体。

师:你会先挑棱长为 1 的正方体,然后再研究棱长为 2 的正方体,……

生:当然不会,应该将正方体当作一类来进行研究。

师:那么还要将长方体当作一类来进行研究?

生:不,这样分类,研究太麻烦了! 好像不需要单独将正方体作为一类来研究,将正方体作为长方体的一种特殊情况进行研究。

师:很好! 那么将长方体作为一类,是否也显得狭窄?

生:……

师:请看图 7 - 2 中的一些几何体,它们的共同特点是什么? 你能够将它们进行分类吗?

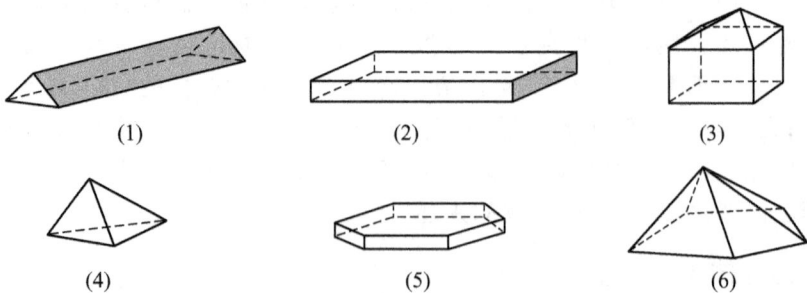

(1)　　　　　(2)　　　　　(3)

(4)　　　　　(5)　　　　　(6)

图 7 - 2

生:各面都是多边形,它们都是由多边形所围成的几何体。

师:对! 这些几何体我们称为多面体,你能够将图中的几何体分类吗?

生甲:(2)(5)一类,(4)(6)一类,(1)单独一类,(3)也单独一类。

师:是吗?

生乙:好像(1)(2)(5)是一类,只不过(1)是横放着的。

师:很好!你能够说出(1)(2)(5)的共同特征吗?

……

这样的引入设计既结合现实,又密切注意数学的内在联系,并且带着探究的口吻创设背景,使学生体验科学研究的方法。显然,这样的引入设计更能够培养学生的探究能力,使学生体验数学再创造过程。

(2)好奇心的维持。创设情景,主要是激发学生的好奇心,提高学习的动力。而创设情景后,如何使学生的好奇心能够继续保持,在教学设计上教师是需要动脑筋的。首先,在创设情景后的教学过程设计应该有层次感,一环紧扣一环,保持学生的求知欲望,不能虎头蛇尾,把学生的胃口开始吊得好高,然后却没有解决,让学生失望。例如,等比数列的引入,我们可以从古代国王赠粮食的故事引入,学生为了解决最后国王要付多少粮食给象棋发明者,好奇心促使他们认真学习,如果教师没有在最后把问题解决,学生就很失望,以后就可能提不起学习的兴趣。因此,在设计过程中要保持前后呼应,有始有终。其次,要在教学过程中设计一些具有不断吸引学生兴趣的内容,不断地让学生有收获感和满足感,直至问题解决。在问题解决后,教师还要考虑后续内容的需要,继续设置情景,让学生课后考虑和自主探究相关的继续学习内容。

(3)知识的巩固。设计探究性教学的过程,虽然可以让学生的求知欲望得到一定的满足,但是必须注意的是,我们可能比较注意知识产生的过程以及和学生进行交流的过程,往往忽略知识的落实与巩固的环节,学生还是需要将所学(探究)过的知识进行巩固与应用。如果我们在设计教学过程中没有考虑知识的落实,使"过程"与"结论"并重,学生很可能造成学习不踏实的现象,因此必须注意这个环节的设计。首先,要注意在学生探究某一知识后,帮助学生梳理知识,让学生注意观察公式、公理、定理、法则等的特点,进行有意义记忆,减少记忆负担。其次,要注意将所学知识梳理后形成一个框架的教学过程设计,使学生建立一个知识网络,有效地巩固所学知识。另外,还要注意对知识进行必要的应用设计,使学生在应用过程中巩固所学知识。例如,余弦定理的教学,教师除了与学生一起探究和证明余弦定理以外,要引导学生观察定理的特征,除了公式的符号特征外,还要采用文字语言给予概括,并且要设计相应例题和练习,使学生通过运用余弦定理来巩固定理的内容。

(4)能力的培养。学生的能力是多方面的,同样,培养学生的能力的手段也是多样的。能力培养是每一个数学教师所重视的,具体应该在教学设计过程中体现出来。设计探究性学习过程,其实是培养学生探究能力的过程的设计,而探究能力与一个人的观察能力和探究手段密切相关。首先,教师要设置情景让学生从无意注意转向有意注意,当学生有意注意时,教师就要培养学生的观察力了。例如勾股数的探究教学设计。教师从一个众所皆知的勾股数"3,4,5"出发,引出一个话题:"你能够再写出一组勾股数吗?"(让学生从无意注意转向有意注意)当学生好不容易写出一组:"5,12,13"时,教师夸下"海口":"你任意写一个大于 1 的奇数,我就能够写出一组勾股数!"学生非常好奇,一个学生报出数字 7,教师马上回答:"7,24,25";当一个学生报 9 而教师回答出"9,40,41"是一组勾股数时,有一个学生就马上说:"我们不报了,我已经知道规律了!"教师说:"很好! 有同学已经知道规律了,那么请其他同学也观察一下,有什么规律?"(教师这样设计是为了培养所有学生的观察力)其次,学生观察出某些现象后,教师就要让学生注意理性分析,即帮助学生采用适当的探究手段。例如前面勾股数的探究,当教师帮助学生得出诸如:"$9^2 = 41 + 40 = (41 + 40)(41 - 40) = 41^2 - 40^2$"而使学生"恍然大悟"时,教师设计问题:"你们还有其他想法吗?"学生马上问:"如果我报出的是偶数,怎么办?"(其实,教师这样设计是让学生体验类比的方法,提高学生的探究手段和能力)当教师写出"$8^2 = 64 = 2 \times 32 = (17 - 15)(17 + 15) = 17^2 - 15^2$"时,学生接下去的探究就是一个类比的过程了。教师可以设计一些采用类比、归纳、特殊化等手段探究的教学情节,以培养学生的探究能力。我们仅对探究能力培养的教学设计进行了简单的阐述,其实,教师在考虑教学过程的设计方面,应该自始至终考虑学生各方面能力的培养。

(5)数学文化的渗透。教学过程的设计除了考虑教学任务的完成,还要考虑作为一门学科的文化渗透。在教学过程中,密切注意渗透数学应用、数学意识、数学哲学、数学史、数学游戏、数学审美等内容的设计。新课程改革比较注重把数学作为一种文化的教学,我们应该密切注意每节课的教学设计,树立将数学作为一种文化教育的教学设计理念。例如无理数的教学设计,我们可以设计一个讲古希腊毕达哥拉斯学派弟子希泊索斯的故事情节,在具体教学过程中,我们可以设计一些向学生渗透实无穷与潜无穷的思想的教学过程,这些过程其实蕴涵着哲学层面的内容。

　　2. 复习小结课

　　复习小结课依据内容、时间、目的等可以分成多种类型,如单元复习(小结)、期中复习、期末复习、会考复习、高考复习等,虽然由于目的、任务有所差异,导致内容、方法有所区别,但是,它们还是有章可循的。复习小结课主要有三大任务:一是系统回顾;二是查漏补缺;三是综合提高。不同目的的复习课在这三方面上所花的时间有所不同,我们在教学设计方面应该充分考虑。

　　(1) 系统回顾。系统回顾是复习课不可或缺的环节,是防止知识遗忘和达到知识系统化的过程。单元复习课由于学生刚学习过新知识,教师可以把侧重点放在构建知识网络的设计上,防止学生只见树木不见森林导致知识凌乱、分散的现象。教师在设计的时候应该着重考虑让学生体验系统化的科学方法,让学生在学会科学地整理知识上动脑筋。这样,不仅让学生牢固掌握知识,而且还让学生学会了知识整理的科学方法。期中或期末复习课中的设计,要正确处理好学生刚上完课的内容和已经有一段时间的内容的关系,一般说要根据考试的目的和复习时间来灵活处理这个教学设计片段,除了考虑知识遗忘因素外,还要考虑章节之间网络构建的设计。对于高考等重大考试,知识系统回顾必须要重视,学生对知识遗忘可能比较严重,教师的教学设计可以先从知识框架开始,然后逐级细化回顾,既不能像新授课一样对每一个基本知识进行讲解,也不能纯粹做一些基础性练习取代这个环节,设计过程中应该充分体现实际操作的灵活性,即根据学生的具体遗忘情况在课堂中及时调节回顾的内容。

　　(2) 查漏补缺。查漏补缺是复习课必须做的一项工作,为了有效地进行这项工作,教师首先要了解学生。在单元复习中,教师主要依据学生平时的作业和平时课堂的反馈,找到学生的知识薄弱点,此时的设计可以编拟一些学生在平时易错的问题,通过这些问题来对学生进行查漏补缺。而期中、期末的复习可以通过以往的单元测试、学生的平时作业中所反馈出来的问题进行,这个时候的设计可以编拟类似问题来达到查漏补缺的目的。像高考复习等重大复习课,教学设计应该既考虑基础知识的缺陷,又要考虑学生在技能、能力方面存在的不足,编拟的问题既有基础知识的内容又有基本技能、能力方面的要求。

(3)综合提高。一般说来,综合提高环节是在充分考虑前两个环节的基础上来安排。教师对这个环节的设计一般通过设计数学问题来进行,教师所编拟的问题,既可以在知识点上有一定的覆盖面,也可以在能力上有一定的要求。在这个环节,教师除了考虑前两个环节外,还要考虑以下几个因素:一是典型性,即要考虑知识、能力的综合回顾和提高的要求;二是阶梯性,应该考虑问题难度具有一定的梯度,避免使学生产生畏惧心理或疲倦心理;三是可行性,即要考虑学生的普遍接受能力以及实际课堂的可操作性。

7.5.3 中学数学教学设计的分析案例

教师对教学设计固然需要自己精心构思,但是没有借鉴别人的教学设计,博采众长,很可能难以设计出具有较高水准的教学过程。考虑到篇幅,我们在这里仅提供一个教学设计案例片段和两个完整案例,对案例1中的不同片段给予简要的分析与点评。案例2、案例3分别摘自杂志《数学通报》2002年第6期和《数学教学》2004年第4期,读者可以了解整体教学设计和具体课堂教学设计的撰写方法,也可以自己参与分析和评价。

案例2 "三角形内角和"的教学设计

设计方法1 教师让学生各画一个三角形,量出其内角并求和或用剪刀剪下三个内角拼成平角,从而得出三角形内角和等于180°。

点评:该方法能体现引导学生在"做中学"的教学理念,并且"效率高"。不是把知识简单地传授给学生,而是让学生通过自己的行动来得出结论,实现数学发现的再创造;但是对实现数学再创造的宏观思维培养缺乏。为什么要对三角形内角进行求和,或怎么知道要将三个内角拼成平角?因此,有学者认为这种教学方法对培养学生的探索能力并没有多少好处,甚至认为是"假探索"。

设计方法 2 拿两块三角板,一块是等腰直角三角形三角板,另一块是有一个内角为 $30°$ 的直角三角板。让学生比较它们的共同特征,引导学生发现它们其中一个共同特征是内角和为 $180°$,从而进一步提出一般的猜想,然后再执行方法 1。

点评:该方法体现出来的教学理念是方法 1 的进一步整合,即体现了从特殊到一般的方法进行探索的理念,培养学生的宏观探索策略;但是对实现数学再创造的宏观思维培养仍然有缺陷。为什么会拿出两块直角三角板进行比较和探索?为什么我们会对三角形内角求和感兴趣,而不对其他问题感兴趣?难道是教师事先已经知道这里有一个结论才引导学生去探索?

设计方法 3 教师让全班学生每个人都画一个三角形,量出三个内角。与学生做一个游戏:要求学生报出自己所量的三个内角中两个的大小,老师就能知道第三个角的大小,激发了学生的好奇心,比较几个三角形的内角后,让学生探究其中的奥秘,引导学生通过特殊法发现三角形内角和为 $180°$,再执行方法 1。

点评:教师能抓住学生的好奇心,将娱乐与数学教学有机地结合在一起,提高了学生学习数学的兴趣,同时也注重探索方法的培养。但是,学生如果没有教师的游戏提示,仍然无法注意到三角形内角和的问题上来。

设计方法 4 教师提出问题:如何研究三角形?然后引导学生采取从特殊到一般的研究策略,即首先画一个很特殊的三角形(一般的学生都会画等边三角形或直角三角形),然后单独研究,结果发现太特殊又缺乏对比,于是又画另一个特殊三角形进行对比研究,比较它们的共同点和不同点,提出更进一步的猜想,三角形内角和为 $180°$ 的猜想是其中之一。在否定或暂且搁置验证其他一些猜想后,将三角形内角和为 $180°$ 首先提到研究日程上来,再执行方法 1。

点评:更着重培养学生的宏观探索策略,让学生感悟研究问题的科学方法,是教师教学理念整合的进一步升华。但是由于强调探索的宏观和微观思维培养,将数学发现的过程让学生充分体验,可能"浪费时间"及"效率低下",如果每节课都采用此种方式教学,教学进度会跟不上。

设计方法 5 教师首先提出问题:如何研究三角形? 然后引导学生观察三角形的结构,即三角形有三个内角和三条边,与学生一起探讨,得出分角角关系、边边关系、角边关系三个步骤进行研究。在暂且搁置边边关系、角边关系的情况下,首先研究角角关系。接着提出问题:三角形的三个内角是否存在关系? 即当一个内角发生变化时,其他两个角会不会发生变化? 换句话来说,当一个角变大时,另两个角如何变化? 如果把握另两个角变化有难度时,可以让其中一个角不变。学生发现当一个角变大时,一个角不变,则第三个角必须变小。进一步引导学生提出猜想:三角形三个内角的和或积会不会发生变化? 在肯定三个内角积会发生变化的情况下,再执行方法 1。

点评:在注重培养学生的宏观探索策略的同时,让学生体会从数学到数学的研究策略,让学生感悟用运动和联系的观点来研究数学问题的方法策略,是教师把一般学科的教学理念和数学学科教学理念的有机整合。但是有教师认为过于数学化使学生感觉抽象,同时也存在时间效率问题。

案例 3 《立体几何》第一章"直线与平面"的教学整体设计

【设计者】陈希平(广东番愚中学)

【设计标题】实验 直观 抽象 目标 评价 调控

【设计章节】《立体几何》第一章"直线与平面"

【设计过程】

1. 设计课题的选择

数学研究的对象是现实世界的空间形式和数量关系,立体几何在形成学生的空间概念、培养学生空间想像能力、思维能力方面的重要作用是中学数学其他内容所不能替代的,而高中学生普遍对立体几何的学习感到困难,究其原因主要有:刚步入高中的学生的实际感知及所具有的数学能力一时难以适应这种由平面到空间的突变;其二,长期以来,教师教学中忽视了理论联系实际这一教学基本原则,在教学中缺乏直观的空间模型演示和实验操作,以至学生不能通过观察、分析和动手操作来悟出数学问题的实质;其三,传统的教学,教师只有教学意识,缺乏教学管理意识,即只执行教学的过程,缺乏对自身教学效果的评价及教学过程的调控管理;其四,教学方法及手段的陈旧落后,教学上以"空(口讲笔画)"对"空"(立体几何),难以激发学生的学习兴趣,调动学生学习的积极性。

2. 教学设计的理论依据

首先,根据信息论有序性原理,系统的有序性是其本质属性之一,无序不成其为系统。高中《立体几何》是逻辑性极强的学科,知识的发展遵循一定的逻辑顺序,所以教学目标系统也是有序的。因此,教学目标严格地根据知识的顺序编制,违背教学目标的有序性,就会给教学带来极大的困难,导致教学失败。学生思维能力的形成,非智力品质发展由低级状态到高级状态也是有序的。故我们在设计教学实验、采用现代教育技术、设计现代教育方法、手段时,也要考虑到它们的层次和系统,逐步促进学生认知能力、思维品质、学习方法的发展和形成。

其次,根据控制论的反馈性原理,任何系统都是通过反馈信息来实现调控的,数学教学是一种有目的行为,教学目标是否达到,空间模型实验、多媒体的方法是否合理有效,都要通过获取信息予以评价。通过反馈教学节奏和效果,实现对教学的控制。遵循这一原理,加大学生在课堂上活动的力度,发挥学生的主体作用,无疑会促进师生交流,加强教学信息的反馈,达到提高课堂教学的目的。

第三,根据系统论的整体性原则,任何系统都是有结构的,它的功能由各子系统的功能反映出来。根据这一原理,我们把《立体几何》的教学目标,教学方法、手段,反馈、矫正的措施——评价,系统地组成合理的教学结构系统,就能使《立体几何》的教学整体功能大于各子系统之和。如果各子系统(目标、方法、手段、评价等)各自发挥作用而互不融合,教学效果也不会很好。

3. 教学的总体设计

(1)确定《立体几何》第一章"直线与平面"的系统目标。由于我们的教师水平参差不齐,对现行数学教学大纲与教材理解不深,不了解大纲和教材上各阶段性要求和终极要求的发展关系,不善于把终极目标分解成阶段性目标,逐步完成。又由于大纲和教材对于知识、能力的目标描述得线条太粗,教师难以把握,我们在设计本章教学目标时,根据大纲和教材要求,制定出本章各小节的具体教学目标,并且将它落实到教学的每一单元、每一节次、每一节课,将大纲上的终极目标要求分解成阶段性的目标,逐步落实完成。

(2)设计典型的空间模型实验。高中立体几何教材是在比较纯粹的状况下研究空间形式的关系,它将客观对象所有其他特征抛开,而抽象出其空间形式进行研究,这就造成立体几何教学的抽象,但数学的抽象性并不排斥具体性,恰恰相反,现实具体的素材是认识空间形式的基础,是过渡的抽象概念和命题必不可少的初始环节,是理论思维的初级阶段,也就是说抽象性以具体性为基础和保证。

因而在立体几何教学的设计中,我们针对学生抽象思维能力弱,对具体素材的依赖性强,具体与抽象割裂的特点,有效吸取物理、化学的教学特点,有的放矢地设计了立体几何空间模型的实验,通过实验,让学生直观地感受到数学问题的结论,并通过老师精粹的分析论证,充分调动学生的感觉器官,从不同的感觉渠道同时往大脑输送信息,自然使信息强化,从而促进了学生空间概念的建立。

(3)利用现代教育技术,设计现代化的教学手段。多媒体教学和计算机的引入是现代化技术在教学上的运用,它对改进教学,提高教学质量有重大的作用。我们以往的电化教学中,电教多媒体的参入带有较大的随意性和盲目性,缺乏整体和系统的研究,因而很难充分发挥现代教育技术在教学中的作用。针对这点,我们实验课题组在确立立体几何第一章教学目标、设计全章空间模型实验的基础上,逐个地确立现代教育技术在教学的结合点、参入点,整理筛选了原有立体几何教材的电教软件,自行设计、改革了大量的电教软件,系统地编制了立体几何第一章电教教材,选择了适当的电教工具、软件,确立它们在什么时候用,怎样用,怎样达到理想的效果。

(4)课堂教学模式和评价的设计。在使教师的个性及教学风格得以发展的前提下,吸取众多有经验的数学教师的教学方法,使之成为一种有效的数学教学工艺操作流程,即在教学中实施两个"四步目标教学":课堂教学,目标导向预习——目标形成教学——目标达成测评——目标矫正巩固;章节复习,系统目标探讨——章节目标终夺性测试——章节目标评价反馈——章节目标再次达成,对教学过程实施监督和调控。

我们根据教材的要求,设计出教材各单元、节次的以下三种问题:① 预习目标达到程度测试题、② 目标形成性测试题、③ 目标矫正、巩固性测试题，分别供检测学生是否达到预习目标、课堂教学目标达到程度检测、课后的学习目标矫正巩固等各个不同阶段使用。

我们将学生学习过程各不同阶段的学习成绩通过自行设计《教学状态 F 与教学质量系数 E 评价》模型，经过计算机处理，编制成各种定量的图表和描绘成学习状态曲线，对教师教学过程中每一阶段、每一环节的教学状况、结果的价值，进行定量测量，及时地收集、反馈教学的信息，以帮助教师随时"观察"自己的教学，以便对自己的教学作出更正，发现问题，及时改进，对教学过程进行调控管理。

（5）吸取、借鉴、渗透、融合，形成完整的《立体几何》教学系统。现代科学技术的发展，新的教育理论的出现，给中学数学教学带来了蓬勃生机，也带来了新的挑战，传统的中学数学教学已远远不能适合现代教学的需要，我们的教学设计引入了现代教学目标与评价的思想，引入现代教育技术手段，增设空间模型的实验。这些决不是简单地叠加和拼凑，而是让立体几何教学成为一个开放的多级相互作用的系统。首先我们让上述内容构成各自的子系统，然后促进各子系统渗透、融合，最后形成合理的完整的教学结构系统，实现教学的整体功能大于各子系统的功能之和。

这里需要特别强调的是，改革是吸收、继承和发展传统的教学，是人类文明的结晶，我们在教学改革中注意吸收传统数学教学的精华，借鉴现代教学的思想方法，使立体几何教学在原有的基础上有所发展。

4. 教学目标、教学手段设计一览表（表7－1）

表7-1　教学目标、教学手段设计一览表

| 单元 | 节次 | 教学目标 | | 模型的演示与实验设计 | 电教与多媒体的参入与手段 |
		知识要点	水平		
（一）平面	1.1平面	（1）平面 （2）平面的画法、表示法	A C	1. 平面的模型演示，观看录像（现实生活中的平面）以加深对目标（1）的理解 2. 教师实验演示，以加深对目标（2）的理解	电视录像投影矩形左、右侧 $45°$ 角的摄影照片

续表

单元	节次	教学目标		模型的演示与实验设计	电教与多媒体的参入与手段
		知识要点	水平		
（一）平面	1.2 平面的基本性质	（3）平面的基本性质	C	学生实验：通过图钉、细铁丝在矩形板上的摆设，加深对目标（3）的真实感	
		（4）点、线、面位置关系的符号表示	C		
	1.3 水平放置的平面图形的直观图画法	（5）空间图形的直观图	A	教师实验演示：从正面、左、右侧观察正、长方体并比较异同，加深对目标（5）（7）的直感	投影显示几何体正面及左、右侧45°角的摄影照片。投影斜二侧画法的法则
		（6）斜二侧画法法则	C		
		（7）平面图形直观图的画法	C		
（二）空间两条直线	1.4 两条直线的位置关系	（8）两条直线的位置及画法	C	观看录像《现实生活中的异面直线》，通过实物录像播放、定格和投影录像以加深对目标（8）（9）的理解	电视录像、录像投影
		（9）异面直线的概念	C		
		（10）异面直线的推理	D		
		（11）反证法	C		
	1.5 平行直线	（12）公理4	C	1. 教师实验演示：三线平行公理	观看电脑动态图像：公理4的模拟
		（13）等角定理及推论	C	2. 教师实验演示：等角定理及推论	
（三）空间直线和平面	1.6 异面直线所成的角	（14）异面直线所成的角	D	1. 实验演示：异面直线所成的角和距离	观看录像（异面直线所成角及距离），画面定格、分析，电脑动态图像，启发学生理解：异面直线的空间位置由"角"和"距离"决定
		（15）异面直线的公垂线及距离	B	2. 学生观察正方体相关棱的位置，理解异面直线公垂线及距离	

续表

| 单元 | 节次 | 教学目标 | | 模型的演示与实验设计 | 电教与多媒体的参入与手段 |
		知识要点	水平		
（三）空间直线和平面	1.7 直线和平面的位置关系	（16）直线和平面平行的定义	C	学生观察教室,举出直线和平面位置关系的实例	幻灯放映《地面与马路》、《广场上的灯杆、支撑架》、《空间高悬的电线与地面》等
		（17）直线和平面的位置关系及画法	C		
	1.8 直线和平面平行的判定与性质	（18）直线和平面平行的判定定理	D	学生实验:把矩形纸片对折,如图7-3所示放在桌面上,观察折纸线 EF 与矩形边 AB 的位置关系 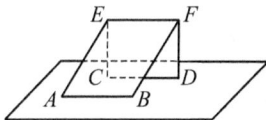 图 7-3	
		（19）直线和平面平行的性质定理	D		
	1.9 直线和平面垂直的判定与性质	（20）直线和平面垂直的定义	C	1. 学生实验:教材第22页中图1-24 2. 教师实验演示两直角支撑杆(图7-4),则有 AB 垂直于平面,以加深对目标(21)的理解 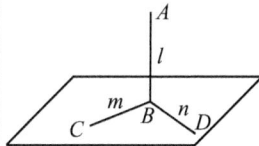 图 7-4	投影显示教材第23页图1-26的分步构思(直线 C,m,n 的平行移动)
		（21）直线与平面垂直的判定定理	D		
		（22）直线与平面垂直的性质定理	D		
		（23）点到平面的距离、平行于平面的直线到平面的距离	B		

续表

单元	节次	教学目标		模型的演示与实验设计	电教与多媒体的参入与手段
		知识要点	水平		
（三）空间直线和平面	1.10 斜线在平面上的射影、直线与平面所成的角	（24）点、直线在平面上的射影 （25）射影长定理 （26）直线与平面所成角的概念 （27）求斜线和平面所成的角 （28）斜线和平面所成的角，是这条斜线和平面内经过斜足的直线所成的一切角中最小的角	B C C D B	学生实验：用细铁丝、活接头做出图示模型，实际度量∠ABC 与∠ABD，以加深对目标（28）的理解 图 7-5	观看电脑动态图像直观目标（25）、（26）、（27）
	1.11 三垂线定理	（29）三垂线定理 （30）三垂线定理的逆定理	D D	学生实验：用细铁丝、活接头做出图示模型，在平面内增设与 a 平行的 a′、a″位置，增强目标（29）、（30）的直观性 图 7-6	直角三角板 ABC 放在投影屏上，转动 BC 位置，投影显示三垂线定理的位置关系 图 7-7

续表

单元	节次	教学目标		模型的演示与实验设计	电教与多媒体的参入与手段
		知识要点	水平		
（四）空间平面与平面	1.12 两个平面的位置关系	（31）两个平面的位置关系及画法	C	观察四棱台上、下底面和侧面的位置，加深对目标（31）（32）的理解	投影显示两个平面相互位置的画法
		（32）两个平面平行的定义	C		
	1.13 两个平面平行的判定和性质	（33）两个平面平行的判定定理	D	1. 实验演示：利用图示装置，实现教学目标（33）的直观 2. 观察四棱台底面与侧面的交线（棱），以增强对目标（34）的直观理解 图 7-8	
		（34）两个平面平行的性质定理	D		
		（35）两个平面平行，其中一个平面内的直线必平行另一个平面	B		
		（36）垂直于同一条直线的两个平面平行及逆定理	B		
		（37）两个平行平面的距离	C		
	1.14 二面角	（38）二面角的定义	B	学生实验：矩形纸片沿直线折叠，垂直于直线 AOB（O 是 l 与 AB 的交点），形成二面角及其平面角 实验演示：二面角 $\alpha-l-\beta$ 的平面角，设平面角 $\angle AOB$ 所在的平面为 γ，则 $\gamma \perp \alpha，\gamma \perp \beta$	演示电脑动态图像 （1）二面角的平面角的构造 （2）平面角所在平面与二面角两半平面的相互垂直关系
		（39）二面角的平面角的定义及求法	D		

续表

单元	节次	教学目标		模型的演示与实验设计	电教与多媒体的参入与手段
		知识要点	水平		
（四）空间平面与平面	1.15 两个平面垂直的判定和性质	（40）两个平面互相垂直的定义	B	学生实验：利用两直角三角板的桌面直立，直观显示教学目标(41)(42) 图 7-9	复合投影片：通过底片＋1抽动片＋4层覆盖片，加强对教材第42页图1-51的直观，以加深对教学目标(45)的理解
		（41）两个平面垂直的判定定理	D		
		（42）两个平面垂直的性质定理	D		
		（43）两个平面互相垂直，过第一个平面内一点垂直于第二个平面的直线在第一个平面内	C		
		（44）两个平面都垂直于第三个平面，则它们的交线也垂直于第三个平面	C		
		（45）异面直线上任意两点的距离公式	C		

案例4　对互斥事件的教学设计

【设计者】房之华（江苏省苏州大学附属中学）

　　设计符合现代教育理念和新课程标准的教学方案，是当前教育探讨的热门话题，而概率又是新增加的高中数学内容，具有一定的难度，学生在学习中会产生许多困惑，为了让学生能正确地理解并掌握，精心地设计教学方案显得格外重要。房之华就概率中较难学习的一节内容"互斥事件有一个发生的概率"给出教学方案的一个设计,供大家参考。

【课题】互斥事件有一个发生的概率

【教学目标】通过探究式教学,使学生能正确地理解并掌握"互斥事件"、"彼此互斥"和"对立事件"等概念,理解并掌握当 AB 互斥时"事件 $A+B$"的含义及其概率的求法,了解对立事件的概率的和为 1 的结论,会应用所学知识解决实际问题。

通过探究式教学,引导学生学会学习"互斥事件有一个发生的概率",学会如何观察、推理和评价,潜移默化地激发学生的情感,使学生形成一种积极的态度和正确的人生价值观。

通过探究式教学,让学生养成手、口、眼、耳、脑五官并用的良好习惯,强化动作技能的熟练。

点评:教学目标是对教学行动结果的预期。教学目标一般涉及三大领域:认知领域、情感领域和动作领域。认知领域的目标是现代学校教育最重要的领域,根据教学目标是重视学生的学习结果还是过程,教学目标又可分为行为目标和过程目标,我们在确定教学目标时应全方位地加以考虑。

【教学重点】互斥事件的概念及其概率的求法。

【教学难点】对立事件与互斥事件的关系,事件 $A+B$ 的概率的计算方法。

【教学模式】以探究为主导策略的教学模式,"帮助学生发展理智素养和理智技能"。

点评:在探究模式中,大部分时间由教师控制,但仍需要学生积极参与活动,教师的主要任务是为学生的探究活动去精心地创设问题情境,并对学生的探究结果给出客观的评价。

【教学程序】

1. 创设情境,让学生的思维"动"起来

【问题1】在一个盒子内放有 10 个大小相同的小球,其中有 7 个红球,2 个绿球,1 个黄球。若从盒中摸出 1 个红球记为事件 A,从盒中摸出 1 个绿球记为事件 B,从盒中摸出 1 个黄球记为事件 C,则事件 A、B、C 之间存在怎样的关系(图 7-10)?

思考1:如果从盒中摸出的 1 个球是红球,则说明事件 A 怎么样?

思考2:如果从盒中摸出的 1 个球是绿球,即事件 B 发生,则说明

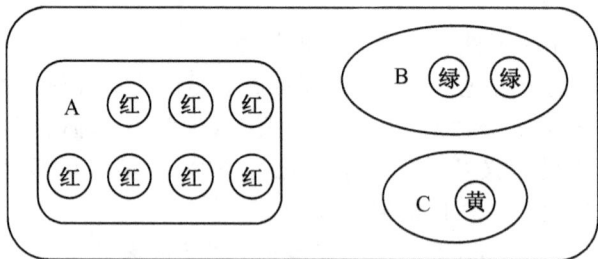

图 7-10

事件 A 又如何呢?

思考 3:通过对 1、2 的探究你发现了什么?

点评:以上几个思考题不能和盘托出,应逐个抛出,并留给学生思考的空间,让学生的头脑动起来。

学生展开思维活动,并将探索出来的结论加以归纳概括。

【探究结论 1】事件 A 与 B 不可能同时发生,这种不可能同时发生的两个事件叫做互斥事件。

同理,事件 B 与 C、事件 A 与 C 都是互斥事件。

思考 4:若事件 $A、B、C$ 中任何两个都是互斥事件,则事件 $A、B、C$ 彼此互斥,那么三个以上的事件是否也能存在这样的关系呢? 若能,请你把它推广到 n 个事件的情形。

点评:引导学生的思维向纵深发展,由特殊的情形去大胆地猜想一般的情形是否也存在,从而培养学生由特殊到一般的推理思维方式。

【探究结论 2】一般地,如果事件 $A_1,A_2,\cdots,A_n$ 中任何两个是互斥事件,那么就说事件 $A_1,A_2,\cdots,A_n$ 彼此互斥。

2. 广泛联想,让学生的思维"活"起来

为了加深对概念的深刻理解,更清楚地认识事物的本质属性,迅速地建构起知识的认知结构,教师应引导学生展开广泛的联想。

点评:集合是数学中的基本概念之一,是联系中学数学中众多不同知识的纽带,当从集合的角度去认识排列、组合和概率时,求排列数、组合数和概率,都可看成一个全集下的某个子集到数的集合的不同映射,这样有助于揭示这些概念的本质及其内在联系,可见广泛的联想能让学生的思维活跃起来。

【设问 1】联想集合的知识,想一想,能用集合的知识来解释互斥事件的概念吗？若能,请给出互斥事件的集合意义。

【联想与思考】要求学生在联想与独立思考的基础上开展小组讨论,并归纳概括出建立在集合意义上的互斥事件的形象解释。

【探究结论 3】从集合的角度看,几个事件彼此互斥,是指由各个事件所含的结果组成的集合彼此不相交,即交集是空集,如图 7 - 10 所示。

【设问 2】在上面的问题中,若把"从盒中摸出 1 个球,得到的不是红球(即绿球或黄球)"记作事件 $\overline{A}$,则事件 A 与 $\overline{A}$ 之间存在着怎样的关系?

【联想与思考】在教师的引导下展开思维的联想与思考活动,先将上述设问分解为若干个小问题序列,让学生联想与思考。

思考 5：事件 A 与 $\overline{A}$ 能否同时发生?

思考 6：事件 A 与 $\overline{A}$ 是互斥事件吗?

思考 7：事件 A 与 $\overline{A}$ 必有一个发生吗?

然后归纳概括,形成对立事件的概念。

【探究结论 4】事件 A 与 $\overline{A}$ 不可能同时发生,它们是互斥事件,事件 A 与 $\overline{A}$ 中必有一个发生;两个事件中必有一个而且只有一个发生的事件叫做对立事件,从集合的角度看,事件 A(或 $\overline{A}$)包含的结果的集合,是其对立事件 $\overline{A}$(或 A)包含的结果的集合的补集。

【设问 3】互斥事件与对立事件存在着怎样的关系?

学生通过思考、讨论与概括可得如下的探究结论:

【探究结论 5】一般地,两个事件对立是两个事件互斥的充分条件,但不是必要条件。

【反馈训练】判别下列每对事件是否是互斥事件:

从一堆产品(其中正品与次品都多于 2 个)中任取 2 件,其中:

(1) 恰有 1 件次品和恰有 2 件次品;

(2) 至少有 1 件正品和全是次品;

(3) 至少有 1 件正品和至少有 1 件次品;

(4) 至少有 1 件次品和全是正品;

先由学生独立思考与求解,再请一名学生公布其所做的答案,让大家来评判与讨论,直至得到正确答案。

点评：及时反馈是检验概念掌握情况的有效措施,通过练习来纠正学生对概念理解的错误,从而强化概念的理解与掌握。

3. 变式教学,让学生的思维"跳"起来

对问题不断地进行变换,在变换中增加思维的难度,让学生的思维"跳一跳"才能够得着,以便培养学生探究与创新的能力。

【变换 1】对上面的问题 1 稍作变形:"若从盒中摸出 1 个球,得到红球或绿球的概率是多少?"

点评:经变换后的问题,显然增加了思维的难度,为了让学生"跳一跳"能够得着,有必要把问题加以分解,为问题的解决搭设思维的台阶,本题难在其事件的结果为若干个,而不是单一的。

为了解答这个问题,我们可以设计系列思考题,从而降低问题的难度。

思考 8:满足怎样的条件,才表示这个事件发生?

思考 9:这个事件是否能分解为若干个基本事件?

思考 10:若把这个事件记作 $A+B$,则 $A+B$ 的概率如何求?

引导学生思考与讨论,可得出如下结论:

【探究结论 6】当摸出的是红球或绿球时,表示这个事件发生,故该事件可表示为两个事件 A 与 B 的和,记作 $A+B$,即表示在同一次试验中,A 或 B 中至少有一个发生就表示它发生,根据等可能事件概率的求法,可得到红球或绿球的概率为 $P(A+B)=\dfrac{7+2}{10}$。

【变换 2】在上述问题中,事件 $A+B$ 的概率与事件 A 与 B 的概率之间存在着怎样的内在联系?

【学生探究】已知 $P(A+B)=\dfrac{7+2}{10}$,而 $P(A)=\dfrac{7}{10}$,$P(B)=\dfrac{2}{10}$,由 $\dfrac{7+2}{10}=\dfrac{7}{10}+\dfrac{2}{10}$,可以发现 $P(A+B)=P(A)+P(B)$。

它告诉我们:如果事件 A、B 互斥,那么事件 $A+B$ 发生(即 A、B 中有一个发生)的概率,等于事件 A、B 分别发生的概率的和。

【变换 3】能否把这个结论推广到一般的情形?

引导学生认真思考,并把上述公式推广到一般的情形。

【变换 4】根据对立事件的意义,你能得出 $A+\overline{A}$ 的概率吗?

引导学生思考,并得出如下结论:

【探究结论 7】因 $A+\overline{A}$ 是一个必然事件,故它的概率为 1,又由于

A 与 $\overline{A}$ 互斥,故得 $P(A)+P(\overline{A})=P(A+\overline{A})=1$,即对立事件的概率的和等于 1。

点评:对于变换 2 的结论,教科书中是用一个古典概型的例子加以说明的,这个说明已经给出了就等可能事件的情形来一般地证明上述公式的方法,同学们课后不妨试一试。对于变换 3 的结论,也可以用数学归纳法加以证明。对于变换 4 的结论,可改写为 $P(\overline{A})=1-P(A)$,这个公式很有用,它给出了采用逆向思维解决有关问题的一个依据,常可使概率的计算简化。

4.注重反思,让学生的思维"深"下去

解决问题不能只追求得出一个答案,应注重解题后的反思,这样才能从题海中解脱出来,达到举一反三、触类旁通的功效,才能训练学生思维的深刻性。

【例 7-1】 某地区的年降水量在下列范围内的概率如表 7-2 所示。

表 7-2 某地区年降水量概率

年降水量 (单位 mm)	[100,150)	[150,200)	[200,250)	[250,300)
概率	0.12	0.25	0.16	0.14

(1) 求年降水量在 [100,200)(mm) 范围内的概率;
(2) 求年降水量在 [150,300)(mm) 范围内的概率。

引导学生分析与探究,并让学生登台讲解,然后引导学生反思,归纳求解的方法与步骤,以及应当注意的问题。

【反思1】设定义过的事件 A、B、C、D 是彼此互斥的事件组,要结合题意分析清楚互斥的原因;所求事件是关于互斥事件 A、B、C、D 中两个或几个的和的事件,不符合这两点,就不能运用互斥事件的概率加法公式。

【反思2】解题步骤可归结为如下四步:
(1) 用数学符号来表示问题中的有关事件;
(2) 判断各事件间的互斥性;
(3) 应用概率加法公式进行计算;
(4) 写出答案。

【例 7 - 2】　在 20 件产品中,有 15 件一级品、5 件二级品,从中取 3 件,其中至少有 1 件为二级品的概率是多少?

引导学生分析、求解与反思。

【反思 1】 当问题所涉及的事件包含若干个事件时,要注意进行合理的分类讨论,如:"至少有 1 件为二级品"可分解为 3 个事件:A_1 表示恰有 1 件为二级品的事件,A_2 表示恰有 2 件为二级品的事件,A_3 表示 3 件全是二级品的事件。

【反思 2】 在求某些稍复杂的事件的概率时,通常有两种方法:一是将所求事件的概率化成一些彼此互斥的事件的概率之和;二是先去求此事件的对立事件的概率。前者是直接法,后者为逆向思维法,即间接法。

5. 学会建构,让学生的思维得以升华

零散的知识点,不易被人们所接受和记忆,教师要引导学生对所学的内容给予高度的抽象和概括,建构精炼的知识结构的框架,便于记忆和应用。

本教案的教学设计试图依据新课程所倡导的教学理念,注重课程的发生和开发过程,注重师生交往、互动、共同发展的过程,关注学生的发展和情感体验。

第8章

中学数学思维方法

　　思维是认识世界和改造世界的主观动力,而数学是思维的体操。随着科学技术的迅猛发展,数学在社会生产实践和科学技术中的作用越来越受到人们的关注,时代对未来公民的素质有了更高的要求。人们越来越清楚地认识到,数学教育的目标不仅仅是单纯地向学生传授知识,而且还要培养学生的能力,发展学生的智力和提高学生的数学素养。影响数学教育的原因有很多,数学思维是其中相对稳定的因素。数学思维问题是数学教育的核心问题。因此,研究和掌握有关数学思维的基本问题具有重要意义。

8.1 数学思维和思维过程

8.1.1 数学思维及其类型

1. 思维概述

　　思维是多种学科的研究对象。从心理学的角度分析,"思维是人脑对客观现实概括的、间接的反映,是客观事物的本质和规律的反映。"思维是人在实践活动中,通过感性知识,特别是在表象的基础上,借助词、语言等工具,以知识经验为中介实现的。思维是人类所特有的一种高级的心理活动,它是人类大脑反映客观事物的一般特性以及客观事物间相互关系的一种过程,它是比感性认识更完善的认识形式。

2. 思维的特征

数学思维除具有一般思维的共性外,还受到数学学科理论和数学活动特点的制约,表现出自身的特征。数学思维的特征主要是概括性、间接性、目的性、问题性和复合性。

(1) 概括性。思维能认识事物的本质及其内在规律性,主要来自抽象和概括,即思维是概括的反映,所以思维最显著的特点是概括性。概括是思维活动的速度、灵活迁移程度、广度和深度等智力品质的基础。

(2) 间接性。思维是凭借知识经验对客观事物进行的间接的反映。间接性表现在能对没有直接作用与感知的事物的属性或联系加以反映,能对根本不能直接感知的事物及其属性或联系进行反映;能在对现实事物认识的基础上假设、想像等。

(3) 目的性。思维具有目的性,是指思维具有解决问题或获得结果的能动性。人只有在客观实践活动中面临新的问题,新的活动要求和新的情况下,才可能进行思维。

思维的特性还包括广阔性、层次性、逻辑性、产生性等。

3. 思维的分类

根据实践活动的目的性差异,思维有不同形式的分类。

(1) 根据思维的抽象程度。按思维的抽象程度不同进行划分,思维可分为直观行动思维、直观形象思维和抽象逻辑思维。直观行动思维也称动作思维,是直接与物质活动相联系,依赖实际动作为支柱的思维,其特点是,思维伴随动作,动作停止,思维也就终止;直观形象思维是以具体的表象为材料的思维,即对表象材料进行分析、综合、抽象、概括的过程,其特点是,以表象或形象为思维的材料,借助于语言作为思维的物质外壳,含有联想、想像的心理成分;抽象逻辑思维是以抽象概念为形式的思维,它也依赖于动作和表象,但主要是以概念、判断和推理的形式表现出来。显然,按抽象程度分类,思维是作为一个发展的过程去进行研究的。

(2) 根据思维的目的性。按思维的目的性分类,思维分为上升性思维、求解性思维和决策性思维三类。上升性思维是依靠比较、分析、抽象等方法,从对事物的个性向共性的认识过程;求解性思维指解决具体问题的思维;决策性思维则是以规范未来的实验过程和预测其效果为中心内容的思维活动。三种思维相互联系、彼此渗透,同时又是一个不断深化和发展的过程。

（3）根据思维的智力品质。按思维的智力品质分类,思维可分为再现性思维和创造性思维。再现性思维是一般的思维活动,它是指对已有知识的再现,或将已有知识按照通常的思维形式去解决问题的过程;创造性思维指独立思考出有社会价值的、具有一定新颖成分的思维,它是人类思维的高级阶段。

（4）根据思维的形式。按思维的形式不同分类,思维可分为辐合思维和发散思维。辐合思维又叫收敛思维,是调动各种信息,朝着一个目标深入发展去解决问题或生成新信息的思维方法。辐合思维常表现为定向思维,即习惯沿着固定方向,采用一定的模式或方法对问题进行分析和探讨;发散思维是对已知信息进行多方向、多角度的思考,从而提出新问题、探索新方法的思维方式,它的特点是思路广阔、寻求变异,在思维方向上表现为逆向性、横向性和多向性。按思维的形式不同,思维还可分为分析思维和直觉思维。分析思维即逻辑思维;直觉思维指能够迅速地、直接地洞察或领悟对象性质的思维方式。

4. 数学思维

数学思维从属于一般思维,它是人脑对数学对象理性的认识过程,是对数学学科的本质属性与数学对象间关系的反映。数学思维既是一般思维的共性,又具有自身的特性。数学知识,实质上是数学思维活动的结果,因此,所谓数学学习实质上就是学生在教师的指导下,通过数学思维活动,学习数学家思维活动的结果,并发展数学思维的过程。学生学习数学、解决数学问题所运用的是数学思维。数学思维不仅包含了一般思维的本质和特征,还具有数学学科本身的特殊性。

"数学思维是人脑和数学对象（空间形式、数量关系、结构关系）交互作用并按照一般规律认识数学内容的内在理性活动"。这就是说,数学思维是以认识数学对象为任务,以数和形为思维对象,以数学语言和符号为思维载体,并以认识和发现数学规律（本质属性）为目的的一种思维。

数学思维主要具有概括性、整体性、相似性和问题性等特点。

（1）概括性。数学思维的概括性是指将某种事物已分出来的一般、共同的属性或特征结合起来，再把研究对象的本质特性推广为范围更广的包含这个对象的同类事物的本质特征。数学思维的概括性比一般思维的概括性更强，这是由于数学思维揭示的是事物之间内在的形式结构和数量关系及其规律，能够把握一类事物共有的数学属性。数学思维的概括性与数学知识的抽象性是互为表里、互为因果的。数学思维方法、思维模式的形式是数学思维概括水平的重要表现，概括的水平能够反映思维活动的速度、广度和深度、灵活程度以及创造程度。因此，提高主体的数学概括水平是发展数学思维能力的重要标志。

（2）整体性。数学思维的整体性主要表现在它的统一性和对数学对象基本属性的准确把握。数学科学本身是具有统一性的，人们总是谋求新的概念、理论，把以往看来互不相关的东西统一在同一的理论体系中。数学思维的统一性，是就思维的宏观发展方向而言的，它总是越来越多地抛弃对象的具体属性，用统一的理论概括零散的事实。这样既便于简化研究，又能洞察到对象的本质。数学思维中对事物基本属性的把握，本质上源于数学中的公理化方法。这种整体性的思维方式对人们思考问题具有深远的影响。

（3）相似性。数学思维的相似性是思维相似律在数学思维活动中的反映。数学思维的相似性普遍存在，在创造性思维活动中发挥着重要作用。数学思维中到处渗透着异中求同、同中辨异的比较、分析过程。数学中的相似表现有几何相似、关系相似、结构相似与实质相似、静态相似与动态相似等。数学思维中的联想、类比、归纳和猜想等都是运用相似性探求数学规律、发现数学结论的主导方法。对相似因素和相似关系的认识能加深理解数学对象的内部联系和规律性，提高思维的深刻性，发展思维的创造性。

（4）问题性。数学思维的问题性是与数学科学的问题性相关联的。问题是数学的心脏，数学科学的起源与发展都是由问题引起的。由于数学思维是解决数学问题的心智活动，它总是指向问题的变换，表现为不断地提出问题、分析问题和解决问题，使数学思维的结果形成问题的系统和定理的序列，达到掌握问题对象的数学特征和关系结构的目的。因此，问题性是数学思维目的性的体现，解决问题的活动是数学思维活动的中心。这一特点在数学思维方面的表现比任何思维都要突出。因此,20 世纪 80 年代世界数学教育将"问题解决"作为其主要任务是有道理的。

(5) 复合性。数学思维的复合性是指数学思维活动中表现出的逻辑性和非逻辑性相结合的特征。数学是一门高度严谨的学科,所有的理论都必须经过严格的逻辑论证得到,作为数学活动结果即数学结论是十分严谨的。逻辑论证的过程属于数学思维活动,因而数学思维具有逻辑性的鲜明特征。另一方面,数学思维活动又不只是单一的逻辑论证过程,它还包括探索和发现数学结论、寻求论证途径的过程。在发现和探索数学结论的过程中,包含着直觉、顿悟、形象思维以及似真推理等思维活动。而在寻求逻辑论证的途径时,又包含着制订策略、发散探索、试误等思维活动。在这两种过程中,数学思维活动都表现出了一定的"非严谨性",含有非逻辑的思维活动,因此数学思维又表现出非逻辑的特征。数学思维的整个活动过程,都是在逻辑和非逻辑的交替过程中进行的,利用"非逻辑"、"非严谨"去探求和发现问题。

8.1.3　数学思维的类型

确定数学思维类型,就是要选用一定的方式对数学思维进行分类,为此,应考虑如下两个问题:

首先,数学思维既要体现一般思维的规律,又要结合数学学科的特点,反映出数学思维特有的规律。数学是研究事物的空间形式和数量关系的学科,其特征是具有高度的抽象性、体系的严谨性和应用的广泛性。一方面,数学概念的产生源于客观世界,最初的概念是在具体的实物模型上抽象出来的,因而数学概念的产生要借助于形象思维。另一方面,随着研究的深入,数学对象脱离了实体模型,概念经过多级抽象,使概念符号化、形式化。新概念的产生要借助逻辑思维,以概念、判断和推理的形式表现出来,从而使数学理论形成一个严谨的体系。因此,数学思维应包含着形象思维和抽象逻辑思维成分。

其次,数学思维应是指数学活动过程中的思维,这种活动包括研究数学和学习数学的活动。不论是研究数学还是学习数学,数学思维都贯穿在发现问题和解决问题之中。解决数学问题是以逻辑思维为主要思维方式,而发现问题的过程中,除了逻辑思维形式外,直觉思维占有相当的比重。

由上面分析可知,数学思维的成分主要包括形象思维、抽象逻辑思维和直觉思维。

1. 形象思维

数学形象思维是指借助数学形象或表象,反映数学对象的本质和规律的一种思维。在数学形象思维中,表象与想像是两种主要形式,其中数学表象又是数学形象思维的基本元素。

(1) 数学表象。数学表象是以往感知过的观念形象的重现。数学表象常常以反映事物本质联系的特定模式——结构来表现。例如,数学中"球"的形象,已是脱离了具体的足球、篮球、排球、乒乓球等形象,而且与定点距离相等的空间内点的集合,显示了集合内的点(球面上的点)与定点(球心)之间的本质联系:距离相等。

客观实物的原型和模型以及各种几何图形、代数表达式、数学符号、图像、图表等这些形象在人脑中重现就形成了数学表象。数学形象思维也可看做是以数学表象为主要思维材料的一种形象思维。因此,数学教学中发展学生的表象思维有利于形象思维能力的培养。发展学生的表象思维就是要使学生在几何学习中对基本的图形形成正确的表象,抓住图形的形象特征与几何结构,辨识不同关系的各种表象;在代数、三角、分析等内容的学习中,重视各种表达式和数学语句符号等所蕴涵的构造表象。

(2) 数学想像。数学想像是数学形象思维的一种重要形式,通常可分为再造性想像和创造性想像两种类型。

1) 再造性想像。再造性想像是根据数学语言、符号、数学表达式或图形、图表、图解等提示,经加工改造而形成新的数学形象的思维过程。再造性想像有两个特征,一个是生成的新想像虽未感知过,但并非完全由自己创造或创新,是根据别人描述或者示意再造出来的;另一个新形象是头脑中原有表象经过加工改造而成的,其中包含着个人知识与理解能力的作用,因此又有创造的成分。

再创性想像有两个特征,一个是生成的新形象虽未感知过,但并非完全由自己创造或创新,是根据别人描述或者示意再造出来的;另一个新形象是头脑中原有表象经过加工改造而成的,其中包含着个人知识与理解能力的作用,因此又有创造的成分。

进行再造性想像必须具备两个条件:①必须正确理解所给数学语言、符号、表达式、图形或图解的确切意义,以保证新形象的准确与真实;②必须以丰富的表象储备为基础,头脑中的形象表象越丰富、越鲜明,再造性想像就越灵活、越清晰,从而再造想像的结果就越准确、越精密。

学生在数学学习中的想像,大多属于再造性想像。这是因为,虽然这种想像对学生来说具有创造的成分,但形成的新表象只是原有表象的再现或加工改造,并没有超出已有知识经验和数学表象的范围,与独立的乃至创造性的想像活动有着很大的不同。

2) 创造性想像。创造性想像是一种不依靠现成的数学语言和数学符号的描述,也不依据现成的数学表达式和数学图形的提示,只依据思维的目的和任务在头脑中独立地创造出新的形象的思维过程。思维结果的新颖、独特是创造性想像的主要特征。

创造性想像与再造性想像的区别在于:①再造性想像可以依据给定的数学语言、符号、数学表达式和图形的提示而展开,思维有所遵循,而创造性想像是根据思维的目的和任务进行的形象改造;②再造性想像的思维成果是已有的形象,而创造性想像的思维成果则是经过改造的数学形象的综合。例如,在数学科学发展史上,罗巴切夫斯基发现非欧几何的过程就是创造性想像。法国大数学家笛卡儿把长期分道扬镳的代数和几何联系起来而创立了解析几何,他借助于曲线上"点的运动"这一想像,创造出变量和坐标系的新的形象,把抽象的方程展示为直观的平面和空间图形,这也是一种创造性想像。

进行创造性想像必须具备以下三个条件:①必须对所研究的问题本身进行深入细致的观察,形成丰富的表象储备;②必须对所研究的问题情境进行发散式思考,掌握有关知识和经验的丰富材料,具备高水平的表象重构能力;③必须抓住契机引发想像,突破思维的障碍,想像出问题结果并做出逻辑上的检验。

【例 8-1】　设 $x^2+y^2+2x<0$,求证:$x^2+y^2+6x+8>0$。

证明:设

$$A=\left\{(x,y)\,\middle|\,x^2+y^2+2x<0\right\}$$

$$= \left\{ (x,y) \middle| (x+1)^2 + y^2 < 1 \right\}$$

$$B = \left\{ (x,y) \middle| x^2 + y^2 + 6x + 8 > 0 \right\}$$

$$= \left\{ (x,y) \middle| (x+3)^2 + y^2 > 1 \right\}$$

则集合 A 是以 $(-1,0)$ 为圆心，以 1 为半径的圆的内部（不含边界），集合 B 是以 $(-3,0)$ 为圆心，以 1 为半径的圆的外部（不含边界），如图 8-1 所示。

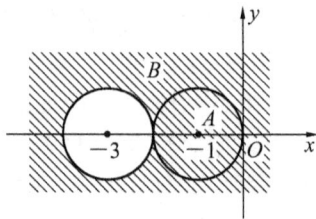

图 8-1

因为两圆相切于点 $(-2,0)$，所以 $A \subset B$，即若 $(x,y) \in A$，则 $(x,y) \in B$，所以当 $x^2 + y^2 + 2x < 0$ 时，必有 $x^2 + y^2 + 6x + 8 > 0$。

在例 8-1 中，根据解题目标的需要创造出了不同于已知形象的新的形象，从而使问题得到了解决。

想像在数学研究和数学学习中有着重要的作用。它是创造性思维的重要成分，数学中的直觉和灵感，如果没有想像的展开是不可能实现的。正如爱因斯坦所言："想像力比知识更重要，想像力是科学研究中的实在因素，是知识进化的源泉。"数学中的空间想像能力就是对于数学图形的形状、大小、结构和位置关系的想像能力。就像运算能力实质上是逻辑思维能力的一部分，它是逻辑思维能力与运算技能的相结合。空间想像能力实质上是形象思维能力的一部分，它是形象思维能力与空间形式构思的结合。因此，培养形象思维能力包含了对空间想像能力的培养。

2. 逻辑思维

逻辑思维包括形式逻辑思维和辩证逻辑思维。形式逻辑思维就是依据形式逻辑的规则来反映数学对象、结构及其关系，达到对其本质特性和内在联系的认识过程。辩证逻辑思维是逻辑思维发展的高级阶段，它是从运动过程及矛盾相互转化中去认识客体，遵循质量互变、对立统一及否定之否定等规律去认识事物本质的过程。

数学是一门逻辑性、系统性强，论证严谨的学科，数学中的公式、法则、定理和规律，都必须通过逻辑去进行推导、归纳和总结而获得，其概念、判断和推理是建立在逻辑基础上的,没有一定的逻辑思维能力,就不可能学好数学。因此,逻辑思维能力是数学能力结构中一个主要的、重要的能力要素。

3. 直觉思维

数学直觉思维是以一定的知识经验为基础,通过对数学对象作总体观察,在瞬间顿悟到对象的某方面的本质,从而迅速做出估计判断的一种思维。数学直觉思维是一种非逻辑思维活动,是一种由下意识(潜意识)活动参与,不受固定逻辑规则约束,由思维主体自觉领悟事物本质的思维活动。因此,非逻辑性是数学知觉思维的基本特征,同时数学直觉思维还具有直接性、整体性、或然性、不可解释性等重要特征。

(1) 直接性。数学直觉思维是直接反映数学对象、结构以及关系的思维活动,这种思维活动表现为对认识对象的直接领悟或洞察,是数学直觉思维的本质特征。由于数学直觉思维的直接性,使它在时间上表现为快速性,即数学直觉思维有时是在一刹那时间内完成的;由于数学直觉思维的直接性,使它在过程上表现为跳跃性(或间断性),直觉思维并不按常规的逻辑规则前进,而是跳过若干中间步骤或放过个别细节而从整体上直接把握研究对象的本质和联系。

(2) 整体性。整体性是指数学直觉思维的结果是关于对象的整体性认识,尽管这并非是一幅毫无遗漏的"图画",它的某些细节甚至可能是模糊的,但是却清楚地表明了事物的本质或问题的关键。

(3) 或然性。数学直觉思维是一种跳跃式的思维,是在逻辑依据不充分的前提下做出的结论,具有猜测性。正因为如此,任何通过直觉思维"俘获来的战利品"就需要经过严格的逻辑验证。采用直觉思维的目的在于迅速找到事物的本质或内在联系,提出猜想,而不在于论证这个猜想。

(4) 不可解释性。数学直觉思维在客观上往往给人以不可解释之感。由于直觉思维是在一刹那间完成的,略去了许多中间环节,思维者对其过程没有清晰的意识,所以要想对它的过程进行分析、研究和追忆,往往是十分困难的,这又使直觉思维给人一种"神秘感"。例如,高斯曾花几年的时间证明一个算术定理,最终获得了解决。对此他回忆说:"我突然证出来了,但这简直不是我自己努力的结果,而是由于上帝的恩赐——如同闪电那样突然出现在我脑海之中,疑团一下子被解开了,连我自己也无法说清在先前已经了解的东西与使我获得成功的东西之间是怎样联系起来的。"

数学直觉和数学灵感是数学直觉思维的两种形式,它们之间具有深刻的本质联系,即灵感是直觉的更高发展,是一种突发性的直觉。通常灵感的形成是从多次的直觉受阻或产生错误的情况下得到教益,而使一部分信息不自觉地转入潜意识加工,最终又在某种意境或偶发信息的启发下,由潜意识跃入显意识而爆发顿悟的,因此数学思维灵感是从多个数学直觉中升华而形成的结晶。

形象思维、逻辑思维、直觉思维是数学思维的三种基本类型,形象思维是数学思维的先导,逻辑思维是数学思维的核心。在进行具体的数学思维活动时,往往是这两种思维交错应用的一个综合过程。直觉思维则是以上两种思维的结合,达到一定数量后所引起的一种质的飞跃。因此,如果形象思维和逻辑思维发展得好,就为发展直觉思维创造了条件。

8.2　数学思维的一般方法

数学思维的一般方法指数学思维过程中常运用的基本方法。从数学活动过程来看,数学思维方法大体上可分为两个层次:①经验性思维方法,包括观察、实验、类比、不完全归纳和抽象等,这一层次的思维方法在数学的发现过程中表现得尤为突出;②逻辑思维方法,常用在数学的推理和论证中,包括化归、演绎、分析、综合、形式化及公理化等。因此,从整个数学活动的过程来看,可分为数学发现的思维方法和数学论证的思维方法,值得注意的是,前者包含了猜测、想像和直觉等非逻辑思维的因素。

8.2.1　观察和实验

观察和实验(又称实验,对数学学科似称尝试更适合),是发现与解决问题中最形象、最具体的手段之一。在一般的科学活动中,观察与实验是极为重要的科学方法。观察与实验是收集科学事实,获取科学研究第一手材料的重要途径,是形成、论证及检验科学理论的最基本的实践活动。然而,长期以来,有人认为数学是高度抽象和逻辑性极强的学科,不需形象和具体的思考和操作,推理证明才是数学的主旋律。事实上,这种印象是片面的,越是抽象和复杂就越需要形象和具体的辅助与配合。观察与实验在数学的整个发展过程中起着重要的作用,在数学教学中也应给予充分的重视。

观察法是指人们对周围世界客观事物和现象在其自然条件下,按照客观事物本身存在的实际情况,研究和确定它们的性质和关系,从而获得经验材料的一种方法。

欧拉说过:"数学这门学科,需要观察还需要实验"。实验是人们根据一定的研究目的,利用仪器或工具对周围世界的客观事物与现象,进行人为的控制、模仿、排除干扰,突出主要因素,在最有利的条件下考察和研究它们的性质和关系,从而获得经验材料的一种方法。

20 世纪最伟大的数学家冯·诺依曼(L. J. von Neumann)指出"大多数最好的数学灵感来源于经验",从数学发展的意义上来说,数学作为一种源于社会实践的理性构造的学科,当它远离实践的经验之源而发展时,就会逐渐分化成为众多而又无前途的支流。唯一的解决方法就是使其回到本源,"返老还童"。这种观念,是数学家对数学的一种本质认识。

这种现象在我国现代数学教育,尤其是基础教育中长期存在。我国数学教育格外注重形式,注重数学自身的结构,无论数学教学内容、数学习题都远离社会生活,忽视与社会实践问题相联系的数学内容,使中小学数学学习变成"已知—求证"式的逻辑演绎形式。学生的数学观察与实验能力没有得到培养,反而几乎完全丧失,学生只会按教师、教材、习题的要求去解题。

通过在数学教学中培养学生的观察和实验能力,可以使学生掌握和运用观察和实验的能力,利用学生的个体经验,运用数学解决问题的能力和对数学的兴趣及信心。

在数学研究中,通过观察与实验不仅可以收集新材料、获得新知识,而且常常导致数学的发现与理论的创新。观察与实验方法在数学中的运用可以大体分为两个层次:一是运用观察和实验来解决和验证数学理论;二是运用观察和实验方法来解决具体的数学问题。在中学数学教学中,就是要运用观察和实验方法来解决一些具体的数学习题。

在数学史中，有大量的例子能说明在数学中如何通过观察与实验来发现新的事实、得到新的成果。几何学主要是研究空间物体、图形的形状和大小等性质的学科，在其中，观察和实验的色彩就更为浓厚。在几何学的发展进程中，实验的或者说经验的几何是其中的一个重要阶段。

尺规作图一直是一个实验的过程，人类会作三边形、正五边形和正十二边形，但是在作正七边形、正十一边形和正十七边形时却遇到了极大的困难。这个历史难题被高斯在大学一年级时就解决了。当高斯告诉他的老师时，据说老师不相信竟把高斯赶出了家门。高斯不仅在实验的基础上完成了正十七边形的尺规作图，而且还进一步证明了这个定理：凡边数为费马素数（即 $2^{2^n}+1$ 为素数）的正多边形可用尺规作图，当边数是素数但不是费马素数时，这样的正多边形不能用尺规作出。高斯的成功，不仅在于解决了正十七边形的尺规作图，更为奇妙的是，他把 $2^{2^n}+1$ 形的数与正多边形的尺规作图联系了起来。

中国古代有一个计算圆弓形的面积公式，这个公式发现于《九章算术》中。在图 8-2 中，c 表示圆弓形的弦，s 表示从弓形的弦的中点到弓形的弧的中点的距离。由弓形的弧的中点引两条割线，与 c 的延长线相交，使得两延长部分都等于 s 的一半。通过目测可知圆弓形的面积近似地等于由 c 所在的直线与两条割线围成的等腰三角形的面积。假设这两个面积完全相等，我们便得到了中国古代计算圆弓形的面积公式 $A=s(c+s)/2$。通过这个公式，我们不难推得 π $=3$。

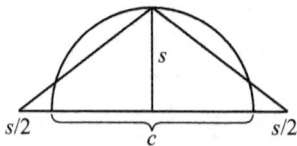

图 8-2

在中学数学教学中，数学观察与实验主要被用来观察实际生活中存在的数量问题、空间结构问题。比如作简单的几何图形，观察几何图形的相互位置，从这些观察中自己动手去做、去实践，并得出一些数学结论。

20 世纪电子计算机的发展，为数学的实验提供了更多的可能，实验的过程是探索的过程，是发现的过程。数学工作者可以在计算机上做过去只有笔和纸的时代连想都不敢想的事情，"四色问题"就是一个很好的例子。

在数学教学中,为了更好地使学生掌握知识、培养他们的创新意识和能力,要尽可能地再现数学知识和结论的发现过程。因此,观察与实验应成为数学教学中探索、学习知识的重要方法和开展实践活动的主要形式。

在研究计算圆锥体积的公式的教学中,我们常常通过这样的实验作为发现结论的过程,将圆锥内装满水或沙子,然后倒入等底等高的圆柱内,学生通过实验能够发现两者的体积之间的关系。

再如,在探讨球的表面积时,可作如下实验,在一个木制圆盘的中心竖直地钉上一个钉子,再将一个与圆盘的半径相同的木制半球的顶部也钉上一个钉子。现在,把一根粗绳子的一端系在木制圆盘的钉子上,并且围绕着钉子缠绕细的绳子,直到盖满整个圆盘的表面;然后用同一根绳子围着木球的钉子缠绕起来,直到盖满木球为止。测量两次所用绳子的长度,并比较两次所用绳子的长度,将会发现,后者非常接近地等于前者的两倍,重复这样的实验,结果总是基本相同。由此,可以猜测有这样的结论:该半球的表面积是圆盘的面积的 2 倍,或者一个球的表面积等于圆盘面积的 4 倍。

在数学教学中,实验的内涵和形式应该是很丰富的,拼剪图形、折纸是研究几何图形性质的很好的实验形式。而观察则是探究规律、寻找关系的好方法。如观察图 8-3,它可以看成是由若干个点组成的方阵,以大小不同的正方形分成组:$1,4,9,\cdots,n^2$。观察相邻的两组之间有如下关系:$n^2+(2n+1)=(n+1)^2$。

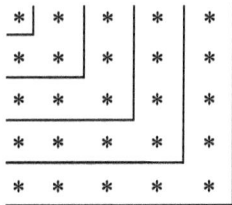

图 8-3

如果令 $2n+1=m^2$,那么

$$n=\frac{m^2-1}{2},\ n+1=\frac{m^2+1}{2},$$

则有

$$m^2+\left(\frac{m^2-1}{2}\right)^2=\left(\frac{m^2+1}{2}\right)^2。$$

上面的式子与毕达哥拉斯定理的形式相同,称 m^2,$\dfrac{m^2-1}{2}$,

$\dfrac{m^2+1}{2}$ 为一组毕达哥拉斯数,观察上面图形及分析的过程,实际上就是毕达哥拉斯数产生的过程。

200 年前,德国数学家歌德巴赫(G. Goldbach)提出了一个命题:"凡大于 4 的偶数都可以表示成两个素数的和"。由于这个命题至今还未能证明,所以人们称之为"歌德巴赫猜想",它的发现完全来自于观察。

概率统计作为数学的一个重要分支,在其研究中充满了观察和实验。蒲丰(C. Buffon)的投针实验是运用实验法研究几何概率的典型范例。在平地上画出一组间隔距离为一寸的平行线。以一寸长的针(质量均匀的细针)随机地掷到画有平行线的平地上,蒲丰利用实验的方法(投针),验证了利用模型的方法得到的结论,即针与平行线接触的概率为 $2/\pi$。

L. Fibonacci 数列有许多有趣的性质,就是在对兔子繁殖问题的观察与实验的基础上得到的。

在数学解题时,我们往往通过观察寻找特征,实验解题的过程;通过观察与已有知识或方法的联系,实验解决问题的方法;通过观察已知与未知的联系,实验找出它们之间的联系并由此解决问题。

【例 8 - 2】 求证:$1 \cdot \dfrac{1}{2^2} \cdot \dfrac{1}{3^2} \cdot \cdots \cdot \dfrac{1}{n^n} < \left(\dfrac{2}{n+1}\right)^{\frac{n(n+1)}{2}}$,$(n \in \mathbf{N}$ 且 $n \neq 1)$

思考与分析:

观察 1,本题与 $n \in \mathbf{N}$ 有关,可以考虑利用数学归纳法证明。

观察 2,从式子的数量特征上仔细观察,发现

$$\frac{n(n+1)}{2} = 1 + 2 + 3 + \cdots + n$$

$$1 \cdot \frac{1}{2^2} \cdot \frac{1}{3^3} \cdot \cdots \cdot \frac{1}{n^n} = 1 \cdot \underbrace{\frac{1}{2} \cdot \frac{1}{2}}_{2 \text{个}} \cdot \cdots \cdot \underbrace{\frac{1}{n} \cdot \frac{1}{n} \cdot \cdots \cdot \frac{1}{n}}_{n \text{个}} \tag{1}$$

(1) 中有 $(1 + 2 + 3 + \cdots + n)$ 个乘数,且这些乘数之和为

$$1 + \frac{1}{2} \times 2 + \frac{1}{3} \times 3 + \cdots + \frac{1}{n} \times n = n$$

利用几何平均数与算术平均数得

$$1 \cdot \frac{1}{2^2} \cdot \frac{1}{3^3} \cdot \cdots \cdot \frac{1}{n^n} < \left[\left(1 + \frac{1}{2} + \frac{1}{2} + \cdots + \frac{1}{n} + \frac{1}{n} + \cdots + \frac{1}{n}\right) \times \right.$$

$$\frac{1}{1+2+\cdots+n}\Bigg]^{1+2+3+\cdots+n}=\left[\frac{n}{\dfrac{n(n+1)}{2}}\right]^{\frac{n(n+1)}{2}}=\left(\frac{2}{n+1}\right)^{\frac{n(n+1)}{2}}$$

观察与实践的方法是强调参与和实践的方法,它也可以为解题做准备。在中学数学学习和数学教学中,应当学会利用观察与实验来证明或帮助数学公式、定理的证明。例如,关于多面体顶点数 V、面数 E、棱数 F 关系的欧拉公式: $E+V-F=2$,就可以通过观察和实验说明或证明它的正确性。

总之,由于初等数学的学习是对数学的基础知识和对数学与日常生活中密切相连部分的学习,所以无论是从数学的手段还是从数学的目标来说,观察与实验都有着十分重要的作用。

8.2.1 类比与猜想

类比是根据两个数学对象的一些属性相同或相似,猜测另一些属性也可能相同或相似的思维方法。类比分为简单类比和复杂类比两类。

简单类比是一种形式性类比,它具有明显性、直接性的特征,其模式为

对象 A 具有属性 a、b、c,

对象 B 具有属性 a、b

猜测 对象 B 具有属性 c。

又如,由一元二次方程必有两个根(实根或复根)的事实,猜测:一元三次方程很有可能有三个实根或复根。

复杂类比是一种实质性类比,需要通过较为深入的分析后才能得出新的猜测,其模式为

H 蕴含 A,

H 蕴含 B,B 真,

猜测: A 可能真。

类比是发现问题和解决问题的一种常用思维形式。在中学数学中,常用的类比包括平面与空间的类比、数与形的类比、有限与无限的类比等。两个数学对象结构相似,是类比的出发点和关键。

例如,对于如下两个命题:

(1)若 x、$y\in \mathbf{R}$,则 $x^2+y^2>2xy$。

（2）在平面内，若两直线被三条平行线所截，则截得的对应线段成比例。

通过类比，可以得到两个新的命题：

（1′）若 x、y、$z \in \mathbf{R}$，x、y、$z \geqslant 0$，则 $x^3 + y^3 + z^3 \geqslant 3xyz$。

（2′）在空间，若两直线被三个平行平面所截，则截得的对应线成比例。

【例 8 - 3】 解方程组 $\begin{cases} x + y + z = 3, \\ x^2 + y^2 + z^2 = 3, \\ x^3 + y^3 + z^3 = 3。\end{cases}$

分析 降低未知数的次数，同时减少未知数的个数，得到类比方程组

$$\begin{cases} x + y = 2, \\ x^2 + y^2 = 2。\end{cases}$$

该方程组用韦达定理来解较简单，因为 $xy = \dfrac{1}{2}[(x+y)^2 - (x^2 + y^2)] = 1$，所以 x、y 是一元二次方程 $t^2 - 2t + 1 = 0$ 的根，从而得 $x = y = 1$。现将此方法类比到原方程组，x、y、z 应是某个一元三次方程的三个根，设法找出这个一元三次方程。因为 $xy + yz + zx = \dfrac{1}{2}[(x+y+z)^2 - (x^2 + y^2 + z^2)] = 3$，又 $(x+y)(y+z)(z+x) = \dfrac{1}{3}[(x+y+z)^3 - (x^3 + y^3 + z^3)] = 8$，即 $(3-z)(3-x)(3-y) = 8$，得 $27 - 9(x+y+z) + 3(xy + yz + zx) - xyz = 8$，由此解得 $xyz = 1$，于是由韦达定理知 x、y、z 是方程 $t^3 - 3t^2 + 3t - 1 = 0$ 的根，解得 $x = y = z = 1$。

猜想往往伴随着类比、归纳的思维过程。由于类比和不完全归纳所得的结论不一定正确，所以猜想的数学命题或结论应当采用严格的方法去证明它，或者用实例反驳它。

8.2.3 归纳与演绎

归纳是通过对某类数学对象中若干特殊情况的分析得出一般性结论的思维方式。归纳分为不完全归纳和完全归纳两种类型。

设 $M_i (i = 1, 2, \cdots, n)$ 是待研究的对象 M 的特例或子集，若 M_i 具有性质 P，由此猜想 M 也可能具有性质 P，即

$$\bigcup_{i=1}^{n} M_i \subseteq M, P(M_i) \rightarrow P(M)。$$

当 $\bigcup\limits_{i=1}^{n} M_i = M$ 时,称为完全归纳法;当 $\bigcup\limits_{i=1}^{n} M_i \subset M$ 时,称为不完全归纳法。前者属于数学证明的方法,后者是数学发现中常用的方法。

完全归纳法也称枚举法,它是根据每一个 $M_i (i = 1, 2, \cdots, n)$ 均具有某种属性而推出 M 也具有这种属性,因而所得到的结论必定正确。例如,用圆内接三角形证明正弦定理,应分锐角、直角和钝角三角形这三种情况讨论,最后归纳出对任意三角形都有

$$\frac{a}{\sin A} = \frac{b}{\sin B} = \frac{c}{\sin C} = 2R,$$

其中,R 是 $\triangle ABC$ 外接圆的半径。

不完全归纳法仅考察了事物的部分对象,就得出了关于事物的一般结论,因此结论带有猜测成分。前提与结论之间的联系就不一定真实、可靠,所得的猜想还必须经过严格的论证。但是这一方法的主要意义在于发现问题,是数学创造性思维的一种基本方法,同时它在数学解题中发挥着启发思路的重要作用。

演绎是由一般性前提推出特殊性结论的思维方法。通常,在依据已知的事实或真命题去进行推理的方式都是演绎推理。演绎推理是数学证明中最常用的严格推理形式,它对于训练学生的技能技巧,发展学生的逻辑思维能力均有重要的作用。

在解决数学问题时,归纳与演绎两种思维方法往往交替出现,由归纳法去猜测问题的结论或猜测解决问题的方法,再用演绎去完成严格的推理证明。

【例 8 - 4】　化简:$\left(1 - \dfrac{1}{4}\right)\left(1 - \dfrac{1}{9}\right) \cdot \cdots \cdot \left(1 - \dfrac{1}{n^2}\right),(n \geqslant 2,$ $n \in \mathbf{N})$。

解　可设 $M_n = \left(1 - \dfrac{1}{4}\right)\left(1 - \dfrac{1}{9}\right) \cdot \cdots \cdot \left(1 - \dfrac{1}{n^2}\right),$

则　　　　　　$M_2 = \dfrac{3}{4},\ M_3 = \dfrac{2}{3}, M_4 = \dfrac{5}{8}, M_5 = \dfrac{3}{5}, \cdots$

于是由不完全归纳猜测得,$M_n = \dfrac{n+1}{2n}$。然后应用数学归纳法去演绎证明,得到此猜想为真。

8.2.4　分析与综合

分析法是指要证明一个命题是正确的,思考问题时可以由结论向已知条件逐步追溯。也就是说,先假设命题的结论成立,推出它成立的原因,再把这些原因看成新的结论,再推求使它们成立的原因,如此逐步往上追溯,直到推出已知条件或已知的事实为止。简述之,就是执果索因。像这样的思维方法叫做"分析法"。分析法的基本模式是"结论 $\Leftarrow \cdots \Leftarrow$ 已知"。

如果在追溯过程中,每一步都是可逆的(就是任何相邻的两个论断都是互为充要条件的,或者说是等价的),那么这样的分析法我们称之为"逆证法"。

分析法的思考顺序与综合法相反,例如,如图 8-4 所示,欲证"若 A 则 D",是从 D 出发,逐步上溯,寻求 D 成立的原因(如 C,C_1,C_2),而后再寻求 C,C_1,C_2 成立的原因(如 B,B_1,B_2,B_3,B_4),如果其中之一如 B 成立的原因恰好为已知条件 A,于是便得到命题的推论途径"$D \Leftarrow C \Leftarrow B \Leftarrow A$"。分析法思考的方向是比较明确的,是中学阶段分析证题常用的方法。

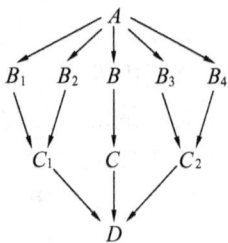

分析法与结合法比较,其优点是执果索因,思维目标较为清晰,思路也较为集中,易有成效,比较容易找到解决问题的途径;缺点是,分析者知道怎么回事情,但很难完整表述出来。

图 8-4

【例 8-5】　在 $\triangle ABC$ 中,已知 $\angle B = 2\angle C$。

求证: $AC^2 = AB^2 + AB \cdot BC$。

思考与分析:此题用分析法探索时,思路如下:

要证 D: $AC^2 = AB^2 + AB \cdot BC$,

只要证 C: $AC^2 = AB(AB + BC)$

C_1: $AC^2 - AB^2 = AB \cdot AC$

C_2: $AC^2 - AB \cdot BC = AB^2$

凭直觉猜测,C 可能是通向已知条件的途径,下面对 C 继续追索。

要证 C: $AC^2 = AB(AB + BC)$,只要证 $\dfrac{AC}{AB + BC} = \dfrac{AB}{AC}$。从这里我们

设想构造一个以 AC 为一边,另一边等于 $AB+BC$ 且与 $\triangle ABC$ 相似的三角形。为此,延长 AB 到 D,使 $BD=BC$,连结 CD(如图 8-5 所示),则 $AD=AB+BC$,于是要证 $\dfrac{AC}{AB+BC}=\dfrac{AB}{AC}\Leftarrow\dfrac{AC}{AD}=\dfrac{AB}{AC}$ $\Leftarrow\triangle ACB\backsim\triangle ADC\Leftarrow$ 证 $\angle D=\angle ACB$(因为 $\angle A$ 为公共角)$\Leftarrow$ 证 $\angle ABC=2\angle D$。

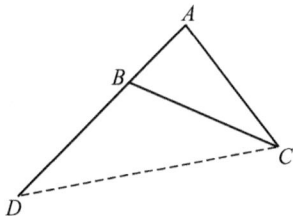

图 8-5

根据辅助线的作法,这很容易得证。因此,命题得证。

注意:本题也可在 AC 上取一点 E,将 AC^2 转化为 $AC\cdot AE+AC\cdot EC$ 来进行探索。

【例 8-6】　(1)证明:当 $m>0$ 时,$m+\dfrac{4}{m^2}\geq 3$。

(2)证明:如果 a,b,c,d 是正数,那么 $\sqrt{(a+c)(b+d)}\geq\sqrt{ab}+\sqrt{cd}$。

思考与分析(分析法):

(1)假设原不等式成立。

由 $m+\dfrac{4}{m^2}\geq 3(m>0)$

$\Rightarrow m^3-3m^2+4\geq 0$

$\Rightarrow (m+1)(m-2)^2\geq 0$

显然,这个不等式成立。从变换中所得的每一个不等式都可以得到它前面的一个不等式。所以,原不等式成立。

(2)假设原不等式成立。

由 $\sqrt{(a+c)(b+d)}\geq\sqrt{ab}+\sqrt{cd}$

$\Rightarrow (a+c)(b+d)\geq ab+cd+2\sqrt{abcd}$

$\Rightarrow ab+cd+bc+ad\geq ab+cd+2\sqrt{abcd}$

$\Rightarrow bc+ad\geq 2\sqrt{abcd}$

$\Rightarrow (\sqrt{bc}-\sqrt{ad})^2\geq 0$

显然,这个不等式成立,从变换中所得的每一个不等式都可以得到它前面的一个不等式。所以,原不等式成立。

【例 8-7】　设 $CEDF$ 是一个已知圆的内接矩形,过 D 作该圆的切线与 CE 的延长线相交于点 A,与 CF 的延长线相交于点 B(图 8-6),求证:$\dfrac{BF}{AE} = \dfrac{BC^3}{AC^3}$。

思考与分析:假设所求证的等式成立。

由 $\dfrac{BF}{AE} = \dfrac{BC^3}{AC^3}$

$$\dfrac{BF \cdot AC}{AE \cdot BC} = \dfrac{BC^2}{AC^2}$$

$$\dfrac{BF \cdot AC}{AE \cdot BC} = \dfrac{BD \cdot AB}{AD \cdot AB} = \dfrac{BD}{AD}(射影定理)$$

$$\dfrac{BF \cdot AC}{AE \cdot BC} = \dfrac{BF}{DE} \ (\because \triangle BDF \backsim \triangle DAE, \therefore \dfrac{BD}{AD} = \dfrac{BF}{DE})$$

$$\dfrac{AC}{BC} = \dfrac{AE}{DE}$$

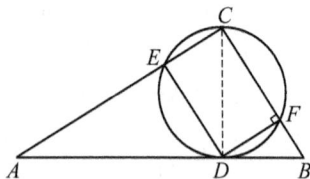

图 8-6

显然这个等式成立($\because \triangle ABC \backsim \triangle ADE$),并且每一都是可逆的,所以原等式成立。

在证题时,从已知条件出发,经过一系列已确定的命题逐步推理,结果或是导出前所未知的命题,或是解决了当前的问题,像这样的思维方法就叫做综合法。综合法的要点就是由已知条件(包括各方面的已确立的命题)推导出所要证明的结论。综合法与分析法的关系极为密切,可以说分析法是综合法的前提。综合法的模式是"已知 $\Rightarrow \cdots \Rightarrow$ 未知"。

例如,证明命题"若 A 则 D",则思路大致如图 8-7 所示。

由 A 往下看,观察可到达 D 的途径是 $A \Rightarrow B \Rightarrow C \Rightarrow D$,但由 A 推出的性质未必

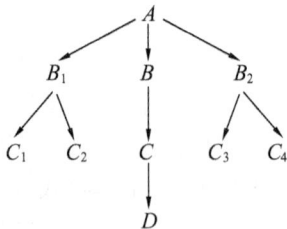

图 8-7

唯一(如 B, B_1, B_2),而由 B, B_1, B_2 推出的性质更多(如 C, C_1, C_2, C_3, C_4),这样由其中哪一个能推出 D 就还需作进一步分析,因而整体思考过程未必简捷,但它也有层次清楚的优点,因此证题时常常首先考虑综合法。综合法的推理形式是分离原则或蕴涵的传递性,上述命题的推理途径包含三个推理可表示为:$[(A \to B) \wedge (B \to C) \wedge (C \to D)] \to D$。

一般我们在分析题目时用的是分析法,分析法在书写格式方面不够清晰,那么在书写过程中就采用综合法的模式(由已知条件推理证明)更符合我们的思维习惯。

【例 8 - 8】 如图 8 - 8 所示,已知四边形 $ABCD$ 内接于 $\odot O$,$AC \perp BD$,$OE \perp AB$ 于点 E。

求证:$OE = \dfrac{1}{2}CD$。

思考与分析: 我们可以采用分析法进行,其思维过程如下:

由 $OE \perp AB$ 可知 E 是 AB 的中点,作直径 AG,连结 GB,于是 $OE = \dfrac{1}{2}GB$,欲证 $OE = \dfrac{1}{2}CD$,只须证 $GB = CD$ 即可。因此,可改证

图 8 - 8

$\angle BAG = \angle CAD$,而 $AC \perp BD$ 于 P,$GB \perp AB$,所以只须证明 $\angle AGB = \angle ADP$ 即可,然而 $\angle AGB$ 和 $\angle ADP$ 是同弧上的圆周角,当然相等。

证明的书写过程我们可以采用综合法进行。

证明 作直径 AG,连结 BG,则 $GB \perp AB$。

$\because OE \perp AB$ 于 E,$\therefore E$ 是 AB 的中点

$\therefore OE = \dfrac{1}{2}GB$

又 $AC \perp BD$,$GB \perp AB$ 且 $\angle ADP = \angle BGA$

$\therefore \angle DAP = \angle BAG$

$\therefore CD = GB$

$\therefore OE = \dfrac{1}{2}GB = \dfrac{1}{2}CD$

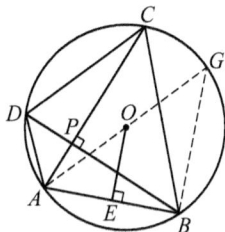

【例 8 - 9】 已知 $\dfrac{a_1}{b_1} < \dfrac{a_2}{b_2} < \dfrac{a_3}{b_3} < \cdots < \dfrac{a_n}{b_n}$,并且所有的字母都表示正数,求证:$\dfrac{a_1}{b_1} < \dfrac{a_1 + a_2 + \cdots + a_n}{b_1 + b_2 + \cdots + b_n} < \dfrac{a_n}{b_n}$。

思考与分析: 由已知得,$a_1 b_1 = a_1 b_1$

$a_1 b_2 < a_2 b_1$

$a_1 b_3 < a_3 b_1$

……

$a_1 b_n < a_n b_1$

把各不等式相加得，

$a_1(b_1 + b_2 + b_3 + \cdots + b_n) < b_1(a_1 + a_2 + a_3 + \cdots + a_n)$，

即　$\dfrac{a_1}{b_1} < \dfrac{a_1 + a_2 + a_3 + \cdots + a_n}{b_1 + b_2 + b_3 + \cdots + b_n}$

又 $a_n b_n = a_n b_n$

$a_n b_{n-1} > a_{n-1} b_n$

$a_n b_{n-2} > a_{n-2} b_n$

……

$a_n b_1 > a_1 b_n$，

把各不等式相加，得

$a_n(b_1 + b_2 + b_3 + \cdots + b_n) > b_n(a_1 + a_2 + a_3 + \cdots + a_n)$

即　$\dfrac{a_1 + a_2 + a_3 + \cdots + a_n}{b_1 + b_2 + b_3 + \cdots + b_n} < \dfrac{a_n}{b_n}$

综合上面两种情况有：

$\dfrac{a_1}{b_1} < \dfrac{a_1 + a_2 + a_3 + \cdots + a_n}{b_1 + b_2 + b_3 + \cdots + b_n} < \dfrac{a_n}{b_n}$

【例 8-10】　已知 a, b 都是正数，且 $a^2 + 4b^2 = 23ab$，

求证：$2\lg \dfrac{a+2b}{3} = \lg a + \lg 3b$。

思考与分析： 根据条件 A：$a^2 + 4b^2 = 23ab, a, b > 0$

可以推出：

B：$a^2 + 4ab + 4b^2 = 27ab$

B_1：$a^2 = b(23a - 4b)$

B_2：$a = \dfrac{23 \pm 3\sqrt{57}}{2} b$

又由 B 可以推出：

C：$\left(\dfrac{a+2b}{3}\right)^2 = 3ab$

C_1：$a + 2b = \pm 3\sqrt{3ab}$

再由 C 可以推出：

D：$2\lg \dfrac{a+2b}{3} = \lg 3ab = \lg a + \lg 3b$

分析是在认识上把事物的整体分解成各个部分、个别特性或个别方面。综合是在认识上把事物的各个部分或不同特性、不同方面结合起来。

思维过程是从对问题的分析开始的。思维的分析可以有过滤式的分析和综合的有方向的分析两种形式。前者通过尝试对问题情境作初步的分析，能淘汰那些无效的尝试。后者是通过把问题的条件和要求综合起来而实现的分析，这种分析带有指向性，是思维分析的主要形式，是思维活动的主要环节。

例如，用 6 根火柴做出 4 个等边三角形。通过分析思维从平面几何跳跃到立体几何上。

分析和综合是方向相反而又紧密联系的两个过程，是同一思维过程中不可分割的两个方面。分析总是把部分从整体中分出来，从它们的相互联系上来考察，而综合则是对分析出的各个部分、各个特性进行整体考察，是通过对各部分、各特性的分析而实现的。分析为了综合，分析才有意义。综合中有分析，综合才更完备。任何一个比较复杂的思维过程，既需要分析，也需要综合。

【例 8 - 10】 化简 $\dfrac{a^3 - 3a + (a^2 - 1)\sqrt{a^2 - 4} - 2}{a^3 - 3a + (a^2 - 1)\sqrt{a^2 - 4} + 2}$，$(a \geqslant 2)$。

由于对分式化简主要是进行约分，而约分要求分子、分母的最终形式是积的形式，而且要有公因式，为此，先对分子、分母进行因式分解。

运用分析与综合思维方式解答如下：

(1) 把分式分成分子与分母两部分，然后分别对其进行研究（系统分析）。

(2) 把分子拆成两部分 $a^3 - 3a - 2$ 与 $(a^2 - 1)\sqrt{a^2 - 4}$，再分别考察。

$a^3 - 3a - 2 = (a-2)(a+1)^2$

$(a^2 - 1)\sqrt{a^2 - 4} = (a-1)(a+1)\sqrt{(a-2)(a+2)}$

（过程分析）

(3) 把(2)中的两部分合在一起，有

$$(a-2)(a+1)^2 + (a-1)(a+1)\sqrt{(a-2)(a+2)}$$

$$= (a+1)\sqrt{a-2}[(a+1)\sqrt{a-2} + (a-1)\sqrt{a+2}]（过程综合）$$

（4）对分母同样用此法。　　　　　　　　　（过程分析、过程综合）

（5）将分子与分母合在一起，得到对问题的最终答案

$$\frac{(a+1)\sqrt{a^2-4}}{(a-1)(a+2)}。$$　　　　　　　　　　　（过程综合）

分析与综合是对感性材料的较低级加工，较高级的加工是抽象与概括。

8.2.5　特殊化和一般化

特殊问题的解决是比较容易和简单的。特殊化就是把数学问题中包含的数量、形状、位置关系等加以简单化、具体化、单一化、边缘化，也就是说，当数学问题的一般性不十分明显时，我们从特殊的数、形的数量关系和位置关系入手，由特殊性质推出一般性质，从中找到解题方法或构成解题起点。

在解题过程中，对于一时难以入手的一般问题，使用最普遍而又较为简单易行的化归途径，就是把它向特殊的形式转化，这就是特殊化法。由于特殊的事物与简单的事物有着自然的联系，所以这种方法有两种类型：一是从简单情形入手，作为解决一般问题的突破口；二是从特殊对象考察（包括着眼极端情形），为求解一般问题奠定基础。特殊化是把所研究的数学问题从原来的范围缩小到一个较小范围或个别情形进行考察研究的思维方法。一般化则是与特殊化相反的思维方法，即将研究对象从原来范围扩展到更大范围进行考察和研究。特殊化思想的作用表现为两个方面。

首先，将一个数学问题特殊化，从而得到一个新的数学问题。通常可将所研究的问题视为一般性问题，按照增加约束条件，取其局部或个别情形得到特殊性的问题。

例如，对于二项式定理：

$$(a+b)^n = a^n + C_n^1 a^{n-1} b + \cdots + C_n^k a^{n-k} b^k + \cdots + b^n。$$

令 $a=1$，得 $(1+b)^n = 1 + C_n^1 b + \cdots + C_n^k b^k + \cdots + b^n$。

令 $a=b=1$，得 $C_n^0 + C_n^1 + \cdots + C_n^k + \cdots + C_n^n = 2^n$。

只要 a、b 取为特殊的值，便可得到一系列的组合数求和式。由此

可见,特殊化不仅具有演绎推理的功能,而且是发现问题,进行数学研究的方法之一。

其次,特殊化通过分析特殊和个别的对象去寻求一般事物的属性,以获得关于所研究对象的性质或关系的认识,找到解决问题的方向、途径或方法。通常我们所说的特例、反例分析法等,都属于这种情形。

【例 8 - 11】:过△ABC 的重心 G 作一条直线 l,把△ABC 分成两部分,求证:这两部分的面积之差不大于△ABC 面积的 $\dfrac{1}{9}$。

思考与分析:考虑特殊情形。设 l 平行于△ABC 的任意一条边 BC。如图 8 - 9 所示,过点 G 作 EF // BC,则 $AE = \dfrac{2}{3}AB$,$AF = \dfrac{2}{3}AC$。所以

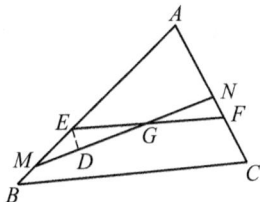

图 8 - 9

$$S_{\triangle AEF} = \frac{1}{2}AE \cdot AF \cdot \sin A$$

$$= \frac{4}{9} \cdot \frac{1}{2}AB \cdot AC \cdot \sin A$$

$$= \frac{4}{9}S_{\triangle ABC}。$$

$$S_{四边形EBCF} - S_{\triangle AEF} = (S_{\triangle ABC} - S_{\triangle AEF}) - S_{\triangle AEF} = \frac{1}{9}S_{\triangle ABC}。$$

这表明,当 l 平行于△ABC 的任意一条边时,命题成立。

现考察一般情形。如图 8 - 9 所示,过点 G 任作一直线 l,与 AB、AC 分别相交于点 M,N。根据前面特例所得的结果,现只需证明

$$S_{四边形MBCN} - S_{\triangle AMN} \leqslant S_{四边形EBCF} - S_{\triangle AEF}。$$

作 ED // AC 交 MN 于点 D,易知△GED ≌ △GFN,由此得

$$S_{四边形EBCF} - S_{四边形MBCN} = S_{\triangle EMD}, S_{\triangle AMN} - S_{\triangle AEF} = S_{\triangle EMD}。$$

所以　　$$S_{四边形EBCF} - S_{四边形MBCN} + S_{\triangle AMN} - S_{\triangle AEF} = 2S_{\triangle EMD} \geqslant 0。$$

此不等式当且仅当 MN 与 EF 重合时取等号,所以

$$S_{四边形MBCN} - S_{\triangle AMN} \leqslant S_{四边形EBCF} - S_{\triangle AEF} = \frac{1}{9}S_{\triangle ABC}。$$

上面的例题告诉我们,在某些情况下,特殊化能充分揭示事物的

本来面目。我们利用图形的特殊位置,不仅可得到要求的结果,而且也找到了正确的解题途径。

总之,数学问题的特殊化,可以通过数目的减少、数值范围的缩小、维数的降低、元数的减少、任意图形转化为特殊图形等手段来实施。而特殊元素的选择,往往是中点、端点、定值、零值、垂直、平行、特殊的数和形等等。

事物的共性存在于个性之中,个性体现了共性,特殊化方法是我们在数学解题中进行探索和发现的重要途径。当然,我们从特殊入手的目的在于探索解决一般问题的方法,特殊情况是观察一般情况的一个窗口,但不能代替一般情况的研究,否则就会造成以偏概全,导致错误,因为在特殊情形成立的命题,在一般情形下未必正确。如在前面的大部分例子中,在特殊化情况下使问题变得明朗后,必须就一般情况给出证明。另外,特殊情形和特殊元素的选择必须恰当,要具有代表性。

当然,特殊化并非万能的,虽然在不少情况下特殊化可以起到一定的作用,但在很多情形,特殊化得不到什么结论,或虽然能得到一些结果,但对一般情形的分析和讨论并没有什么帮助。因此,我们在实践中必须具体问题具体分析,什么时候不能用特殊化考虑,必须作细致的研究。

与特殊化途径相反,在对一般形式问题比较熟悉的情况下,将特殊形式的问题转化为一般形式的问题,这就是一般化法。这种方法是通过找出特殊问题的一般原理,把特殊问题从原有范围扩展到包含该问题的更大范围来进行考察,从而使我们能够在更一般、更广阔的领域中使用更灵活的方法去寻求化归的途径。例如,在研究数的问题时,可以用一般化法把它化归为式的问题来研究;在研究方程和不等式时,也可以用一般化法把它们置身于函数之中来处理。

一般化的思维作用也表现在两个方面,其一是对数学问题或研究对象的一般化,以求得更具一般性的结论;其二是数学方法的一般化,寻求解决一类问题的普遍方法。

对数学问题的一般化,常采用放宽或取消某些约束条件,或将结论中的数量或关系普遍化。例如,由 $2^3 > 3!$,$3^5 > 5!$,推广到一般结论 $\left(\dfrac{n+1}{2}\right)^n > n!$ $(n \in \mathbf{N})$。

又如,将 $\sqrt{4}-\sqrt{3}<\sqrt{2},\sqrt{5}-\sqrt{4}<\sqrt{3}-\sqrt{2}$,推广到

$$\sqrt{n}-\sqrt{n-1}<\sqrt{n-2}-\sqrt{n-3} \quad (n\in\mathbf{N},n\geqslant 3)。$$

更一般地,$\sqrt{a}-\sqrt{a-1}<\sqrt{a-2}-\sqrt{a-3} \quad (a\in\mathbf{R},a\geqslant 3)$。

当然,更多命题的推广不是像上述例子那样简单地由一维向多维的"形式"推广,而要经过类比、归纳和分析后方能得到。如将勾股定理推广为余弦定理;将等差数列推广为高阶等差数列等。

数学方法的一般化,是指将解决某一问题的方法推广为解决某类问题,形成一种固定的模式或程序。像解方程和不等式等,就形成了一定的程序或模式。在中学数学中,数学方法的一般化随处可见。事实上,命题、公式、法则等都是方法一般化形成的模式。解一元二次方程的基本方法是配方法,若对于每个具体的二次方程都采用配方法去解,则要做许多重复的劳动,而将问题一般化,对一般的二次方程 $ax^2+bx+c=0(a\neq 0)$ 运用配方法统一处理,得出解决问题的公式,便解决了所有一元二次方程的求根问题。因而从一定意义上说,模式化也是数学研究追求的目标之一。

应当指出的是,借助于一般性问题来解决特殊性问题,有时往往会出奇制胜,这也是一般化思维的一个功能。例如,求证 $50^{99}>99!$。证明比较困难,而证其一般化后的命题:$\left(\dfrac{n+1}{2}\right)^n>n! \quad (n\in\mathbf{N})$,则十分容易。

事实上,$\dfrac{n+1}{2}=\dfrac{n(n+1)}{2}\cdot\dfrac{1}{n}=\dfrac{1+2+\cdots+n}{n}>\sqrt[n]{1\cdot 2\cdots\cdots n}\Rightarrow$

$$\left(\dfrac{n+1}{2}\right)^n>n!。$$

【例 8－12】 求证:$\dfrac{(1+\sqrt{1998})^{2000}-(1-\sqrt{1998})^{2000}}{\sqrt{1998}}$ 必为整数。

思考与分析: 我们可以考虑更一般的问题,去研究

$\dfrac{(1+x)^{2000}-(1-x)^{2000}}{x} \quad (x\in\mathbf{R},$ 且 $x\neq 0)$ 是怎样的多项式。

令 $f(x)=(1+x)^{2000}-(1-x)^{2000}$,显然它是整系数多项式。由于恒有 $f(-x)=-f(x)$,故 $f(x)$ 是只含奇次项的整系数多项式,从而 $\dfrac{f(x)}{x}$ 就是只含有偶次项的整系数多项式。于是,只要令 $x=\sqrt{1998}$ 即

可证得原问题。

【例 8 - 13】 （1）已知 a、b 为实数，并且 $e<a<b$，证明 $a^b>b^a$。

（2）如果正实数 a、b 满足 $a^b=b^a$，且 $a<1$，证明 $a=b$。

思考与分析：当 $e<a<b$，欲证 $a^b>b^a$，只要证 $b\ln a>a\ln b$，即证 $\dfrac{\ln a}{a}>\dfrac{\ln b}{b}$。该不等式两边具有相同结构，为此构造函数

$$y=\frac{\ln x}{x} \quad (e<x<+\infty)$$

作为所证不等式的一般原则。从而，在函数的范围内只要研究函数的增减性即可。

当 $x>e$ 时，$y'=\dfrac{x\cdot\dfrac{1}{x}-\ln x}{x^2}=\dfrac{1-\ln x}{x^2}<0$，

所以 $y=\dfrac{\ln x}{x}$ 在 $(e,+\infty)$ 上是减函数。

当 $e<a<b$ 时，有 $\dfrac{\ln a}{a}>\dfrac{\ln b}{b}$，进而有 $a^b=b^a$，即（1）得证。

欲证（2），同样采用一般化法。

∵ $0<a<1$，$b>0$，∴ $a^b<1$，从而 $b^a=a^b<1$。

又由 $b^a<1$，$a>0$，可以推得 $b<1$。也就是有 $0<a<1$，$0<b<1$。

由 $a^b=b^a$，即 $\dfrac{\ln a}{a}>\dfrac{\ln b}{b}$，欲证 $a=b$，其实质还是考察函数 $f(x)=\dfrac{\ln x}{x}(0<x<1)$ 的增减性。

当 $x\in(0,1)$ 时，$f'(x)=\dfrac{1-\ln x}{x^2}>0$，

即 $f(x)$ 在 $(0,1)$ 上为增函数。如果 $a\ne b$，那么 $f(a)\ne f(b)$，这是不可能的（与 $f(a)=f(b)$ 矛盾），故必有 $a=b$。

一般化就是把数学问题中的数量、图形形状和位置关系等给予普遍化、抽象化、规律化。也就是说，我们为了解题的需要放开或改变一些条件的限制，考察和研究具体的目标。

我们知道，证明一个一般的命题通常要比证明一个特殊的命题困难得多。然而，我们在前面讨论的几个例子中看到，在解决有些问题时，普遍性的问题可能比特殊的问题更易于解决。

总之,一般化可以探索问题的本质,概括规律,强化命题,发展知识或判别解法的正确性,它既是探索的方法,也是推广命题的方法。

特殊化和一般化是两种相辅相成的思维方法。解题中使用特殊化是为了探求一般性结论,使用一般化是为了通过一般性结论的成立说明其特殊情形成立或推广命题。因此,当一般性的问题很难立刻找到解题方法时,不妨将其向特殊方向转化,而当有些特殊的问题涉及到过多无关宗旨的细节,掩盖着问题的本质时,往往转化为一般的情形更容易解决。

特殊化和一般化反映了人类的两种认识过程,即由特殊到一般和由一般到特殊。这两种过程循环往复,每一次循环都可使人类的认识提高一步。数学也正是在这一循环往复中发展并丰富其内容的。

8.2.6 抽象与概括

抽象和概括都是一种思维过程。抽象是指将一类对象的某一共同特性与其他特性加以分离。数学中的抽象更多地是科学抽象,即从空间形式和数量关系的角度,去区别对象的本质特征与非本质特征,并舍弃非本质特征,把握其本质特征的思维过程。例如,由数字到文字的抽象,由常量到变量的抽象,由有限到无限的抽象,这是中学代数的三次大的飞跃。

概括是指把从部分对象抽象出来的某一属性推广到同类对象中去,从而形成关于该类对象的一般性的、普遍性的认识。所以概括的过程,也是思维由个别到一般的过程,是个别和一般相结合的过程。

在实际的思维过程中,抽象和概括常常是紧密联系的。抽象是概括的基础,没有抽象,就无从谈及概括;而概括又是抽象的目的,没有概括,就不能把握某类事物的共同本质,认识也就不能上升为普遍性、规律性的认识,抽象也就失去了意义。因此,它们是相互依存,不可分离的。

抽象概括就是在研究目标的指导下,揭示出某类部分对象的本质属性,并把这些对象的共同本质属性联合起来,然后合理地推广到同类对象的全体,形成关于该类对象的一般性认识的一种思维形式。

8.2.7　比较与分类

比较是在认识上把对象和现象的个别部分、个别方面或个别特征加以对比,确定被比较对象的共同点、区别及其关系。比较往往是针对某一事物的某一方面进行的。比较离不开分析和综合,分析和综合是比较的基本过程和组成部分。

有比较,才有鉴别。人类认识一切客观事物,都是通过比较来实现的,没有比较就不能认识事物。通过事物之间的比较,学生便于明确事物的本质特征。教学中经常使用的比较形式有两种:同类事物的比较和不同类却相似、相近或相关的事物间的比较。

例如,通过各种圆的比较,明确圆的定义。

等腰三角形和等边三角形的比较。

【例 8 - 14】　求证:$\dfrac{|a+b|}{1+|a+b|}\leqslant\dfrac{|a|}{1+|a|}+\dfrac{|b|}{1+|b|}$。

分析　对不等式左、右两边的每一个表达式在结构上进行比较,其外形皆相似于 $\dfrac{x}{1+x}$,因此构造函数 $y=\dfrac{x}{1+x}$,$x\in[0,+\infty)$,可验证此函数在 $x\in[0,+\infty)$ 为单调递增。

分类是通过比较,按照事物间的差异程度,对事物加以分门别类的思维方法。分类是建立在比较基础上的思维方式。数学中的分类包括概念的划分、性质的归类、方法的整理以及解题中的分类讨论法等。

8.2.8　具体化

思维过程的最后一步往往是具体化。具体化有两种形式:一是从一般过渡到特殊,如从一般三角形的面积公式过渡到直角三角形的面积公式;另一种是通过揭示一般的各种不同特征和性质,然后以具体的内容加以充实、丰富。

总之,思维是借助于比较、分析、综合、抽象、概括、具体化而形成的一个完整过程。

8.3 数学思维的品质及其培养

数学思维过程构成了一个包括数学知识、方法及其主客体交互作用的系统。数学思维过程可以说是主体以数学知识、理论为基础，在头脑中建立起来的信息操作系统。

8.3.1 数学思维的品质

思维品质是评价和衡量学生思维优劣的重要标志。思维的发生和发展，既服从于一般的、普遍的规律，又表现出个性差异：对于不同的个体，具有不同的思维特点。思维品质差异实质上表现为人的能力的差异。数学思维品质主要由以下几个方面组成：

1. 数学思维的深刻性

思维的深刻性常被称为分清实质的能力。这种能力表现为：能洞察所研究的每一个事实的实质及相互关系；能从所研究的材料（已知条件、解法及结果）中揭示被掩盖着的某些个别特殊情况；能组合各种具体模式。

【例 8-15】 求 $y=\sin x+\dfrac{4}{\sin x}$ 的值域。

思维误区：(1)不注意 $\sin x$ 与 $\dfrac{4}{\sin x}$ 的正负，直接套用均值定理。

(2) 不注意等号成立的条件。

但是因 $\sin x$ 与 $\dfrac{4}{\sin x}$ 同号，先讨论其符号，再用均值定理，$\sin x$ 与 $\dfrac{4}{\sin x}$ 的积为定值 4，但 $\sin x$ 与 $\dfrac{4}{\sin x}$ 不能相等，由二正数和、积关系知 $\sin x$ 与 $\dfrac{4}{\sin x}$ 差的绝对值最小，即 $\sin x=1$ 时，$\sin x+\dfrac{4}{\sin x}$ 取到极值。

因此，正确解答为：

① 当 $0<\sin x\leqslant 1$ 时，

$$y=\sin x+\frac{4}{\sin x}=\sin x+\frac{1}{\sin x}+\frac{3}{\sin x}$$

$$\geqslant 2\sqrt{\sin x\cdot\frac{1}{\sin x}}+\frac{3}{\sin x}=2+\frac{3}{\sin x}\geqslant 2+\frac{3}{1}=5。$$

当 $\sin x=1$ 时,上述两个不等号中的等号同时成立,所以 $y\geqslant5$。

② 当 $-1\leqslant\sin x<0$ 时,

$$y=\sin x+\frac{4}{\sin x}=-\Big(-\sin x+\frac{4}{-\sin x}\Big)\leqslant-5。$$

当 $\sin x=-1$ 时,等号成立,所以 $y\leqslant-5$。

综合①、②知,$y\geqslant5$ 或 $y\leqslant-5$。

一般来说,中学生数学思维的深刻性在以下几方面上存在差异:形成概念、构成判断、进行推理论证的深度。

2. 数学思维的广阔性

思维的广阔性是指思路宽广,善于多角度、多层次地进行探究。在数学学习中,思维的广阔性表现为既能把握数学问题的整体,抓住它的基本特征,又能抓住重要的细节和特殊因素,放开思路进行思考,善于发现事物间多方面的联系,找出多种解决问题的方法,并能将它推广到类似的问题中去,从而形成一些普遍意义的方法,或扩大解题中得到的结果的使用范围,或将其推广到类似的问题中去。

【例 8-16】 过抛物线的焦点 F 作一条直线,交抛物线于 A、B 两点。设 p 为抛物线的焦点参数,且 $|AF|=m$,$|BF|=n$,则 $\frac{1}{m}+\frac{1}{n}=\frac{2}{p}$。

对于这道题目能用多种方法来证明,包括从抛物线的定义出发,利用平面集合知识来证明等,并能推广到椭圆、双曲线情形,且作出相应的证明。

3. 数学思维的灵活性

思维的灵活性是指思维活动的灵活程度,主要表现为具有超脱习惯处理方法界限的能力,即一旦所给条件发生变化,便能改变先前的思维途径,找到新的解决问题的方法。学生思维的灵活性主要表现为随新的条件而迅速确定解题方向;表现为从一种解题途径转向另一种途径的灵巧性;也表现为从已知数学关系中看出新的数学关系,从隐蔽的形式中分清实质的能力。

【例 8-17】 解方程 $x^2+2x=x+2$。

常规采用先移项再配方的方法。实际上可以两边直接因式分解而简便解答:$x(x+2)=x+2$。

4. 数学思维的敏捷性

思维的敏捷性是指思维过程中的简缩性和快速性。具有这一品质的学生能缩短运算环节和推理过程，"直接"得出结果。

【例 8 - 18】　已知二次方程 $(a-b)x^2+(c-a)x+(b-c)=0$ $(a,b,c \in \mathbf{R})$ 有相等的实根，求证 a、b、c 成等差数列。

对于此题，若学生的思维呆板，则会总是停留在利用一元二次方程根的判别式上，而不能根据本题条件，得出其他证法；而思维灵活的学生，则能从观察该方程的特点入手，得到方程有一个根是1，再由韦达定理得 $\dfrac{b-c}{a-b}=1$；或利用因式分解：$[(a-b)x-(b-c)](x-1)=0$，立刻得到方程的根是 $x_1=x_2=1=\dfrac{b-c}{a-b}$，从而立即得到证明。

5. 数学思维的批判性

思维的批判性，就是指思维活动中善于严格地估计思维材料和精细地检查思维过程的智力品质，它是思维过程中自我意识作用的结果。思维的批判性表现在有主见地评价事物，能严格地评判自己提出的假设或解题方法的正确或优劣与否；喜欢独立思考，善于提出问题和发表不同的看法，既不人云亦云，也不自以为是。

6. 思维的独创性

思维的独创性是指思维活动的创造性精神，是在新颖地解决问题中表现出来的智力品质。"独创"主要指思维活动应具有创造性态度。学生能独立地、自觉地掌握数学概念，发现定理的证明，发现老师课堂上讲过的例题的新颖解法等，这些都是思维独创性的具体表现。

为了提高学生思维的独创性，应该在加强基础知识学习和基本技能训练的前提下，提倡让学生独立思考，从分析问题的特点出发，去探求独到的解决方法。

8.3.2　数学思维品质的培养

1. 培养数学思维的深刻性

培养数学思维的深刻性，就是培养学生分清事物实质的能力，使学生能够透过复杂的现象洞察所研究事物的本质及其相互联系，能从所研究的材料中揭示被掩盖的特殊情况，能组合各种具体模式等。

2. 培养数学思维的广阔性与灵活性

培养数学思维的广阔性与灵活性的核心就是培养学生的发散思维。教师要注意在基础知识、基本技能、基本思想方法的教学中,从不同层次、形态结合数学知识间的联系,把知识系统化;在解题教学中,培养学生根据条件的变化,从不同角度观察、分析问题,避免局限学生的思维,引导学生进行类比、对比联想。

【例 8 - 19】 求证:$\sqrt{a}-\sqrt{a-1}<\sqrt{a-2}-\sqrt{a-3}$　（$a\geqslant3$）。

证明此题后,可继续探索以下问题:

① 设等差数列 $a,a+d,a+2d,a+3d$,其中 a,d 皆为正数,求证:
$$\sqrt{a+3d}-\sqrt{a+2d}<\sqrt{a+d}-\sqrt{a}$$

② 设等比数列 a,aq,aq^2,aq^3,其中 a,q 为正数,求证:
$$\sqrt{aq^3}-\sqrt{aq^2}<\sqrt{aq}-\sqrt{a}$$

通过验证,①成立,而②在 $q\neq1$ 时也成立。

3. 培养数学思维的敏捷性

培养数学思维的敏捷性,应重视数学概括能力的培养,为此要做到以下几点:

（1）注意学生对数学基础知识的理解与把握,以便学生在解决问题的过程中,正确、迅速地利用相关的数学概念、公式和法则。

（2）在数学教学中要考虑关于解题速度的训练问题。优秀学生在进行数学思维时,往往反应速度快,思维敏捷。

（3）不要忽视思维的敏捷性与记忆的密切关系。

4. 培养数学思维的批判性

数学思维批判性品质的培养与培养学生的自我监控能力有密切关系。自我监控能力就是学生为了达到预定的目标,将自身正在进行的实践活动过程作为对象,不断地对其进行积极的、自觉的计划、监督、检查、评价、反馈和调节的能力。教师可以从培养学生的检查意识和技能入手,来提高学生对数学学习的自我监控能力。

例如,教师可以让学生来分析一些错误的数学解答,来提高学生数学思维的批判性。

【例 8 - 20】 已知:$|a|\leqslant1,|b|\leqslant1$。

求证:$ab+\sqrt{(1-a^2)(1-b^2)}\leqslant1$。

证明 设 $a=\sin\alpha,b=\cos\alpha$,代入化简得:

$$ab+\sqrt{(1-a^2)(1-b^2)}$$

$$=\frac{1}{2}\sin2\alpha+\frac{1}{2}|\cos2\alpha|$$

$$\leqslant\frac{1}{2}|\sin2\alpha|+\frac{1}{2}|\cos2\alpha|\leqslant\frac{1}{2}(1+1)=1。$$

错误原因分析:条件中并没有 $a^2+b^2=1$,但在证明过程中却使用了这个条件。

5. 培养学生数学思维的独创性

数学教学中培养学生数学思维的独创性应注意以下几点:

(1)激发学生的求知欲和好奇心。

(2)重视培养学生思维的流畅性、变通性和独特性。

(3)增强有意注意,捕捉灵感。

(4)既培养逻辑思维,也培养直觉思维。

(5)培养学生的想像力。想像力的培养需要培养学生具有广泛的兴趣,渊博的知识和经验。

在数学教学中,教师要多应用归纳、类比、联想等方法,激发学生发现和创造。如进行一题多解,运用几何、代数、图像等多种方法解题。

【**例 8 - 21**】 正数 a,b,c,A,B,C 满足条件 $a+A=b+B=c+C=k$。求证:$aB+bC+cA<k^2$。

该题可以通过直接证明、构造等边三角形等方法进行解答。

8.4 数学创造性思维及其培养

8.4.1 数学创造性思维

创新是时代的要求,在诸多思维品质中,创造性思维心理品质是最可贵的。创新意识指学生创新的欲望和信念,是一种对所学知识的灵活运用和高超驾驭基础上的创新,从中体现出思维的批判性、深刻性、敏捷性、创造性和解题的艺术性。

创造性思维是指有创见的思维,即在强烈的创新意识下,改组已有的知识经验,产生出新颖的、具有社会价值的思维成果。创新思维是整个创新活动智力结构的关键,是创新的核心。创新思维是由直觉思维、集中思维、发散思维和灵感思维结合后组成的高级思维。

创新思维的本质特征是新颖性,它不同于一般思维活动,就在于要打破常规的解决问题的方法,将已经有的知识或经验进行改组或重建,创造出个体所未知或社会前所未有的思维成果。创新思维是创造性想像积极参与的结果,其灵感状态是创造思维的一种典型特征。

创造性思维有高低两种不同水平。高水平的创造性思维是指这种思维发现了前人未曾发现的新事物,解决了前人未曾解决的问题。例如,数学史上,解析几何的创立、微积分的发现、群论的创始、非欧几何的诞生等,都是高水平的创造性思维的结果。一般高水平的创造性思维是指数学家、杰出的数学人才在数学创造性活动中所进行的思维活动。低水平的创造性思维是指这种思维的结果已为别人所完成,只是相对于思维者本人来说算是发现了新事物,解决了新问题。例如,学生采用不同常规的思路和方法,在学习过程中有所创新和发现是一种低水平的创造性思维的结果。一般低水平的创造性思维是指学生在数学学习活动中所进行的创造性思维活动。尽管学生的创造性思维水平较低,但它却是造就高水平创造性思维人物的前提和基础。因此,注重学生创造性思维的培养,不仅有助于今天的数学学习,更有助于学生将来的发明和创造。

8.4.2　数学创造性思维的阶段

1. 选择与准备阶段

选择与准备阶段是从强烈的创造愿望出发,选择课题并进行有关资料准备的阶段。准备工作做得越充分,越有利于开阔思路,有利于发现和推测问题的成因,从而易于获得成果。

2. 酝酿与构思阶段

酝酿与构思阶段是自觉努力的时期,一般要运用发散思维多方面、多角度、多层次地进行思考。在这一阶段,不仅要运用分析、综合、比较、归纳、类比、联想等思维方法,而且要借助于想像,特别是以创造性想像进行构思。这一阶段相对来说时间较长,而且思考十分艰苦,但必须抓住目标坚持到底。

3. 领悟与突破阶段

领悟与突破阶段是创造性活动的关键阶段,是前两个阶段的升华。经过充分酝酿之后,在头脑中突然跃出新的构想,使问题有可能得到解决。在这个阶段,形象思维、直觉思维以及数学美感起着重要的作用。

4. 检验与完善阶段

检验与完善阶段是对获得的构思和猜想进行检验、论证和修正完善的阶段。在这一阶段,主要运用集中思维和逻辑思维方法做出进一步的研究。任何创造性活动的成功都有可能是在多次失败中孕育出来的,大量的数学史料表明,有些数学猜想要经过数月、数年甚至数十年、数百年的进一步研究才能上升为真理。因此,这一阶段是实现创造发明和获得真理的重要阶段。

上述数学创造性思维活动的四个阶段是互相联系、不能截然分开的,各个阶段之间并没有严格的界限,其中关键阶段是酝酿与构思、领悟与突破这两个阶段,此阶段中起主要作用的是形象思维、直觉思维、审美意识等非逻辑思维。

8.4.3 数学创造性思维的培养

1. 数学教学要充分揭示数学思维过程

数学创造性思维不仅存在于数学家的创造性活动中,也存在于学生的学习活动中。这是因为,学生学习的数学知识虽然是前人创造性思维的结果,但学生作为学习的主体处于再发现的地位,学习活动实质上仍然具有数学发现和创造的性质。因此,采用开放式教学方法,在教学中充分揭示思维过程是培养数学创造性思维的重要途径。

(1) 重视教学思维活动中的认识发生阶段。从教学的阶段性观点来看,数学教学中数学思维的活动过程,大致可以分为认识的发生阶段和知识的整理阶段。前者是指概念如何形成、结论如何被发现的过程;后者是指用演绎法进一步理解知识、开拓知识的过程(有些相似于数学创造中的"发现"与"论证"两个阶段)。由于前一阶段是引导学生探索知识的过程,它闪耀着创造的火花,是培养创造性思维的有效途径。因此,前一阶段比后一阶段更为重要。在展现数学思维活动的全过程时,应着重前一阶段,使学习与发现同步。然而,在数学教学中,只重结论,不重过程,用结论去替代过程或者只重应用,不重形成,以及教师本末倒置地把新课匆匆带过,以省出时间来复习等种种做法,都是削弱认识发生阶段的表现,不利于创造性思维的培养。

(2)数学教学中应重视协调三种思维活动。数学教学中的思维活动主要包括:数学家的思维活动、数学教师的思维活动、学生的思维活动。教师在教学过程中应协调这三种思维活动。

首先,根据数学知识结构(体现在教材中),重视数学家的思维活动过程;其次,指导、调节、控制学生的思维活动,使之与教师的数学思维活动(也即数学家的思维活动)同步,并逐步实现学生的思维结构向数学家的思维结构转化;最后,帮助学生发现及总结开展数学思维活动的规律、方法及技巧。

著名德国数学家希尔伯特(Hilbert)在哥廷根大学任教时,常常在课堂上即兴提出一些新的数学问题,并立即着手解决。虽然他并非每次都能得到圆满的解答,甚至有时把自己"挂"在黑板上,但他展现的思维过程却使学生受益匪浅。追根溯源,希尔伯特的老师,著名的德国数学家富克斯(Fuchs)教授在为希尔伯特上线性微分方程课时,就采用了这样一种教学风格。富克斯对他所讲内容总是现想现推,这使希尔伯特和他的同学们看到了高明的数学家创造性活动的思维过程。我国数学家华罗庚教授在自己的教学生涯中,也一向重视概念产生、命题形成及思路获得的思维过程的教学,并着意回答学生提出的"你是怎样想出来的"一类问题。这些事例充分说明了展现数学思维过程对于培养学生创造性思维的重要作用。

2. 激发学生的好奇心、求知欲

李政道说:"好奇心很重要,有了好奇心,才敢提出问题。"教师的责任在于把学生的好奇心成功地转移到探求科学知识上去,使这种好奇心升华为求知欲。具体来说,在教学过程中根据学生的特点和水平,采取适当的启发学生积极思维的教学方法,让学生主动地探索数学真理,培养学生学习数学的兴趣和刻苦钻研数学问题的热情和毅力。引导学生敢于和善于发现问题或提出问题,爱护、支持和鼓励学生中的一切含有创造因素的思想和活动。

例如,一个学生偶然发现 276276,423423 都能被 13 整除,于是产生了好奇心,继而又对 634634,872872,314314 等进行验证,发现它们都能被 13 整除。在教师的热情鼓励与帮助下,他终于发现 $\overline{abcabc}=1000\,\overline{abc}+\overline{abc}=(1000+1)\overline{abc}=1001\,\overline{abc}$,其中 a,b,c 是 0 到 9 之间的数字,且 $a\neq0$,从而证明了这类数都能被 13 整除,这样就完成了一件十分有益的创造性活动。

在教学过程中,要尽量通过问题的选择、提法和安排来激发学生,唤起他们的好奇心与求知欲。善问是数学教师的基本功,也是所有数学教育家十分重视并研究的问题。一个恰当而富有吸引力的问题往往能拨动全班学生的思维之弦,奏出一曲耐人寻味,甚至波澜起伏的大合唱。

问题的提法、安排要有教学艺术性。问题的提法不同,会有不同的效果,要设法使问题的提法新颖,注意学生的"口味"与喜好。

例如,提出"2^{25} 是几位数? 用对数计算"的问题之后,学生不怎么感兴趣。有的老师换一种提法:"某人听到一则谣言后一小时内传给两人,此两人在一小时内每人又分别传给两人,如此下去,一昼夜能传遍一个千万人口的大城市吗?"这样一发问,学生有了解决此问题的兴趣和积极性,效果就不大一样了。起先,谁都认为这是办不到的事,但经过认真运算,发现能传遍。结果出人意料,但又在情理之中。这样发问最能让学生跃跃欲试,又能使学生通过解决问题受到思想教育。(传谣速度惊人,影响极坏! 传谣可恶,信谣可悲!)

又如,在学过三角形全等的判定定理后进入复习阶段时,要安排一系列较难"消化"的问题让学生自己去判定:

(1) 有两边及其中一边上的高对应相等的两个三角形一定全等吗?

(2) 有两边及第三边上的高对应相等的两个三角形一定全等吗?

(3) 有两边及第三边上的中线对应相等的两个三角形一定全等吗?

(4) 一边及其他两边上的高对应相等的两个三角形一定全等吗?

(5) 面积和周长分别相等的两个直角三角形一定全等吗?

(6) 面积和周长分别相等的两个三角形一定全等吗?(给能力较强的学生)

3. 加强数学直觉思维训练

直觉思维作为数学思维三种基本类型之一,经常与解决数学疑难问题相联系,伴随着数学创造性思维出现。在数学创造性思维过程中,人们常常依靠直觉、灵感进行选择、判断形成数学猜想,这在数学创造性活动中起着重要的作用。培养数学直觉思维的重点是重视数学直觉。直觉尽管"突如其来",但并不是神秘莫测的东西,它是在长期积累起来的知识和经验的基础上形成的,是可以培养的。徐利治教授就曾说过:"数学直觉是可以后天培养的。实际上每个人的数学直觉也是不断提高的。"他认为数学直觉思维的能力是可以在学习数学的过程中逐步地成长起来的。其中特别重要的一环就是在学数学的过程中应当努力达到"真懂"或"彻悟"的境界。一般认为,在数学教学中加强直觉思维的训练应当从以下几个方面入手:

(1)提供丰富的背景资料,恰当地设置教学情境,促使学生作整体思考。数学直觉思维的重要特征之一就是思维形式的整体性。对于面临的问题情境首先从整体上考虑其特点,着眼于从整体上揭示出事物的本质与内在联系,往往可以激发直觉思维,从而导致思维的创新。

(2)引导学生寻找和发现事物的内在联系。数学直觉思维的另一个重要特征,是思维方向的综合性。在数学教学中,引导学生从复杂的问题中寻找内在的联系,特别是发现隐蔽的联系,从而把各种信息作综合考察并作出直觉判断,这是激发直觉思维的重要途径。

(3)教学中要安排一定的直觉阶段,给学生留下直觉思维的空间。学生的思维能力是在实践和训练中发展的,在教学中适当推迟作出结论的时机,给学生一定的直觉思维的空间,有利于在整体观察和细处考察的结合中发现事物的内在规律,作出直觉判断,这是发展学生直觉思维能力的必要措施。

(4)鼓励学生大胆猜测,养成善于猜想的数学思维习惯。猜想是一种合情推理,它与论证所用的逻辑推理相辅相成。数学教学中许多命题的发现、思路的形成和方法的创造,都可以由学生通过数学猜想而得到。因此,应当精心安排教材,设计教法,在引导学生开展各种归纳、类比等丰富多彩的探索活动中,鼓励他们提出数学猜想和创见。一般说来,知识经验越多、想像力越丰富,提出数学猜想的方法掌握得越熟练,猜想的可信度就越高,实现数学创造的可能性也就越大。培养敢于猜想,善于探索的思维习惯是形成数学直觉,发展数学思维,获得数学发现的基本素质。下面通过一则生动的教学实例来说明直觉思维训练的途径。

问题一:两个三角形具有相同的面积,这两个三角形一定全等吗?

几乎所有的学生都知道这两个三角形不一定全等,但在举出反例时却表现出不同的水平。

问题二:两个三角形具有相同的面积且具有相同的周长,这两个三角形一定全等吗?

条件增加了,学生的想法就不一样了。部分学生认为这两个三角形一定全等,另一部分同学则认为这两个三角形不一定全等,但短时间内谁也拿不出"事实"来。这个问题太难了,暂时放一放。

问题三:两个直角三角形具有相同的面积且具有相同的周长,这两个三角形一定全等吗?

比问题二又多了一个条件——两个三角形都是直角三角形,于是凭直觉猜想"一定全等"的学生骤然增加,甚至全班同学都会倒向一边。

但问题还在于证实这个猜想,这时大家的办法又可能不一致。不过,有一点却是肯定的,即证实猜想的欲望一定都很强烈,有点不达目的决不罢休的味道。

设两个直角三角形 ABC 和 RST 的边长分别为 a、b、c 和 r、s、t,其中 c 和 t 为斜边长。根据题意有

$$\begin{cases} a^2+b^2=c^2 \\ r^2+s^2=t^2 \\ 2ab=2rs \\ a+b+c=r+s+t \end{cases}$$

解这个方程可得 $a=r,b=s$。猜想得到证实。

问题四:两个等腰三角形具有相同的面积且具有相同的周长,这两个三角形一定全等吗?

有了解决问题三的经验,学生的意见可能会很一致——这两个等腰三角形一定全等。而要证实这个猜想,也许很难有人能够完成

（尽管有证实上题的经验）。几经碰壁以后，头脑冷静的同学也许转而怀疑这个猜想了。这不是退却，而是思路活跃、实事求是的表现。

事实证明，这个怀疑是正确的。教师可以构造如图 8-10 所示的反例。

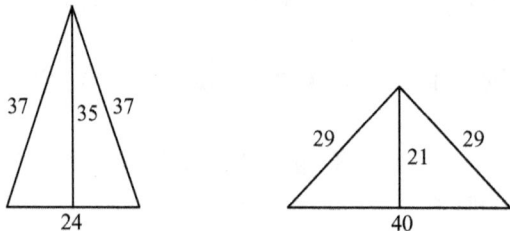

图 8-10

这一对等腰三角形的面积都是 420，周长都是 98，但它们不全等。至此，问题二也获得解决。

上面通过设置问题情境，让学生依靠直觉提出猜想，然后再证明或否定猜想。这样做，不仅可以激发学生的好奇心、求知欲，而且也有助于学生直觉思维能力的培养。

4. 加强发散思维训练

发散思维是一种开拓性、创新性的思维，它是创造性思维的主要形式，加强发散思维的训练无疑对创造性思维的培养具有重要的意义。

发散思维的过程包含两个基本环节，一是发散对象（或发散点）；二是发散方式。数学中的发散对象是多方面的，如对数学概念的拓广；对数学命题的引申与推广（包括分别对条件、结论、关系的发散）；对数学公式、法则的变形与派生等。发散的方式也是多种多样的，如对命题而言，可以是替换命题的条件或结论；也可以是减弱条件，加强结论；或是予以特殊化、一般化；还可以进行类比、推广等。在解决数学问题时，可以将解题的途径、思想、方法等作为发散点进行发散。因此，在数学教学中，只要能抓住时机，以研究的数学对象作为发散点进行多种方式的发散，便能有利于发散思维能力的培养。在数学教学中加强发散思维的训练应从以下三个方面入手：

（1）培养发散机智。在解答一个数学问题时尽可能多地提出设想、解法途径与答案，思维向多方面思考，在某一方向受阻时，马上转向另一方向,不要老盯在一点上想,一处不通,另寻他处;即使一处通了,也不妨再觅新径,以求殊途同归。这种机智主要能提高发散思维的流畅性。如数学中的一题多变、一题多问、一题多解、一法多用等都有助于发散机智的培养。

【例 8 - 22】 已知三角形的周长为定值,求其面积的最大值。

本例不难求出结果。按发散思维的特性,可对本题做出不同的变化、猜测。

1)已知直角三角形的周长为定值,求其面积的最大值。

2)当四边形的周长为定值时,它的面积有最大值吗?

3)若封闭的平面曲线周长一定时,它的面积有最大值吗?

4)长方体的表面积一定时,它的体积有最大值吗?

5)四面体的表面积一定时,它的体积有最大值吗?

6)表面积一定时,凸几何体的体积有最大值吗?

7)若三角形的面积为定值时,它的周长有最大值吗?

(2)培养变换机智。一般事物的质和量是由多种因素及其相互关系决定的,如改变其中某一因素,或改变因素之间的位置、地位或联想方式,常常可以产生新思路。这种机智主要是提高发散思维的变通性。数学中的变量替换、几何问题代数化与代数问题几何化、几何变换等都属于这种机智。

【例 8 - 23】 正数 a,b,c,A,B,C 满足条件 $a+A=b+B=c+C=K$,求证:$aB+bC+cA<K^2$。

证明:作边长为 K 的正三角形 PQR,如图 8 - 11 所示。

分别在各边上取 L,M,N 使 $QL=A$,$LR=a,RM=B,MP=b,PN=C,NQ=c$,因此有 $S_{\triangle LRM}+S_{\triangle MPN}+S_{\triangle NQL}<S_{\triangle PQR}$,即 $\frac{1}{2}aB\sin60°+\frac{1}{2}bC\sin60°+\frac{1}{2}cA\sin60°$

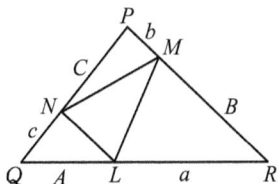

图 8 - 11

$<\frac{1}{2}K^2\sin60°$

因此,$K^2>aB+bC+cA$。

例 8 - 23 的证明把代数问题几何化,显得直观、简洁。选择这样的解题策略揭示了代数与几何之间的内在联系,有利于培养学生的变换机智。

(3) 培养创优机智。要千方百计寻求最优答案以及探索途径,方法要独特,内容要新颖、简化。数学史上许多重大发现正是实现创优机智的体现。数学教学中寻求简便证法、反常规解法以及独特解法的训练正是为此目的。

【例 8 - 24】 解方程 $x^3 + 2\sqrt{3}x^2 + 3x + \sqrt{3} - 1 = 0$。

分析:这个方程是三次的,且系数含有无理数,若按一般求解三次方程的方法不易解决。根据题目的特点,把"$\sqrt{3}$"看做"未知数",把 x 看做"已知数",则得关于"$\sqrt{3}$"的"一元二次方程"。令 $a = \sqrt{3}$,则原方程变为

$$xa^2 + (2x^2 + 1)a + x^3 - 1 = 0,$$

解之得,$a = 1 - x$ 或 $a = -\dfrac{x^2 + x + 1}{x}$,

由此,原方程就等价于

$$x = 1 - \sqrt{3} \text{ 及 } x^2 + (\sqrt{3} + 1)x + 1 = 0,$$

这就不难求出 x 了。

这种解法新颖独特,是一种反常规解法。

第9章

数学教育热点问题介绍

9.1　数学研究性学习

目前,对"研究性学习"的概念有不同的理解,或指一种学习方式,或指一种教学策略,或指一门专设的课程。作为一种学习方式,"研究性学习"是指学生在教师指导下,以类似科学研究的方式去获取知识和应用知识的学习方式。作为一种教学策略,"研究性学习"是指教师通过启发、促进、支持、指导学生的研究性学习活动,来完成学科教学任务的一种教学思想、教学模式和教学方法。而研究性学习课程是通过知识与经验并重的主体性探究来实现学生的发展,培养他们的创新精神的生成性课程。事实上,教师的研究性教学策略与学生的研究性学习活动具有相互依存的关系,教师实施研究性教学策略的目的在于使学生开展研究性学习活动,进入运用研究性学习方式进行学习的状态,研究性教学策略的实施主体是教师,研究性学习方式的实施主体是学生。在教师成功实施研究性教学策略的情境中,学生既是研究性学习活动的主动者,又是教师研究性教学策略的被动者。

"研究性学习"尽管有学习方式、教学策略和课程类型等诸多含义的差别,但其核心点是学习方式,而教学策略和课程类型实际上是学习方式对课程、教学提出的必然要求。

作为学习方式的研究性学习可以有广义和狭义两种理解。从广义理解,它泛指学生探究问题的学习,是一种学习方式、一种教育理念或策略,显然它可以贯穿在各科、各类学习活动中;从狭义理解,它是一种专题研究活动,是指学生在教师指导下,从自然现象、社会现象以及自我生活中选择和确定研究专题,并在研究过程中主动地获取知识、应用知识、解决问题的学习活动。

目前中小学大力提倡的研究性学习,主要是针对目前我国中小学教育中出现的若干弊端,为实施以培养创新精神和提高实践能力为重点的素质教育而提出来的,它的根本目的是让学生通过亲历研究过程,获得对客观世界的体验和正确认识,通过自由、自主的探究过程,综合性地提高整体素质和能力。因此,研究性学习的重点在"学习"而不是"研究","研究"是获取知识的手段、途径,而不是目的。

9.1.1　研究性学习的基本特征

研究性学习的基本特征如下:

1. 重过程

研究性学习重在学习的过程、思维方法的学习和思维水平的提高。它的学习"成果"不一定是"具体"而"有形"的制成品。在研究性学习过程中,学习者是否掌握某项具体的知识或技能并不重要,关键是能否对所学知识有所选择、判断、解释、运用,从而有所收获。也就是说,研究性学习的过程本身就是它所追求的结果。

2. 重应用

学以致用是研究性学习的又一基本特征。研究性学习重在知识技能的应用,而不在于掌握知识的量。研究性学习的目的是发展运用科学知识解决实际问题的能力,这是它与一般的知识、技能学习的根本区别。在学习形式上,研究性学习也具有发现、探究的特点,但在学习内容上,其侧重点在于问题解决,所要解决的问题一般是具体的、有社会意义的。从应用性的基本特点出发,研究性学习还带有综合性的特点,即学习者面临的问题往往是复杂的、综合性的,需要综合运用多方面的知识才能予以解决;学习过程中涉及的知识面比较广,学习内容可能是跨学科的。与一般的掌握知识、运用知识、解答问题(习题)的学习活动相比较,研究性学习更接近于人们的生活实际和社会实践,因而更有利于培养学习者的实践能力。

3. 重体验

研究性学习不仅重视学习过程中的理性认识,如方法的掌握、能力的提高等,还十分重视感性认识,即学习的体验。一个人的创造性思维离不开一定的知识基础,而这个基础应该是间接经验与直接经验的结合。间接经验是前人直接经验的总结和提炼。直接经验则是学习者通过亲身实践获得的感悟和体验。间接经验只有通过直接经验才能更好地被学习者所掌握,并内化为个人经验体系的一部分。研究性学习之所以强调学习体验的重要地位,主要是因为学习体验可弥补知识转化为能力的缺口。更为重要的是,"创造"不仅仅是一种行为、能力、方法,而且是一种意识、态度和观念,有创造的意识,才会有创造的实践。因此,只让学生懂得什么是创新意识、创新精神是不够的,重要的是让学生亲身参与创造实践活动,在体验、内化的基础上,逐步形成自觉指导创造行为的个人的观念体系。

4. 重全员参与

研究性学习主张全体学生的积极参与,它有别于培养天才儿童的超常教育。研究性学习重过程而非重结果,因此从理论上说,每一个智力正常的中小学生都可以通过学习提高自己的创造意识和能力。在研究性学习的过程中,学习者可以根据自己的学习基础和个性特点,制订恰当的研究计划,实现个人的研究目标。

全员参与的另一层含义是共同参与。研究性学习的组织形式是独立学习与合作学习的结合,其中合作学习占有重要的地位。由于研究性学习是问题解决的学习,学习者面临着复杂的综合性的问题,因此就需要依靠学习伙伴的集体智慧和分工协作。在这里,合作既是学习的手段,也是学习的目的。通过合作学习和研究,学习者可以取长补短,取得高质量的成果。与此同时,在共同参与的过程中,学习者还需要了解不同的人的个性,学会相互交流与合作。这种合作包括合作的精神与合作的能力,例如彼此尊重、理解以及容忍的态度,表达、倾听与说服他人的方式方法,制订并执行合作研究方案的能力等。现代社会与科学技术的发展使得人类面临的问题越来越复杂,而社会分工的细化则又限制了个人解决问题的能力和范围。因此,培养中小学生的合作意识与能力,也体现了时代和社会的要求。

9.1.2　研究性学习的目的

研究性学习的目的与一般的学科教育目的相比,它更强调学生对所学知识技能的实际应用,而不仅仅是对学科知识的理解和掌握,它更强调通过亲身体验以加深学生对学习价值的认识,它更强调学生在思想意识、情感意志、精神境界等方面得到升华。具体而言,以下目标是我们所强调的:

(1)让学生经历科学研究的过程,获得亲身参与研究和探索的体验。研究性学习的过程,是情感活动的过程。强调通过让学生主动采纳与科学研究类似的学习活动,获得亲身体验,逐步形成一种在日常学习与生活中喜爱质疑、乐于探究、努力求知的心理倾向,激发探索和创新的积极欲望。

(2)了解科学研究的方法,提高发现问题和解决问题的能力。研究性学习的过程通常围绕一个需要研究解决的实际问题展开,以解决问题和表达、交流为结束。这一过程需要培养学生发现和提出问题的能力,提出解决问题的设想的能力,收集资料的能力,分析资料和得出结论的能力,以及表述思想和交流成果的能力,并要掌握基本的科学方法,学会利用多种有效手段,通过多种途径获取信息。

(3)学习与人沟通和合作,学会分享。合作的意识和能力,是现代人所应具备的基本素质,而研究性学习提供了一个有利于人际沟通与合作的良好空间。为了完成研究任务,学习者需要与课题小组以及教师、社会力量、专家进行沟通合作。学生在这个过程中要发展乐于合作的团队精神,学会交流和分享研究的信息。

(4)增强探究和创新意识,培养科学态度、科学精神和科学道德。在研究性学习过程中,学生不可避免地会遇到一系列问题和困难,学生必须学会从实际出发,通过认真踏实的探究,实事求是地求得结论,并且养成尊重他人的想法和成果的正确态度、不断追求的进取精神、严谨的科学态度、克服困难的意志品质等。

(5)培养学生对社会的责任心和使命感。联系社会实际展开研究活动,为学生的社会责任心和使命感的发展创造了有利条件。通过社会实践,学生要了解科学对于自然、社会与人的意义和价值,要学会关心国家和社会的进步,学会思考人类与社会的和谐发展,形成积极的人生态度。

（6）促进学生学习、掌握和运用一种现代学习方式。研究性学习着眼于改变学生单纯的接受式的学习方式,促进学生形成一种对知识主动探求,重视实际问题解决的积极的学习方式。

（7）激活各科学习中的知识储备,尝试相关知识的综合运用。学生所学的课程大多是按分科设置的,而研究性学习的开展可以促进知识的综合运用。

（8）促进教师教学观念和教学行为的变化,提升教师的综合素质,帮助教师寻找到培养学生创新精神和实践能力的途径,进而在各科教学中更自觉地推进素质教育。

9.1.3　实施研究性学习的三个阶段

研究性学习的实施一般可分为三个阶段:进入问题阶段、探索求解阶段和表达内化阶段。在学习进行的过程中,这三个阶段并不是截然分开的,而是相互交叉、交互推进的。

1. 进入问题阶段

进入问题阶段,主要是针对特定情景,提出核心问题,确定研究范围或研究题目;搜集相关资料,了解有关研究题目的知识水平、该题目中隐含的争议性焦点问题,从多个角度认识、分析问题;在此基础上,确定具体的研究方案,包括合适的研究方法、可行的研究进度、预期的研究结果以及可能发生的问题和解决的对策。在这个过程中,要反思所确定的研究问题是否适合,是否需要改变问题。

2. 探索求解阶段

探索求解阶段,主要包括:

（1）搜集和分析信息资料。通过访谈、上课、查阅书刊杂志、编制问题卷等有效形式搜集和获取所需要的信息资料,判断其真伪、优劣、价值,有条理、有逻辑地进行整理与归纳,发现它们之间的关联和趋势,最后综合整理信息进行判断,得出相应的结论。同时还要反思所得的结论是否充分地回答了所要研究的问题,是否有必要采取其他方法获取证据以支持所得出的结论。

（2）调查研究。根据研究方案,按照确定的研究方法,选择合适的地方进行调查,获取调查结果。在此过程中,应如实记录调查中所获得的基本信息,形成记录实践过程的文字、音像、制作等多种形式的作品,同时要从各种调研结果、实验、信息资料中归纳出解决问题的重要思路或观点,并反思是否获得了足以支持研究结论的证据,是否还存在其他结论的可能。

3. 表达内化阶段

这一阶段主要包括:将取得的进展进行归纳整理、总结提炼,形成书面材料和口头报告材料;进行交流和研讨,通过答辩和鉴定;将最终成果通过同化和顺应,使其成为自己认知结构的有机构成部分。在这一阶段,要与别人分享成果,要欣赏和发现他人的优点,学会理解和宽容,学会客观地分析和辩证地思考,也要敢于和善于申辩。

9.1.4　研究性学习与接受性学习的比较

接受性学习主要是以获得系统的学科知识为主,其根本目的在于增加个体的知识储备,扩展学生的知识视野,为个体成为真正的认识主体提供素材。而研究性学习是重过程,而非结果;中学生从过程中学习或领悟到了什么,而非最终研究结果对社会的贡献。在人的具体活动中,两者常常是相辅相成、结伴而行的。研究性学习重在学生的学习态度和学习方式的改变,强调培养学生研究问题的意识和研究问题的方法,重视的是学习活动的过程而不是最终结果,因此在积累直接经验、培养学生的创新精神和实践能力方面有其独到之处;而接受性学习在积累间接经验、传递系统的学科知识方面,其效率之高是其他方法无法比拟的。因此,就人的发展而言,研究性学习与接受性学习都是必要的。在我国新的基础教育课程体系中特别强调研究性学习并不是因为接受性学习不好,而是因为我们过去过多地倚重接受性学习,而研究性学习则被完全忽略或退居边缘。强调研究性学习的重要性是为了促进学生学习方式的转变,从而使以培养学生的创新精神和实践能力为核心的素质教育落到实处。

事实上,创新精神的培养和发展,离不开扎实的知识基础。没有基础就没有创新,一定的学科知识基础是科研活动和创新活动的根本,创造不是凭空从人们头脑中产生的想法,而是经过长期的知识积累,不断地向“未知世界”提出问题,不断钻研的结果。中小学阶段是学生打基础的重要时期,我们必须坚持基础知识,尤其是其中更基本的理论知识的传授,为创造性地学习,思维的飞跃打下坚实的基础。所以,教师应该根据不同的教学任务,灵活地、综合地应用各种学习方式,促使学生更好更快地发展。

9.1.5 研究性学习实例

【例 9-1】 角模板的设计问题

有这样一道小学的智力竞赛问题:

现有一个 19°的模板(图 9-1),请你设计一种办法,只用这个模板和铅笔在纸上画出 1°的角来。

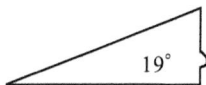

图 9-1

这个问题不少学生都会抓住 $19° \times 19 = 361°$ 比 360°多 1°的特点,机智地给出解答。

在平面上取一点 O,过 O 点画一条直线 A_0OB_0,以 O 为顶点,从 OB_0 起始沿逆时针方向依次用模板画射线 $OB_1, OB_2, OB_2, \cdots,$ OB_{18}, OB_{19}(图 9-2),使得

$$\angle B_iOB_{i+1} = 19°, (i = 0, 1, 2, \cdots, 18)$$

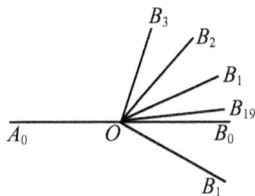

图 9-2

这时,$\angle B_0OB_{19} = 19° \times 19 - 2 \times 180° = 1°$,这样,我们用 19°的模板画出了 1°的角。

我们还可以引导学生去思索:

(1) 有一个 17°的模板和铅笔,你能否在纸上画出一个 1°的角来?

(2) 用一个 21°的模板和铅笔,你能否在纸上画出一个 1°的角来?对(1)、(2)两问,如果能,请你简述画法步骤,如果不能,请你说明理由。

对于用 17°角的模板能画出 1°的角,师生一起讨论发现,关键就在于要找到 17°角的一个倍数与 180°的某个倍数恰好相差 1°,也就是能否找到整数 m, n,使得 $17° \times m - 180° \times n = 1°$,大家动手试一试不难发现,$m = 53, n = 5$ 即可,这样就不难设计画法了。

根据(1)问的结论,若用 21°的模板能画出 1°的角,表明存在整数 m、n,使得 $21° \times m - 180° \times n = 1°$。但是我们发现,$3 | 21, 3 | 180$,推出 $3 | 1$,矛盾。因此用 21°的模板不能画出 1°的角。

通过上面的思索,学生可以小结具有怎样整数的模板可以画出

1°的角,哪些整数度数的模板不能画出 1°的角。

问题解决完毕,人们会问,直接做个 1°的角的模板去画 1°角岂不更省事? 其实不然,1°角的模板很"细",难于制作与使用。一般可采用 15°~60°之间的整数度数的角来制作画 1°角的模板。于是问题的一般形式是:

请你设计一个"a°角模板"(a 取 15°~60°范围的整数度数),用这个模板可以画出 1°的角来。

上面例题启发我们,关键在于连续使用"a°角模板"若干次,恰能与 180°的某个倍数相差 1°(有可能是大 1°,也可能是小 1°)。用数学语言表述为:

是否存在整数 x, y,使得
$$ax - 180y = 1 \cdots\cdots ①$$
也就是 $ax - 180y = 1$ 是否存在整数解(x, y)?

这样,我们将"a°角模板"的设计问题,抽象成为方程①是否存在整数解的问题,就可以在纯数学范围内研究讨论,加以解决了。类比例题的解法,如果$(a, 180) \neq 1$,那么方程①就不存在整数解,从而只需讨论$(a, 180) = 1$ 的情况即可。进一步一般化,可得到如下定理:

不定方程 $ax + by = c$(其中 a, b 为正整数)有整数解的充分必要条件是 $d | c, d = (a, b)$。

9.2 数学文化

数学作为一种文化现象,早已是人们的常识。历史地看,古希腊和文艺复兴时期的文化名人,往往本身就是数学家,最著名的如柏拉图和达·芬奇。20 世纪以来,爱因斯坦、希尔伯特、罗素、冯·诺依曼等文化名人也都是 20 世纪数学文明的缔造者。

20 世纪初的数学曾经存在着脱离社会文化的孤立主义倾向,并一直影响到今天的中国。数学的过度形式化,使人错误地感到数学只是少数天才脑子里想像出来的"自由创造物",数学的发展无需社会的推动,其真理性无需实践的检验,当然,数学的进步也无需人类文化的哺育。于是,西方的数学界有"经验主义的复兴"。怀特(L. A. White)的数学文化论力图把数学回归到文化层面。克莱因

(M. Kline)的《古今数学思想》、《西方文化中的数学》、《数学：确定性的丧失》相继问世,力图营造数学文化的人文色彩。

国内最早注意数学文化的学者是北京大学的教授孙小礼,她和邓东皋等合编的《数学与文化》汇集了一些数学名家的有关论述,也记录了从自然辩证法研究的角度对数学文化的思考。稍后出版的有齐民友的《数学与文化》,主要从非欧几何产生的历史阐述数学的文化价值,特别指出了数学思维的文化意义。郑毓信等的专著《数学文化学》的特点是用社会建构主义的哲学观,强调"数学共同体"产生的文化效应。

进入 21 世纪之后,数学文化的研究更加深入。一个重要的标志是数学文化走进中小学课堂,渗入实际数学教学,努力使学生在学习数学过程中真正受到文化的感染,产生文化共鸣,体会数学的文化品位,体察社会文化和数学文化之间的互动。为此,在高中数学课程标准中,数学文化是一个单独的板块,给予了特别的重视。

9.2.1 数学文化的内涵

数学文化的内涵十分丰富。但在中国数学教育界,常常有"数学＝逻辑"的观念。据调查,学生们把数学看做"一堆绝对真理的总集",或者是"一种符号的游戏"。"数学遵循记忆事实—运用算法—执行记忆得来的公式—算出答案"的模式,"数学＝逻辑"的公式带来了许多负面影响,正如一位智者所说,一个充满活力的数学美女,只剩下一副 X 光照片上的骨架了!

数学文化的内涵,包括用数学的观点观察现实,构造数学模型,学习数学的语言、图表、符号表示,进行数学交流。通过理性思维,培养严谨素质,追求创新精神,欣赏数学之美。

半个多世纪以前,著名数学家柯朗(R. Courant)在名著《数学是什么》的序言中这样写道:"今天,数学教育的传统地位陷入严重的危机。数学教学有时竟变成一种空洞的解题训练。数学研究已出现一种过分专门化和过于强调抽象的趋势,而忽视了数学的应用以及与其他领域的联系。教师、学生和一般受过教育的人都要求有一个建设性的改造,其目的是要真正理解数学是一个有机整体,是科学思考与行动的基础。"

2002年8月20日,丘成桐在接受《东方时空》的采访时说:"我把《史记》当作歌剧来欣赏","由于我重视历史,而历史是宏观的,所以我在看数学问题时常常采取宏观的观点,和别人的看法不一样。"这是一位数学大家关于数学文化的阐述。

《文汇报》2002年8月21日摘要刊出钱伟长的文章《哥丁根学派的追求》,其中提到:"这使我明白了:数学本身很美,然而不要被它迷了路。应用数学的任务是解决实际问题,不是去完善许多数学方法,我们是以解决实际问题为己任的。从这一观点上讲,我们应该是解决实际问题的优秀'屠夫',而不是制刀的'刀匠',更不是那种一辈子欣赏自己的刀多么锋利而不去解决实际问题的刀匠。"这是一个力学家的数学文化观。

和所有文化现象一样,数学文化直接支配着人们的行动。孤立主义的数学文化,一方面拒人于千里之外,使人望数学而生畏;另一方面,又孤芳自赏,自言自语,令人把数学家当成"怪人"。学校里的数学,原本是青少年喜爱的学科,却成为过滤的"筛子"、打人的"棒子"。优秀的数学文化,会是美丽动人的数学王后、得心应手的仆人、聪明伶俐的宠物。伴随着先进的数学文化,数学教学会变得生气勃勃、有血有肉、光彩照人。

9.2.2　关于数学文化的外延性特点

数学文化的外延非常宽泛,涉及多种学科。马克思早就说过:"一种科学只有成功地运用数学时,才算真正达到完善的程度。"近年来,特别是数学文化在人文、社会、科技进步等方面的成功渗透,更充分地证明了马克思这一论断的正确性。

数学与教育、数学与文化、数学与史学、数学与哲学、数学与社会学、数学与高科技等的交叉,都派生出一些新的学科。以数学与经济学的结合为例:数学与经济学可以说密不可分,以至于在今天不懂数学就无法研究经济。在宏观经济活动中如何及时刹住经济过于繁荣,又不至于滑入灾难性的经济衰退的危险中,可从最优控制理论得到方法上的帮助。正是由于运用了控制理论和梯度法,人们才求解了韩国经济的最优计划模型。在微观经济中,数学的作用也极为广泛。比如在提高产品的正品率方面,若某一产品的质量是依赖于若干个因素,而这若干个因素的每个因素又都受一些条件的制约,如何挑选出最优搭配,实际上就是一个统计实验设计(SED)的问题。当今世界,运用数学建立经济模型,寻求经济管理中的最佳方案,运用数学方法组织、调度、控制生产过程,从数据处理中获取经济信息等,使得代数学、分析学、概率论和统计数学等大量数学的思想方法进入经济学,并反过来促进了数学学科的发展。今天,一位不懂数学的经济学家是决不会成为一位杰出经济学家的。

1969—1990 年间的 27 位诺贝尔经济学奖获得者中,有 14 位获奖者是因其杰出的数学工作成就。其中苏联数学家坎托罗维奇因对物资最优调拨理论的贡献而获 1975 年诺贝尔奖,被公认为现代经济数学理论的奠基人;Klein 因"设计预测经济变动的计算机模式"而获 1980 年诺贝尔经济学奖;Tobin 因"投资决策的数学模型"而获 1981 年诺贝尔经济学奖。

其实,除上面我们列述的许多方面,数学还广泛渗透到其他领域。有位数学家甚至断言:"只要文明不断进步,在下一个两千年里,人类思想中压倒一切的新鲜事物,是数学理智的统治"。

9.2.3　数学文化与现实生活息息相关

1. 数学和文学

数学和文学的思考方法往往是相通的。举例来说,中学课程里有"对称",文学中则有"对仗"。对称是一种变换,变过去了却有些性质保持不变。轴对称,即是依对称轴对折,图形的形状和大小都保持不变。那么对仗是什么?无非是上联变成下联,但是字词句的某些特性不变。王维诗云:"明月松间照,清泉石上流"。这里,明月对清泉,都是自然景物,没有变。形容词"明"对"清",名词"月"对"泉",词性不变。其余各词均如此。变化中的不变性质,在文化中、文学中、数学中都广泛存在着。数学中的"对偶理论",拓扑学的变与不变,都是这思想的体现。文学意境也有和数学观念相通的地方。徐利治先生早就指出:"孤帆远影碧空尽",正是极限概念的意境。

许多教师在数学教育中,将古代文学中的诗词歌赋、故事传说等鲜活素材融入到数学教学课堂中,这些素材富有情趣、与人文学科相结合,凸现直观形象,"数"文并茂,能有效地提高学生的学习兴趣,满足多样化学习的需求。

如有这么一首诗：

> 一蓑一笠一叶舟，一枝竹竿一条钩。
>
> 一山一水一明月，一人独钓一江秋。

诗中包含了十个"1"，辉映成趣。

我们可以根据成语里涉及的数字，巧妙地写成算式。如（一箭双雕）＋（一帆风顺）＝（二面三刀），数学算式为：$1+1=2$；（千丝万缕）＋（十全十美）＝（万古长存），数学算式为：$1000×10=10000$；（百折不挠）×（十载寒窗）＝（千锤百炼），数学算式为：$100×10=1000$；等等。再如下面的题：

> 春晓春地满，春明春草生，春人饮春酒，春鸟弄春色。

问：（1）哪一个字出现得最多？（2）"春"字共有几个？（3）"春"字出现的次数占全诗字数的几分之几？

> 一百馒头一百僧，大僧三个便无争；
>
> 小僧三人一个，大小和尚各几个？

以上问题都充满了浓浓的人文气息，将数学因素融入文学语言中，其表现手法独特新颖。

杭州九溪十八涧，林木茂盛，泉水潺潺。俞曲园先生曾写下了一首精彩绝伦的五言绝句：

> 重重迭迭山，曲曲环环路，丁丁冬冬泉，高高下下树。

以此可以编写如下的一个算题：

> （重＋重）÷（迭＋迭）＝山
>
> （曲＋曲）÷（环＋环）＝路
>
> （丁＋丁）÷（冬＋冬）＝泉
>
> （高＋高）÷（下＋下）＝树

问：重、迭、曲、环、丁、冬、高、下等各代表什么数字？

在数学教育中，我们要古为今用，将一些诗词歌赋、故事传说改编成文字型数字题，凸现学科综合的人文性和美学效果，这是对学生渗透情感教育的一种有效途径。

2. 数学与语言

语言是文化的载体和外壳。数学的一种文化表现形式，就是把数学融入语言之中。"不管三七二十一"涉及乘法口诀，"三下五除二就把它解决了"则是算盘口诀。再如"万无一失",在中国语言里比喻"有绝对把握",但是,这句成语可以联系"小概率事件"进行思考。"十万有一失"在航天器的零件中也是不允许的。此外,"指数爆炸"、"直线上升"等等已经进入日常语言。它们的含义可与事物的复杂性相联系(计算复杂性问题)。"事业坐标"、"人生轨迹"也已经是人们耳熟能详的词语。

3. 数学与体育运动

用现代数学方法研究体育运动是从 20 世纪 70 年代开始的。1973 年,美国的应用数学家 J. B. 开勒发表了赛跑理论,并用他的理论训练中长跑运动员,取得了很好的成绩。几乎同时,美国的计算专家艾斯特运用数学、力学,并藉助计算机研究了当时铁饼投掷世界冠军的投掷技术,从而提出了他自己的理论,并据此提出了改正投掷技术的训练措施,从而使这位世界冠军在短期内将成绩提高了 4 米,在一次奥运会比赛中创造了连破三次世界纪录的辉煌成绩。

又如,1982 年 11 月在印度举行的亚运会上,曾经创造男子跳高世界纪录的我国著名跳高选手朱建华已经跳过 2 米 33 的高度,稳获冠军。他开始向 2 米 37 的高度进军。只见他几个碎步,快速助跑,有力的弹跳,身体腾空而起,他的头部越过了横杆,上身越过了横杆,臀部、大腿、甚至小腿也都越过了横杆。可惜,脚跟擦到了横杆,横杆摇晃了几下,掉了下来!问题出在哪里?出在起跳点上。那么如何选取起跳点呢?可以建立一个数学模型,其中涉及到起跳速度、助跑曲线与横杆的夹角、身体重心的运动方向与地面的夹角等诸多因素。

这些例子说明,数学在体育训练中正发挥着越来越明显的作用。在体育训练中所用到的数学内容也相当深入,主要的研究方面有:赛跑理论、投掷技术、台球的击球方向、跳高的起跳点、足球场上的射门与守门、比赛程序的安排、博弈论与决策。

4. 数学与文学作品鉴真

《红楼梦》研究是一个很好的例子。1980 年 6 月在美国威斯康星大学召开的首届国际《红楼梦》研讨会上,华裔学者陈炳藻宣读了论文"从词汇统计论《红楼梦》的作者问题"。此后他又发表了多篇用电脑研究文学的论文。数学物理中的频谱分析与快速傅立叶变换密切相关。令人吃惊的是,这一方法已被成功地应用于文学研究。文学作品的微量元素,即文学的"指纹",就是文章的句型风格,其判断的主要方法是频谱分析。日本有两位作者多久正和安本美典大量应用频谱分析来研究各种文学作品,最后达到这样的程度:随便拿一篇文字来,不讲明作者,也可以知道作者是谁,就像法医根据指纹抓犯人一样,准确无误。

5. 数学与经济学的联姻

经济学在社会科学中具有举足轻重的地位,一方面是经济学与人的生活密切相关,它探讨的是资源如何在人群中进行有效分配的问题;另一方面是因为经济学理论的清晰性、严密性和完整性使它成为社会科学中最"科学"的学科,而这要归功于数学。数学介入经济学使得经济学发生了深刻而巨大的变革。目前看来至少推动了几门新的经济学分支学科的诞生和发展,其中有数理经济学、计量经济学等。

6. 数学与战争

英国著名数学家哈代说,纯粹数学是一门"无害而清白"的学科,而数论和相对论则是这种清白学问的范例:"真正的数学对战争毫无影响,至今没有人能发现有什么火药味的东西是数论或相对论造成的,而且将来好多年也不会有人能够发现这类事情。"但 1945 年原子弹的蘑菇云使人们,也使哈代本人在生前看到了相对论不可能与战争有关的预言的可怕破产。他最钟爱的数论也已成为能控制成千上万颗核导弹的密码系统的理论基础。20 世纪 90 年代的"海湾战争"甚至被称为数学战争了。

从人类早期的战争开始,数学就无所不在,不论是发射弩箭还是挖掘地道,数学就像冥冥之中的命运之神一样在起作用。

提起数学与军事,人们可能更多地想到数学可以用来帮助设计新式武器,比如阿基米德的传闻故事:阿基米德所在的 Syracuse 王国遭到罗马人的攻击,国王 Heron 请其好友阿基米德帮忙设计了各式各样的弩炮、军用器械,利用抛物镜面会聚太阳光线,焚毁敌人船舰等。当然,这样的军事应用并没有用到较高层次的数学。其实,古代数学用于军事只到这种层次。《五曹算经》中的兵曹,其所含的计算,仅止于乘除;再进一步,也不过是测量与航海。一直到 20 世纪,科学发展促使武器进步,数学才真的可能与战事有密切的关系,例如数学的研究工作可能与空气动力学、流体动力学、弹道学、雷达及声纳、原子弹、密码与情报、空照地图、气象学、计算器等等有关,而直接或间接影响到武器或战术。

7. 数学与自然界

大家都听到过蝉鸣。不管有多少蝉,也不管有多少树,它们的鸣声总是一致的。这是什么原因呢? 谁在指挥它们? 自然界最壮观的景象之一发生在东南亚,在那里,一大批萤火虫同步闪光。1935 年,在"科学"杂志上发表了一篇题为"萤火虫的同步闪光"的论文。在这篇论文中,美国生物学家史密斯对这一现象作了生动的描述:

"想像一下,一棵 10 米至 12 米高的树,每一片树叶上都有一只萤火虫,所有的萤火虫大约都以每 2 秒 3 次的频率同步闪光,这棵树在两次闪光之间漆黑一片。想像一下,在 160 米的河岸两旁是不间断的芒果树,每一片树叶上的萤火虫,以及树列两端之间所有树上的萤火虫完全一致同步闪光,那么,如果一个人的想像力足够生动的话,他会对这一惊人奇观形成某种概念。"

这种闪光为什么会同步? 1990 年,米洛罗和施特盖茨借助数学模型给了一个解释。在这种模型中,每个萤火虫都和其他萤火虫相互作用。建模的主要思想是,把诸多昆虫模拟成一群彼此靠视觉信号耦合的振荡器。每个萤火虫用来产生闪光的化学物质被表示成一个振荡器,萤火虫整体则表示成此种振荡器的网络,每个振荡器以完全相同的方式影响其他振荡器。这些振荡器是脉冲式耦合,即振荡器仅在产生闪光一瞬间对邻近振荡器施加影响。米洛罗和施特盖茨证明,不管初始条件如何,所有振荡器最终都会变得同步。这个证明的基础是吸附概念,吸附使两个不同的振荡器"互锁",并保持同相。由于耦合完全对称,一旦一群振荡器互锁,就不能解锁。

最后,需要指出,数学与人类文明的联系与应用是多方面、多层次的。数学与哲学、文学、建筑、音乐也都有深刻的联系,这里不再叙述。计算机诞生后,数学与其他文化的联系更加深入和广泛。联合国教科文组织在 1992 年发表了《里约热内卢宣言》,将 2000 年定为数学年,并指出"纯粹数学与应用数学是理解世界及其发展的一把主要钥匙"。

8. 数学与选举

选票分配问题属于民主政治的范畴。选票分配是否合理是选民最关心的热点问题。这一问题早已引起西方政治家和数学家的关注,并进行了大量深入的研究。那么,选票分配的基本原则是什么呢? 首先是公平合理。要做到公平合理,一个简单的办法是,选票按人数比例分配。但是会出现这样的问题:人数的比例常常不是整数。怎么办? 一个简单的办法是四舍五入。四舍五入的结果可能会出现名额多余,或名额不足的情况。因为有这个缺点,美国乔治·华盛顿时代的财政部长亚历山大·汉密尔顿在 1790 年提出一个解决名额分配的办法,并于 1792 年为美国国会所通过。

美国国会的议员名额是按州分配的。假定美国的人口数是 p,各州的人口数分别是 $p_1, p_2, \cdots, p_i$,再假定议员的总数是 n,记

$$q_i = \frac{p_i}{p} n,$$

称 q_i 为第 i 个州分配的份额。汉密尔顿方法的具体操作如下:

(1)取各州份额 q_i 的整数部分 $[q_i]$,让第 i 个州先拥有 $[q_i]$ 个议员。

(2)然后考虑各个 q_i 的小数部分 (q_i),按从大到小的顺序将余下的名额分配给相应的州,直到名额分配完为止。

汉密尔顿方法看起来十分合理,但仍存在问题。按照常规,假定各州的人口比例不变,议员名额的总数由于某种原因而增加的话,那么各州的议员名额数或者不变,或者增加,至少不应该减少。可是汉密尔顿方法却不能满足这一常规。1880 年,亚拉巴马州曾面临这种状况。人们把按汉密尔顿方法产生的这一矛盾叫做亚拉巴马悖论。汉密尔顿方法侵犯了亚拉巴马州的利益。其后,1890 年、1900 年人口普查后,缅因州和克罗拉多州也极力反对汉密尔顿方法。所以,从1880 年起,美国国会就针对汉密尔顿方法的公正合理性展开了争论。因此,必须改进汉密尔顿方法,使之更加合理。新的方法不久就提出来了,并消除了亚拉巴马悖论。但是新的方法引出新的问题,新的问题又需要消除。于是更新的方法,当然是更加公正合理的方法又出现了。人们当然会问,有没有一种一劳永逸的解决办法呢?

这个问题从诞生之日起,就一直吸引着众多政治家和数学家去研究。这里要特别提出的是,1952 年数学家阿罗证明了一个令人吃惊的定理——阿罗不可能定理,即不可能找到一个公平合理的选举

系统,这就是说,只有更合理,没有最合理。阿罗不可能定理是数学应用于社会科学的一个里程碑。

阿罗不可能定理不仅是一项数学成果,也是十分重要的经济成果。因此,阿罗作为一名数学家,于 1972 年获得了诺贝尔经济学奖。选举问题吸引经济学家的原因主要有两个方面:策略与公平性。而策略的研究又引出了博弈论。

9.2.4　数学文化的美学观

数学文化的美学观是构成数学文化的重要内容。古代哲学家、数学家普洛克拉斯断言:"哪里有数,哪里就有美。"开普勒也说,"数学是这个世界之美的原型。"对数学文化的审美追求已成为数学得以发展的重要原动力。以致于法国诗人诺瓦利也曾高唱:"纯数学是一门科学,同时也是一门艺术","既是科学家同时又是艺术家的数学工作者,是大地上唯一的幸运儿。"古往今来,许多数学家、哲学家都把"美"作为选题标准和成功标准的一种评价尺度,甚至把"美的考虑"放在高于一切的位置。著名数学家冯•诺伊曼就曾写道:"我认为数学家无论是选择题材还是判断成功的标准,主要都是美学的。"庞加莱则更明确地说:"数学家们非常重视他们的方法和理论是否优美,这并非华而不实的作风,那么,到底是什么使我们感到一个解答、一个证明优美呢?那就是各个部分之间的和谐、对称、恰到好处的平衡。一句话,那就是井然有序、统一协调,从而使我们对整体以及细节都能有清楚的认识和理解,这正是产生伟大成果的地方。"

数学家 L. 斯思也曾指出:"在数学定理的评价中,审美的标准既重于逻辑的标准,也重于实用的标准;美观与高雅对数学概念的评价来说,比是否严格正确、是否可能应用都重要得多。"显然,这种"美学至上"的观点是片面的,因为数学的"审美标准"与"实践的标准"事实上是互相联系的,而且美学的考虑之所以有意义,主要也就因为它能预示相应的研究是否会"富有成果"。

审美追求作为数学发展的重要原动力,其中一个主要内容就是创造性的需要,它起着激活作用。冯•诺伊曼说:"数学家成功与否和他的努力是否值得的主观标准,是非常自足的、美学的、不受(或近乎不受)经验的影响。"因此,冯•诺伊曼断言:"数学思想一旦……被构思出来,这门科学就开始经历它本身所特有的生命,把它比作创造性的、受几乎一切审美因素支配的学科,就比把它比作别的事物特别是经验科学要更好一些。"可见,审美作为一种支配因素,对数学科学的发展是多么重要。

数学本身就是美学的四大构件之一。这四大构件是:史诗、音乐、造型(绘画、建筑等)和数学。因而数学教育是审美素质教育的一部分。

9.2.5　数学文化与创新

H. Hankel 说过:"在大多数科学里,一代人要推倒另一代人所修筑的东西,一个人所树立的另一个人要加以摧毁。只有数学,每一代人都能在旧建筑上增添一层楼。"数学文化几千年的发展实践已经充分说明了这一点。为什么说数学能够不断建立起新的楼层?数学是一门创造性的学科,一方面它是一种创造性的活动,另一方面它为自然现象提供合理的结构,这是其他学科所望尘莫及的。创新是数学文化发展的强大活力,没有创新,数学就会停滞不前。

数学是人类科学文化中的基础性学科之一,它具有典型的学科独立性,不受其他学科的制约,它不像物理、化学、天文等受制于数学,缺少一种独立性。数学的创新特点主要有两个方面:一是原创性(发明和发现),二是继承性(亦即创造性地去完善)。

1. 原创性

原创性,是指数学文化在其形成过程中的一些最基本的原理和内容,这些内容不是由其他学科延伸发展过来的,而是由人们在生产实践中直接发明或发现的。这种原创性得到许多著名学者和大师的公认。爱因斯坦在 1940 年美国科学会议的报告中,甚至这样给物理学下了一个定义:"在我们的全部知识中,那个能够用数学语言表达的部分,就划为物理学的领域。随着科学的进步,物理学的领域扩张到这样的程度,它似乎只为这种方法本身的界限所限制。"这种方法就是指数学方法。后来他又讲过:"理论物理学家越来越不得不服从于纯数学的形式的支配",理论物理的"创造性原则寓于数学之中"。

我们讲数学的原创性特色,是就它的思想源、辐射源而言的。众所周知的欧氏几何的公设、定义、定理都具有典型的原创性。比如关于点、线(直线)、面、圆的定义等就充分反映了这种原创性。这些内容直到今天,人们仍然使用,具有明显的原创性特色。另外,笛卡尔关于坐标的建立,也是一项非凡的创造性工作。笛卡尔认为,数学方法超出他的对象之外。他说:"它是一个知识工具,比任何其他由于人的作用而得来的知识工具更为有力,因而他是所有其他知识工具的源泉。"正是由于数学文化的原创性,所以它对其他新兴学科也起到了重要的支撑作用。

2. 继承性(创造性地去完善)

与原创性创新相比,继承性创新同样具有不可忽视的作用,特别是对推动科学发展具有重要价值。比如,欧氏几何是原创性的工作,它把数学变成一门不依赖经验主义的纯粹科学。但是,2000 多年来,欧氏几何仍然有很多缺陷,甚至是严重缺陷,一直困扰着学术界。直到 1899 年希尔伯特的《几何基础》出版,才从根本上修正了这些缺陷,建立起新的几何学基础。

再比如:20 世纪中叶的查德创立了模糊集合论,这也是一项原创性的工作。尔后,人们又在此基础上建立了模糊测度、模糊拓扑等。尽管这些工作是继承性的,但它对推动学科发展的作用很大。实际上,一门学科的完善、发展,继承性创新工作不可忽视,这是因为一门学科的完善,特别是作为支撑这门学科的关键性理论框架结构、定理、定律、公式、模型等,往往要经过反复推敲、改进、验证,使其越来越清晰、明了、简洁,不仅方便推广和深入人心,同时在科学研究和生产实践中发挥更大作用。20 世纪六七十年代华罗庚教授对优选法的推广就是最好的例证。

9.3　数学建模教学法

数学建模是由对实际问题进行抽象、简化,建立数学模型,求解数学模型,解释验证步骤(必要时循环执行)组成的过程,可以说有数学应用的地方就有数学建模。现在,数学建模已成为国际数学教育中稳定的内容和热点之一。随着新颁发的《国家数学课程标准(实验稿)》对数学应用能力要求的提高,数学建模将在中学数学教学中越来越受到人们的重视。

数学建模的大致过程是解决实际问题的过程,是在阅读材料、理解题意的基础上,把实际问题抽象转化为数学问题,然后再用相应的数学知识去解决。在这一过程中,建立数学模型是最关键、最重要的环节,也是学生的困难所在,它需要运用数学语言和工具,对部分现实世界的信息(现象、数据等)加以简化、抽象、翻译、归纳,通常采用机理分析和统计分析两种方法。机理分析法是指人们根据客观事物的特征,分析其内部机理,弄清其因果关系,再在适当的简化假设下,利用合适的数学工具描述事物特征的数学模型。统计分析法是指通过测试得到一串数据,再利用数理统计的知识对这串数据进行处理,从而得到数学模型。数学建模的基本程序如图9-3所示。

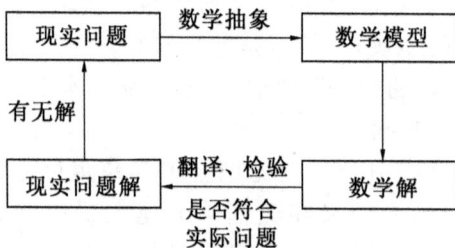

图9-3 数学建模的基本程序

对于数学建模题的一般解题步骤如下:

(1)阅读、审题:要做到简缩问题,删掉次要语句,深入理解关键字句;为便于数据处理,便于寻找数量关系,最好运用表格(或图形)处理数据。

(2)建模:将问题简单化、符号化,尽量借鉴标准形式,建立数学关系式。

(3)合理求解纯数学问题。

(4)解释并回答实际问题。

数学建模的过程,就是学生能体验从实际情景中发展数学的过程。因此,数学教学应重视引导学生动手实践、自主探索与合作交流,通过各种活动将新旧知识联系起来,思考现实中的数量关系和空间形式,由此发展他们对数学的理解。实际上,学生数学学习基本上是一种符号化语言与生活实际相结合的学习,两者之间的相互融合与转化,成为学生主动建构的重要途径。

数学建模教学的具体实施步骤如下：

（1）让学生动手操作。老师要不断挖掘能借助动手操作来理解的内容，如用小棒、圆片来理解均分，用小棒搭建若干三角形、四边形并探索规律；用搭积木、折叠等方式，理解空间图形、空间图形与平面图形之间的关系。在实施过程中要注意留给学生足够的思维空间，并且操作活动要适量、适度。

（2）将学生分组并布置不同的学习任务，每组人数一般以 4～6 人为佳。

（3）学生通过协作来完成任务，教师适时进行引导，但主要还是以监控、分析和调节学生各种能力的发展为工作重点。

（4）鼓励学生合作交流。引导学生进行交流、讨论，并汇报小组讨论结果，各组之间可以互相提出意见或问题，教师也参与其中，从而共同完成数学建模过程。

中学数学建模教学的基本理念：

（1）使学生体会数学与自然及人类社会的密切联系，体会数学的应用价值，培养数学的应用意识，增进对数学的理解和应用数学的信心；

（2）学会运用数学的思维方式去观察、分析现实社会，去解决日常生活中的问题，进而形成勇于探索、勇于创新的科学精神；

（3）以数学建模为手段，激发学生学习数学的积极性，学会团结协作，建立良好人际关系、相互合作的工作能力；

（4）以数学建模为载体，使学生获得适应未来社会生活和进一步发展所必需的重要数学事实（包括数学知识、数学活动经验）以及基本的思想方法和必要的应用技能。

数学建模教学的基本课堂环节是"问题情景——建立模型——解释、应用与拓展"，使学生在问题情景中，通过观察、操作、思考、交流和运用，掌握重要的现代数学观念和数学的思想方法，逐步形成良好的数学思维习惯，强化运用意识。这种教学模式要求教师以建模的视角来对待和处理教学内容，把基础数学知识学习与应用结合起来，使之符合"具体——抽象——具体"的认识规律。数学建模的五个基本环节是：

（1）创设问题情景，激发求知欲；

（2）抽象概括，建立模型，导入学习课题；

（3）研究模型，形成数学知识；

（4）解决实际应用问题，享受成功喜悦；

（5）归纳总结，深化目标。

中学数学建模教学的方式常有：

（1）从课本中的数学出发，注重对课本原题的改变；

（2）从生活中的数学问题出发，强化应用意识；

（3）以社会热点问题出发，介绍建模方法；

（4）通过数学实践活动或游戏，培养学生的应用意识和数学建模能力；

（5）从其他学科中选择应用题，培养学生应用数学工具解决该学科难题的能力；

（6）探索数学应用于跨学科的综合应用题，培养学生的综合能力和创新能力，提高学生的综合素质。

数学建模教学的意义有：

（1）促进理论与实践相结合，培养学生应用数学的意识，能使学生更好地掌握数学基础知识，学会数学的思想、方法、语言，使学生树立正确的数学观，增强应用数学的意识，全面认识数学及与科学、技术、社会的关系，提高分析问题和解决实际问题的能力；

（2）培养学生的能力，如数学语言表达的能力、运用数学的能力、交流合作的能力、创造能力等；

（3）发挥学生的参与意识，体现学生的主体性，学生是学习过程中的真正主体。

我们对数学的认知一般为：基本背景——基础知识——基本技能——基本应用，这要求我们在教学中不能"掐头，去尾，烧中段"，而是要重视对数学建模过程中的问题提出的基本背景进行分析，又要重视数学建模中数学基础知识和基本技能的灵活转化和应用，还要重视接受实践的检验，在实践中不断拓广和发展。只有通过这样的数学建模教学，才能让学生真正掌握数学的内涵，促进学生全面素质的提高，使学生变得聪明起来，让他们具备一定的数学素质，在生活中能自觉、主动地运用数学进行建模，提出问题、分析问题、解决问题，进一步培养学生的实践能力和创新精神。

9.4 高等数学与初等数学的结合，提高数学解题能力

　　问题是数学的"心脏"。学数学，就是要解数学题，数学解题的学习对学生巩固知识、培养素质、发展能力和促进个性心理发展具有极其重要的作用。高等数学知识是在解决实际问题的过程中逐步产生和发展起来的，它充满了丰富的数学思想方法，如极限思想、变换思想、模型思想等等。只有将初等数学与高等数学有机地结合起来，才能为利用高等数学解决初等数学问题提供有力的工具。然而，初等数学与高等数学往往呈阶梯式上升，而螺旋式上升的内容与结构较少。正因为如此，许多高师生片面地认为，学习高等数学对将来所从事的教师职业没有多大的关系，缺乏自觉学习高等数学的原动力。而我们所采用的教材，大多是综合性大学数学专业的教材，使得教师在课堂教学中，注重学术形态的研究和教育，在培养高师生的数学修养和技能上花功夫，不太重视师范性。高师数学教育还应该使高师生掌握学科知识的教育形态，领会高等数学的教育价值。一个较为突出的问题是：学高等数学，忘初等数学，教初等数学，忘高等数学。这种高等数学与初等数学脱节的现象，也是高师教育资源的一种浪费。

　　随着社会进入知识化、信息化的时代，数学教师专业化已经成为世界潮流，数学教师不能仅仅就初等论初等，应能自觉地利用现代数学的思想、观点和方法俯瞰中学数学的教学体系，深刻地领会中学数学的教学内容，充分地把握初等数学问题的实质与背景，这就需要数学教师有广博的高等数学知识和坚实的初等数学基础，并形成一定的教学能力、科研能力和解题能力。因此，在高师课堂教学中，应该有意识地加强高等数学与初等数学的联系和渗透，充分利用高等数学知识对初等数学解题的指导作用，提高学生的数学解题能力。

9.4.1 注重高等数学对初等数学解题的指导作用，贯彻高、初等数学相结合的原则

　　1. 高等数学在中学数学理论基础方面的体现

　　中学数学教材中的数学知识，由于充分考虑到数学的社会性原

则和学生的可接受性原则,往往是以教育形态(不是学术形态)来呈现的,所以中学数学教材中的一些知识内容不可能严谨透彻。例如,高中代数中的指数函数 $y=a^x(a>0,$ 且 $a\neq1)$,由于中学阶段指数概念仅推广到有理数,而指数函数的定义域是实数集,所以要在中学阶段讲清这个问题是不大容易的,需要涉及极限理论。事实上,指数函数是群 $(R,+)$ 到群 $(R,+)$ 的同构映射,且保持序结构。同时,一些重要的数学基本定理,根据其在中学数学中的地位与作用,大都以"公理"的形式直接加以肯定,并予以直观的描述,严格的证明需要用到高等数学的知识才能。一般来说,运用高等数学知识能将中学数学中不能或很难彻底解决的基本理论加以严格地证明;反过来,中学数学中的问题也为高等数学的理论提供可靠的背景和模型。因此,学习和运用高等数学知识可以加深理解中学数学教学内容的安排意图,有利于提高高师生的数学解题能力。

2. 初等数学问题往往以高等数学问题为背景

许多初等数学问题有极强的高等数学知识背景,特别是数学竞赛中的一些命题更为突出。

【例 9－2】　解方程 $x^3+2\sqrt{5}x^2+5x+\sqrt{5}-1=0$。

此题若按照三次方程求解 x 相当困难,若将"$\sqrt{5}$"看做"未知数",x 看做"常量",则是一个关于"$\sqrt{5}$"的"一元二次方程":

$$x(\sqrt{5})^2+(2x^2+1)\sqrt{5}+(x^3-1)=0,$$

解之得 $\sqrt{5}=1-x$ 或 $\sqrt{5}=-\dfrac{x^2+x+1}{x}\quad(x\neq0)$。

所以原方程的解为

$x_1=1-\sqrt{5}$,

$x_2=\dfrac{1}{2}[-(\sqrt{5}+1)+\sqrt{2\sqrt{5}+2}]$,

$x_3=\dfrac{1}{2}[-(\sqrt{5}+1)-\sqrt{2\sqrt{5}+2}]$。

若将本题中的 $\sqrt{5}$ 换成字母 y,则方程可以看做由 x 和 y 两个"变量"所组成的函数方程,求 x 是将 x 表示成 y 的函数,自然也可以将 y 表示为 x 的函数,从而求得 y。因此,本题实际上可以看做是从 $f(x,y)=0$ 给出的隐函数去寻找函数关系的应用。

【例 9-3】 证明恒等式：

$$\frac{a^2(x-b)(x-c)}{(a-b)(a-c)}+\frac{b^2(x-a)(x-c)}{(b-a)(b-c)}+\frac{c^2(x-a)(x-b)}{(c-a)(c-b)}=x^2$$

该题如果利用从左到右进行恒等式变形将显得十分麻烦，但假如利用高等数学中的多项式理论（一元 n 次方程在实数范围内至多有 n 个根）来解显得非常简洁。

等式左边为 x 的多项式，其次数不超过 2。

$$f(x)=\frac{a^2(x-b)(x-c)}{(a-b)(a-c)}+\frac{b^2(x-a)(x-c)}{(b-a)(b-c)}+\frac{c^2(x-a)(x-b)}{(c-a)(c-b)}$$

则有 $f(a)=a^2,f(b)=b^2,f(c)=c^2$，易见 $f(x)$ 与 x^2 在三个数值上取值相同，因此 $f(x)\equiv x^2$。

3. 初等数学的特殊问题用高等数学一般化来解决

一些初等数学问题，按照中学数学的解题方法，往往比较困难，但利用高等数学知识解题，特别是利用现代数学的观点指导教学，可以做到高屋建瓴，将命题转化为一般性问题进行解决，问题反而显得简单。

【例 9-4】 当 $0<b<a<e$ 时，证明：$a^b>b^a$（1983 年全国高考理科试题）。

分析：两边取自然对数，待证不等式可以变形为

$$\frac{\ln a}{a}>\frac{\ln b}{b}$$

故改证一般性命题：当 $0<b<a<e$ 时，函数 $y=\frac{\ln x}{x}$ 为递增函数。

当 $x\in(0,e)$ 时，$y''=\frac{1-\ln x}{x^2}>0$，

可见 $y=\frac{\ln x}{x}$ 在区间 $(0,e)$ 上递增，从而证明了原命题。

因此，运用高等数学观点，对中学数学问题中的疑难问题可以进行直观的描述，既可体现教学的量力性和直观性，又不违背教材的科学性。

4. 高等数学往往是初等数学问题的推广

大量的初等数学问题，其本质都是高等数学中相关知识的特殊情形。因此，在教学中运用高等数学的观点和方法，指导初等数学问

题的解决,有助于开拓高师生的思维品质,不囿于常规,有利于高师生创造性思维的培养,也有利于高师生解题能力的培养。

【例 9 - 5】 求证:不等式 $(x^2+y^2)^{\frac{1}{2}}>(x^3+y^3)^{\frac{1}{3}}$(1986 年上海市理科高考题)。

它可以推广到一般情形:设 $x>0,y>0,0<\alpha<\beta$,则

$$(x^\alpha+y^\alpha)^{\frac{1}{\alpha}}>(x^\beta+y^\beta)^{\frac{1}{\beta}}$$

【例 9 - 6】 设 $a\geq0,b\geq0,x_1,x_2$ 均为正数,且 $a+b=1$,若 $y_1=ax_1+bx_2,y_2=bx_1+ax_2$,求证:$y_1y_2\geq x_1x_2$。

证法 1:
$$
\begin{aligned}
y_1y_2&=(ax_1+bx_2)(ax_2+bx_1)\\
&=(x_1^2+x_2^2)ab+(a^2+b^2)x_1x_2\\
&\geq(a^2+b^2)x_1x_2+2abx_1x_2\\
&=(a^2+2ab+b^2)x_1x_2\\
&=x_1x_2 \qquad 证毕。
\end{aligned}
$$

证法 2:
$$\lg y_1=\lg(ax_1+bx_2)\geq a\lg x_1+b\lg x_2$$
$$\lg y_2=\lg(bx_1+ax_2)\geq b\lg x_1+a\lg x_2$$

两式相加,得 $\lg y_1+\lg y_2\geq(a+b)(\lg x_1+\lg x_2)=\lg x_1+\lg x_2$

$$\lg y_1y_2\geq\lg x_1x_2$$
$$y_1y_2\geq x_1x_2 \qquad 证毕。$$

从中我们不难看出初等数学与高等数学有着如图 9 - 4 所示的联系。

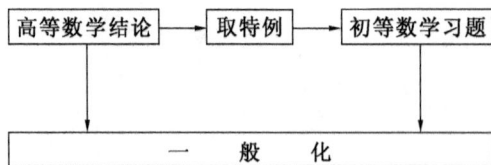

图 9 - 4 初等数学与高等数学的联系

例 9 - 5 中随着 α、β 的变化,可以生成不同的初等数学习题,因此只有加强高初结合,真正理解习题的高等数学本质,才能在解题中做到举一反三。

9.4.2　加强高等数学与初等数学的联系对数学解题的意义

问题解决能力是数学教师能力素质的核心内容,也是其专业水准的重要标志,它既依赖于数学知识层面的提高,以其为前提和基础,反过来又可作为动力促进教师知识层面的进一步丰富与发展。作为中学数学教师应当重视增强自身的问题解决能力。数学解题也是课堂教学改革的中心议题。

以上几个问题说明,运用高等数学的知识、观点和方法来处理和解决初等数学教材中的疑难问题及初等数学问题,有着重要的教学价值。

首先,在课堂教学中,应当注意联系实际,展示高等数学知识形成的过程,使高师学生在获取知识和运用知识的同时,发展思维能力,加深对高等数学知识的理解,以便有意识地加强高初知识的联系,使学生在头脑中形成一个有层次的结构,使初等数学的知识理论体系与内容同化于更一般、更概括的新领域内,并为新的、更抽象的高等数学的学习提供上位观念。此外,将初等数学的理论、知识体系与相应的高等数学材料进行分析与比较,发现彼此的共同点和分化点,不但能从一般到特殊进行纵向分化和构建数学认知结构,也能注重横向上的融会贯通,形成数学学习的正迁移,加深对高等数学及初等数学知识结构的理解,使学生在头脑中形成一个层次分明的数学结构。

其次,在高等数学学习中,在介绍其基本内容时,适当地指出问题的知识背景极其与初等数学之间的联系。通过加强高等数学与初等数学之间的联系,既能突出高等数学对初等数学解题的重要作用,又增加了学生学习高等数学的积极性,从而能够改变以往高等数学与初等数学脱节的现象。更重要的是,通过高初结合,学生可以掌握高等数学的思想方法,分析初等数学中的有关问题,从中受到启发而寻找到一种技巧性的初等解法,将会使高师生在解初等数学题时,思路开阔,方法更加灵活有效,从而避免在解初等数学问题时所表现出来的束手无策或盲目乱试的困境。例 9-3 就是一个灵活运用高初结合解初等数学题的例证。

再次,加强高等数学与初等数学的联系,有利于高师学生元认知能力的培养。通过高初的有机结合,可以培养学生辩证思维能力,防止高师生在解初等数学习题时思想僵化,形成定向思维,或者只注重解题结果。而通过高初结合,高师生将会对初等数学解题过程进行重新认识,注意解题分析过程,这样长期坚持,能够对初等数学习题做到举一反三,这也能使高师生明确学习高等数学对指导中学数学教学的现实意义,提高学习高等数学的自觉性和学习兴趣。

9.4.3　加强高初结合的教学原则

如何在高师数学教育中体现师范性,加强高初结合,提高高师生的数学解题能力,是我们关注的重点之一。高师生必须掌握必要的高等数学知识,尤其要能够运用现代数学的观点指导初等数学教学,做到高屋建瓴。为此,笔者认为,在高等数学教学中必须做到以下几条原则,才能真正加强高初结合,提高高师生的数学解题能力:

1. 注重渗透数学思想方法,贯彻理论与实践相结合的原则

思想方法是对数学知识和方法的本质认识,是数学活动过程中的思想和观点。在高等数学中,自始至终贯穿着动态或变量的思想、极限思想(无穷小思想)等宏观科学思想方法,也体现出化归思想、模型思想、概率思想等一系列的微观、具体的数学思想方法以及变量等观点,它是联系高等数学和初等数学的纽带。我们在教学中,既要重视中学理论知识的讲解,同时也要注重将这些思想方法渗透到初等数学解题中。例如,我们可以有意识地将初等数学中经典的数学知识如因式分解、等式与不等式证明和函数作图作为问题类型的背景,用高等数学知识予以解决。

2. 贯彻高等数学的严谨性和教学的量力性相结合的原则

由于高等数学知识体系是建立在严格的逻辑体系和公理化体系之中,形成了严密的数学理论,而初等数学的知识体系,是逻辑体系和心理体系的混合体,由此形成了高等数学和初等数学的差异。因此,不能在课堂教学中过分突出师范性而降低学科的科学性和系统性,降低学科本身的培养目标,同时,也不能为了追求高等数学学科的严谨性而不顾高师生的认知结构。也就是说,要根据高师生的认知发展水平和思维特点安排高等数学的教学内容,使高初结合的密切程度与高师生的思维发展相适应,由浅入深、由易到难,循序渐进。

当然,要在量力性的前提下,尽可能地使高等数学保持其严谨性。

3. 解题机巧与程序训练相结合的原则

解决问题是数学课程的灵魂,其特点在于机巧性和程式化。数学教学面临的数量变化课题,必须用灵巧的思维和繁复的计算程序去解决,一方面是灵活机动的创造性思维,一方面是呆板固定的计算公式,两者缺一不可。因此,我们在高等数学教学中,要鼓励高师生经常运用高等数学知识解决初等数学问题,使之形成一种程式,在解决初等数学问题时做到水到渠成。因此,在高等数学教学中应当尽力做到解题机巧与程序训练相结合的原则。

总之,只有加强高初结合,才能真正提高高师生的数学解题能力,从而提高高师生的教师素质。

9.5　探究性学习

新一轮国家基础教育课程改革的一个重要而具体的目标,就是要改变至今仍普遍存在的学生被动接受、大运动量反复操练的学习方式,倡导学生主动参与的探究性学习。

9.5.1　探究性学习的含义

探究性学习是一种积极的学习过程,主要指的是学生在科学课中自己探索问题的学习方式。

探究性学习的英文表述为 inquiry learning 。英文 inquiry 一词起源于拉丁文的 in 或 inward(在……之中)和 quaerere (质询、寻找),按照《牛津英语词典》中的定义,探究是“求索知识或信息特别是求真的活动;是搜寻、研究、调查、检验的活动;是提问和质疑的活动。”其相应的中文翻译有“探问”、“质疑”、“调查”及“探究”等多种。与“研究”比较,在科学领域人们普遍接受的“探究”一词和英文原意更为贴切。就语义而言,据《辞海》(1989 年版)的解释,“研究”指“用科学的方法探求事物的本质和规律”,“探究”则指“深入探讨,反复研究”。例如美国《国家科学教育标准》中指出:“科学探究指的是科学家们用来研究自然界并根据研究所获事实证据做出解释的各种方式。科学探究也指的是学生构建知识、形成科学观念、领悟科学研究方法的各种活动。"

我们认为探究性学习是一种探索活动、反思活动、建构活动及形成性活动。

1. 探究性学习是一种探索活动

探究性学习的主体,即探究者首先观察事物所表现出的奇异性或奇特性,然后围绕这些事物提出问题,或作出某种假设,或阐述那种奇异性的"理论"。在探究过程中,探究者不仅设计或构成某些事物,而且会展开一系列不同的活动,如观察与实验、构造与发现、分析与实验等等。

2. 探究性学习是一种反思活动

探究性学习的关键在于进行深入的反思活动,检验新旧知识的联系,以重新组合相关知识。在探究性学习过程中,学生需要发觉策略,为了使整个计划能顺利进行,学生要有一种负责的精神,包括策划及问题解决的能力。学生不仅需要熟悉学习对象,而且要从心理上运作这些对象。通过探究性学习教育,学生应该摆脱毫无目的性的学习,通过观察新的现象,领会其中所反映的本质。也就是说,探究性学习的教育不是接受活动,而是一种观察过程、制造过程及自我运作的过程。

3. 探究性学习是一种建构活动

研究人员认为,学生如果能积极参与教学活动,其学习效率就会提高。在这过程中,关键是建构性学习与原始学习的有机统一。例如,让学生参与郊游的设计和实施活动,直接体验如何设计路线及预算经费等,主动形成相关的计算模式。在学习中往往会出现矛盾,例如认知冲突及思维障碍,而学生只有在感觉到有解决矛盾的能力时,才会努力去解决矛盾。因此,教师需要及时反馈,帮助学生及时恢复解决问题的信心,找到目标的途径。

4. 探究性学习是一种形成性活动

探究性学习是经验支持的学习,而不仅仅是再认知意义下的对事实的再认识。学生根据新发掘的知识、新的经验与体验重组自身的知识结构,形成自己的知识与能力;通过探究表面现象,形成分析现象的能力。在探究情境中仔细观察的学生,将会认识到原有的知识及目标知识之间的桥梁,认识到哪些是必要的学习辅助工具。

9.5.2 探究性学习的特征

根据对探究和探究性学习过程的分析,探究性学习有以下五个主要特征:

1. 提出问题:学习者投入到对科学型问题的探索中

教师在课堂中,提出对学生有意义的有针对性的问题能够丰富学生的探究活动,但这些问题必须是学生能够通过他们的观察和从可靠的渠道获得的科学知识来解决。学生必须掌握解答问题的基本知识和步骤,这些知识与步骤必须是便于检索和利用的,必须适合学生的发展水平。一开始提出的问题可以来自于学习者、教师、教材、网络、其他一些资源,或结合起来产生。教师在引导识别这些问题上起着关键的作用,熟练的教师能够帮助学生,使他们研究的问题更为集中深入。例如学生们常常问"为什么"的问题,其中有些问题太大,教师可以把其中许多问题转变为"怎么样"的问题,这种改变使探究的问题更为集中、更深入、更加接近科学,从而把学生导向科学探究,使学生能够体验到既有趣又丰富的调查研究结果。

2. 收集数据:学习者重视实证在解释与评价科学型问题中的作用

实证是科学与其他知识的区别。在探究性学习中,学生也要根据实证资料作出对科学现象的解释。一是观察并描述他们的特征;二是测量,并做记录;三是实验室中的实验、观察和测量,将实验过程中的变化和发展情况记录在报告和表格中;四是从教师、教学材料、网络或其他途径获得实证资料,来使他们的探究进行下去。与科学探究不同的是,探究性学习中收集实证资料的过程能够更多地获得和利用他人的帮助。

3. 形成解释:学习者根据实证形成对科学问题的解释

学习者在实证的基础上,根据逻辑关系和推理,找到事件的因果关系和其他解释。他们的解释和观点必须与实验或观察得来的实证材料相一致。学习者必须尊重事实尊重规律,以开放的态度面对批评,运用与科学相联系的各种不同的认知过程——例如归类、分析、推论、预测,以及像批判性推理和逻辑等一般方法。探究性学习与科学探究都能够产生新知识,所不同的是,由于学生已有的知识有限,探究性学习所产生的新知识可能只是针对学生本人而言的。

4. 评价结果：学习者根据其他解释对自己的解释进行评价

在探究性学习中，学生们能通过参与对话比较各自的研究结果，或把他们的结果与教师或教材提出的结果相比较来评价各种可能的解释。与科学探究不同的是，学生只要将他们的结果和适应他们的发展水平的科学知识相结合，就达到了探究性学习的目的。

5. 检验结果：学习者交流和验证他们提出的解释

让学生们交流他们的研究结果可以为其他人提供问问题、检验实证材料、找出错误的推理、提出实证资料所不能证明的表述以及根据同一观察资料提出其他不同解释的机会。交流结果能够引入新问题，或者加强在实证资料与已有的科学知识以及学生提出的解释之间已有的联系。结果是学生们能够解决交流中遇到的矛盾，进一步确定以实证为基础的论证方法。

探究性学习应充分体现这五个基本特征。当然所有这些特征都可以有所变化。例如，探究的问题可以是学生提出来的，也可以是在教师提供的问题中选择一个问题进行研究，或者在别人提出的问题上稍加修改，使之更为深入。只要围绕科学型问题的、使学生投入到思考中去的、适应特定的学习目标要求的，那么即使在这五个特征上有所变化，也可以认为是探究性学习。

9.5.3 探究性学习中教师的角色作用

尽管教师在探究性学习中主要起引导者、组织者和帮助者的作用，但是教师指导的正确与否，所采取的指导、参与方式对学生探究性学习结果的成败起着关键作用。教师在活动中起组织作用的程度和学生自主设计进行探究的程度可以各有不同，只要学生学习的过程是围绕科学性的并能激发学生思维的问题展开，学生的学习仍然可以组织成具有高度探究性的活动。虽然在探究性学习过程中教师要培养学生提问、质疑的能力，但这并不意味着教师一定要等到学生能够自己提出好的探究问题后才能组织探究性学习活动。相反地，在学科课堂教学中，切实可行而且效果良好的方法是教师设置问题情境，并通过引导优化和集中学生的问题，使得后续的探究有明确的目标和内容，这样的教学过程也可以培养学生提出问题的意识和能力。如果这样的程度也不容易达到，那么可以由教师直接提出探究性问题,只要学生真正深入到探究知识的过程中去,他们就会提出这样那样的问题。

9.5.4　探究性学习的原则

人民教育出版社课程研究室的任长松提出了开展探究性学习的18 条原则:

原则 1　应提倡多样化的学习方式及其相互促进。

原则 2　应在多样化的科目中开展探究性学习。

原则 3　应强调探究性学习的多样化设计模式。

原则 4　探究学习应面向全体学生,并关照个别差异。

原则 5　应给探究性学习的开展提供足够的支持条件。

原则 6　问题的设计应首先关注"儿童的问题",面向生活,面向社会。

原则 7　探究性学习的重点不在探究的操作方法和操作技能上。

原则 8　探究过程中要辩证地处理学生自主与教师指导。

原则 9　探究过程中教师首先要充分地倾听学生。

原则 10　探究过程中要珍视并正确处理学生已有的个人知识和原始概念,引导学生积极反思。

原则 11　珍视探究过程中学生独特的感受、体验和理解。

原则 12　在探究过程中要强调学生之间的合作与交流(学生间的相互倾听)。

原则 13　在探究过程中体验挫折与成功。

原则 14　不必一次探究透、探究完。

原则 15　不仅强调探究中的动手,更要强调动脑。

原则 16　不同学段,对探究的水平要提出不同的要求。

原则 17　把探究性学习与现代技术(如多媒体与互联网)相结合。

原则 18　探究性学习的评价应以形成性评价为主。

9.5.5　对探究性学习的评价

探究是科学研究的核心,真正的科学家也往往以探究为乐,但这并不妨碍他们积极学习和利用已有的、现成的知识。基于直接经验的、探究性的学习最有利于学生的全面发展,而间接、接受式学习有利于在较短时间内掌握大量的科学文化知识。事实上,要组织起有效的探究性学习活动,除了受教师、学生和教学设施条件等因素制约以外,还与所学习的科学知识内容有关,有些知识内容,由于各种原因,不易于设计成通过探究性的学习活动去获取。因此,对于特定的学生来说,一些内容的学习,用探究的方式,不仅效率太低,而且效果往往不如直接学习。

学生必须接受式地学习大量的人类文化遗产中的精华,以丰富他们的心智与灵魂;但这并不意味着这将成为唯一的学习方式,而且也并不意味着间接知识的接受式学习就只能采取被动的、消极的听讲方式开展。实际上,儿童围绕一定情境或问题开展的主动搜集资料的过程(提出问题后查阅书刊及其他信息源,以便了解有关的已有知识),虽然是接受式学习,但却是主动的、积极的探究性学习过程的一部分。因此,也应该提倡以主动积极的探究方式来学习大量的间接知识,把间接知识的学习纳入到多样化的探究过程之中。另外,由于探究过程需要探究者综合运用自己的已有知识和经验,这对于增进和加深对已学知识的理解,将其融会贯通,十分关键。

总体说来,授受式学习和探究性学习均是中小学生的重要学习方式,应该彼此取长补短,互相促进。

参考文献

1. 方均斌. 中学数学教学论. 成都：四川大学出版社,2005

2. 田中,徐龙炳,张奠宙. 数学基础知识、基本技能教学研究探索. 上海：华东师范大学出版社,2003

3. 张景斌. 中学数学教学教程. 北京：科学出版社,2000

4. 陈希平.实验　直观　抽象　目标　评价　调控——《立体几何》第一章直线和平面的教学整体设计. 数学通报,2002,(6)

5. 房之华.对互斥事件的教学设计.数学教学,2004,(4)

6. 傅建明. 课堂教学基本技能训练. 杭州：杭州大学出版社,1995

7. 奚定华.数学教学设计.上海：华东师范大学出版社,2001

8. 徐英俊. 教学设计.北京：教育科学出版社,2001

9. 王书臣,刘长华,蒋永晶. 数学新课程教学设计.沈阳：辽宁师范大学出版社,2002.5

10. 张景斌.中学数学教学教程.北京：科学出版社,2000

11. ［苏］A．A．斯托利亚尔著.丁尔升等译. 数学教育学.北京：人民教育出版社,1984

12. ［苏］B．A．奥加涅相等编.刘远图等译.中小学数学教学法.北京：测绘出版社,1983

13. 十三院校协编组编.中学数学教材教法（总论).北京：高等教育出版社,1987

14. 郑君文等编著.数学教育学.南京：河海大学出版社,1989

15. 曹才翰编著.中学数学教学概论.北京：北京师范大学出版社,1990

16. 钟善基等编.中学数学教材教学法.北京：北京师范大学出版社,1982

17. 张奠宙等编著.数学教育学导论.北京：高等教育出版社,2003

18. 陈建华主编.数学教育学概论.徐州：中国矿业大学出版社,1991

19. 数学教育学导论编写组.数学教育学导论.北京：高等教育出版社,1992

20. 张奠宙等著.数学教育学.南昌：江西教育出版社,1991

21. 陈侠.课程研究引论.课程·教材·教法,1983,(3)

22. 钟启泉主编.课程与教学论.上海：上海教育出版社,2000

23. 丁尔升,唐复苏.中学数学课程导论.上海：上海教育出版社,1994

24. 谢益民.义务教育数学课程标准与初中数学教学大纲比较研究.数学教育学报,2003,12(1)

25. 国家高中数学课程标准制订组.高中数学课程标准的框架设想.数学教学,2002,(2)

26. 樊恺,王兴宇等.中学数学教学导论.武汉：华中理工大学出版社,1999

27. 徐斌艳.数学教育展望.上海：华东师范大学出版社,2001

28. 叶立军.数学新课程标准理念与实施.杭州：浙江大学出版社,2005

29. 叶立军.新课程中学数学实用教学80法.广州：广东教育出版社,2004

30. 叶立军.数学教师专业化与高师数学教育本科课程设置.数学教育学报,2002,(4)

31. 叶立军.关于数学教学模式改革的几点思考.中学数学教学参考,2004,(7)

32. 叶立军.加强高初结合,提高数学解题能力.杭州师范学院学

报(自然科学版),2002,(2)

33. 莫雷主编.教育心理学.广州：广东高等教育出版社,2002

34. 王升主编.研究性学习的理论与实践.北京：教育科学出版社,2002

35. 周学海.数学教育学概论.长春：东北师范大学出版社,1996

36. 施良方.学习论——学习心理学的理论与原理.北京：人民教育出版社,1994

37. 陈昌平主编.数学教育比较与研究.上海：华东师范大学出版社,2000

38. 田万海.数学教育学.杭州：浙江教育出版社,1993

39. 许维新,郭光友,魏吉庆主编.现代教育技术应用基础.北京：科学出版社,2000

40. 吴之季等主编.数学教学论与数学教学改革.合肥：安徽教育出版社,2000

41. 葛军编著.数学教学论与数学教学改革.长春：东北师范大学出版社,1999

图书在版编目(CIP)数据

现代数学教学论/叶立军,方均斌,林永伟著. —杭州:浙江大学出版社,2006.2(2021.1重印)
ISBN 978-7-308-04615-2

Ⅰ.现... Ⅱ.①叶…②方…③林… Ⅲ.数学课—教学研究—中学 Ⅳ.G633.602

中国版本图书馆 CIP 数据核字(2006)第 003366 号

现代数学教学论

叶立军 方均斌 林永伟 著

策划组稿	阮海潮
责任编辑	阮海潮
出版发行	浙江大学出版社
	(杭州市天目山路 148 号 邮政编码 310007)
	(网址:http://www.zjupress.com)
排 版	杭州大漠照排印刷有限公司
印 刷	广东虎彩云印刷有限公司绍兴分公司
开 本	787mm×960mm 1/16
印 张	18.75
字 数	301 千字
版 印 次	2006 年 2 月第 1 版 2021 年 1 月第 6 次印刷
书 号	ISBN 978-7-308-04615-2
定 价	47.00 元